# 경찰과 인권

| POLICE AND HUMAN RIGHTS |

김상명

publishing and culture
피앤씨미디어

# 머리말

인권은 사람으로서 당연히 누려야 할 천부적 자연권으로 국가권력에 우선한다. 다만 국가에 의해 인권을 제한할 수는 있으나 어떠한 이유에서도 인간의 존엄과 가치를 훼손하거나 인간으로서 당연히 누려야 할 자유와 평등, 그리고 권리의 본질적인 내용을 침해해서는 안 된다. 그러므로 인권은 국가권력을 제한하는 기능을 하기도 하고 사회의 잘못된 관행을 수정하는 잣대가 되기도 한다.

주권 국가에 있어서 인권은 국가기관의 일방적인 권력의 남용과 억압에 대항하여 인간이 요구할 수 있고, 보호 또는 보장을 받을 수 있는 보편적 권리이다. 이는 사람이 사람답게 그리고 인간으로서 존엄한 생활을 영위할 수 있는 권리, 개인의 자유와 평등, 독립성의 보장, 인류의 이익에 정부의 권한 행사가 부합할 책무 등을 의미한다. 또한 이는 보편적이므로 모든 인간에게 차별 없이 적용돼야 한다.

이러한 권리들은 일반적으로 생명권, 적절한 삶의 수준을 보장받을 권리, 고문을 비롯한 부당한 처우를 받지 않을 권리, 사상과 언론 및 표현의 자유, 이동의 자유, 자기의사결정의 자유, 교육을 받을 권리, 그리고 정치, 사회·문화에 참여하고 향유할 권리 등을 포함한다. 이런 권리들은 유엔 회원 국가들의 국제법적, 그리고 정치적 결정에 근거하고 있으며 국제인권기구들에 의해서 보장되고 발효된다.

최근 언론과 유튜브 등 사이버 공간에서 인권침해 사례들이 자주 보도되고 있다. 우리 사회의 인권에 대한 인식과 이에 대한 학습자들을 위한 교재를 고민하게 되었다. 특히, 경찰의 공무집행 과정에서 발생하는 인권침해 사례나 검찰의 검찰권 행사에서 검찰권 남용 및 피의사실 공표로 인한 인권침해 사례들, 다수 언론 등에서 국민의 알 권리 보호라는 명분하에 피의사실 공표와 같은 인권침해 사례 등 우리 사회에서 인권침해 사례는 차고 넘친다.

무엇보다도 인간은 하늘로부터 부여 받은 천부인권에 대하여 국가는 국민을 보호하고 지켜 주어야 할 의무를 지고 있음에도 오히려 국가권력 행사에 의하여 국민의 인권이 침해되는 사례들이 아직도 많다는 것이다. 이런 것들에 대해 피학습자 견지에서 혼란에 빠진 경우가 한 두 번이 아니다. 따라서 일반국민들의 인권침해에 대하여 국가인권위원회 등에 진정한 사례를 중심으로 학습자를 위한 자료를 준비하여 교재를 내놓게 되었다.

본 학습교재는 대학을 비롯한 학교에서 '인권'을 학습하는 학습자를 위한 자료로만 쓰이도록 그간의 자료를 모아 작성하였다. 다소 본 교재에서 여과 없이 인용되었거나 익명으로 처리하지 않고 실제 언론 등에서 발표된 원본 그대로 적시하는 것은 원저자의 의도를 훼손하지 않고 단지 학습자들에게 현실적인 학습효과를 주기 위한 목적으로 사용되었음을 밝혀둔다. 따라서 본 학습교재는 우리 사회에서 인권침해 당사자로 주로 회자되는 경찰을 중심으로 제1장 경찰, 제2장 인권, 제3장 경찰과 인권으로 구성하였다.

제1장 경찰에서는 경찰의 의미와 이념, 경찰의 직무, 국가경찰위원회 및 시·도경찰위원회, 경찰의 국가권력 독점, 국민의 저항권과 경찰재량 등으로 구성하였다. 아울러 검·경수권조정에 따른 국가경찰 및 자치경찰의 조직 및 운영에 관한 법률의 주요 내용을 담았다.

제2장 인권은 인권의 역사, 인권의 개념과 역할, 국가와 인권의 과제, 소수자 인권과 기본권, 유엔인권선언과 유엔인권레짐, 국제인권 현안과 국제인권기구 등으로 구성하여 처음 인권에 대해 학습하는 학습자에게 보다 쉽게 학습할 수 있도록 간략히 작성하였다.

제3장 경찰과 인권은 경찰의 직무집행과 인권, 경찰의 인권침해 사례를 중심으로 인격권, 폭행·가혹행위, 편파수사·수사미진, 체포·구속, 압수·수색, 불심검문, 경찰장비의 사용, 피의사실, 집회시위, 유치장, 여성·아동 등 미성년자의 처우 등에 대하여 국가인권위원회 진정 사항을 중심으로 기술하고, 아울러 이로 인한 권리구제제도 등으로 구성하였다.

아무쪼록 본 학습교재가 경찰학과 및 경찰행정학과 학생들의 '경찰과 인권' 등의 학습프로그램을 학습하는 학습자들에게 조그마한 도움이 될 수 있기를 기대한다. 하지만 상당 부분 기존의 이론 및 사례를 중심으로 기술함으로써 많은 부분이 부족함을 밝히며, 미진한 부분은 꾸준히 보완해 나갈 것을 소망한다. 끝으로 본 학습교재를 발간해 주신 김중용 대표님과 편집을 도와 주신 편집부 선생님께 깊은 감사를 드린다.

2021. 8. 30.

한라산 정상이 보이는 연구실에서

김상명 배상

차 례

## 제 1 장 경 찰

## 제 3 장 경찰과 인권

제1장

# 경 찰

# 제1장 경 찰

## 제 1 절 경찰의 의의

### I. 경찰의 개념

경찰(police)이라는 용어는 시민권(citizenship) 혹은 도시(police)에 해당하는 *politiea*[1])에서 그 어원을 찾을 수 있다. 시민권과 도시의 개념은 정치라는 의미가 포함되어 있는 집단의 권력행사라는 의미를 내포하고 있다.[2]) 이러한 의미에서 볼 때 경찰이란 위험의 발생을 예방하거나 이미 발생된 교란의 제거를 통해 공적 안전과 질서를 보호하려는 국가작용이라고 정의할 수 있다.

경찰이란 위험의 발생을 예방하거나 이미 발생된 교란의 제거를 통해 공공의 안녕과 질서를 보호하려는 국가작용이다. 경찰은 어떠한 국가에서도 필수적이고 기본적인 국가기능의 하나를 구성한다. 우리나라에 있어서 경찰의 개념은 일본의 경찰제도를 도입함으로써 성립하였고, 그 모태가 되었던 일본의 경찰제도 역시 독일의 프로이센 경찰제도를 계수한 것이다.[3])

오늘날 경찰 개념은 실질적 의미와 형식적 의미로 나누어 구별하는 것이 일반적이다. 이는 실정법(국가경찰과 자치경찰의 조직 및 운영에 관한 법률(이하 '경

---

1) *politiea*란 근원적으로 국가의 헌법, 국가기능의 공동행사, 국가기능의 공동작용 등을 뜻하였다.

2) Dennis, J, Stevens, *Applied Community Policing in the 21st Centry*, 2003, S. 3.

3) Knemeyer, *Polizei und Ordnungsrecht*, 7 Aufl, München, 1998, S. 88.

찰법'이라 함), 경찰공무원법, 경찰관직무집행법 등)이 내용상 경찰작용에 포함되지 않는 것을 경찰기관이 관장하는 것으로 하고 있기 때문이다.

형식적인 의미에서의 경찰은 실정법상 보통경찰행정기관의 소관에 속하는 모든 작용을 의미한다. 형식적 의미의 경찰과 실질적 의미의 경찰은 그 내용이 반드시 일치하지 않는다.

실질적 의미의 경찰은 경찰기관의 소관사무와는 무관하게 일정한 행정작용의 성질에 기초하여 학문적으로 정립된 개념이다. 경찰은 '사회공공의 안녕과 질서를 유지하기 위하여 일반통치권에 근거하여 국민에 대하여 명령, 강제하는 권력적 작용'으로 정의할 수 있다. 실질적 의미의 경찰은 행정경찰이라고도 한다. 경찰행정법에서의 경찰은 행정경찰을 의미한다.

형식적 의미의 경찰은 보통경찰행정기관이 관장하는 모든 행정작용을 의미함으로, 형식적 의미의 경찰 중에는 병사자보호, 호구조사 등과 같이 성질상 경찰작용으로 볼 수 없는 것이 있고, 그 반대로 일반 행정기관의 소관에 속하는 행정작용 중에도 부정식품 단속 등과 같이 실질적 의미의 경찰작용이 적지 않다. 실질적 의미의 경찰은 경찰기관에 의한 공공의 안녕·질서유지작용(보안작용) 이외에 위생·산업 등의 분야에 있어서의 질서유지작용까지 포함하고 있는데 반해, 실정법상으로는 위생이나 산업 등에 관련한 질서작용은 타 행정기관의 권한으로 되어 있는 반면, 범죄의 수사 및 피의자의 체포 등의 사법작용(사법경찰)이 경찰의 직무로 되어 있는 것이 있다.

경찰법 제3조는 "경찰은 국민의 생명·신체 및 재산의 보호, 범죄의 예방·진압 및 수사, 범죄피해자 보호, 경비·요인경호 및 대간첩·대테러 작전 수행, 공공안녕에 대한 위험의 예방과 대응을 위한 정보의 수집·작성 및 배포, 교통의 단속과 위해의 방지, 외국 정부기관 및 국제기구와의 국제협력, 그 밖에 공공의 안녕과 질서유지"를 규정하고 있다. 동 규정은 실질적 의미의 경찰 관념에는 해당하지 않는 범죄의 수사, 범인의 체포 등의 사법경찰작용과 비권력적 작용인 치안정보의 수집 등도 경찰기관의 소관사무로 하고 있다.

국가경찰이란 국가사무로서의 경찰사무를 수행하기 위해 국가가 설치·유지하는 경찰을 말하고, 지방자치단체경찰이란 지방자치단체사무로서의 경찰사

무를 수행하기 위해 지방자치단체가 설치·유지하는 경찰을 말한다.[4]

## Ⅱ. 경찰제도

우리나라에서 근대적 의미의 경찰제도는 갑오경장(1894년) 이후의 일이다. 경찰이란 용어도 이때부터 나타났다. 즉, 1984년 7월 30일의 신관제에 따른 포도청이 폐지되고 내무아문 소속하에 경무청이 설치된 것이 그의 시초라 할 수 있다.

한국의 현행 경찰제도는 독일 '프로이센'의 경찰제를 계수한 일본의 경찰제도를 도입함으로써 대륙법계 국가의 독임제 국가경찰제도를 가지게 되었으며, 국가경찰제도는 1948년 정부수립 후에도 그대로 유지되어 오다가 2006년 7월 1일 제주특별자치도설치및국제자유도시조성을위한특별법이 효력을 발하면서 독임제 경찰제도가 무너지고 제주특별자치도에서 최초로 자치경찰제도가 시행되었다.

경찰의 조직은 종래에는 치안 및 해양경찰에 관한 사무를 관장하기 위하여 경찰청·지방경찰청·경찰서 및 해양경찰청·해양경찰서를 두었으나, 정부조직법이 개정되면서 해양에서의 경찰 및 오염방지에 관한 사무를 관장하기 위하여 해양수산부장관 소속하에 해양경찰청을 두었다.

경찰 및 해양경찰의 조직과 작용 등 경찰제도에 관한 법령으로는 정부조직법·경찰법·해양경찰청과 그 소속기관직제 등이 있으며, 경찰임무 또는 해양경찰임무에 관하여는 정부조직법·경찰공무원법·경찰관직무집행법·경찰직무응원법[5]·전투경찰대설치법 등에서 규정하고 있다.

경찰법 제3조는 경찰의 임무에 관하여 "경찰은 국민의 생명·신체 및 재산의 보호, 범죄의 예방·진압 및 수사, 범죄피해자 보호, 경비·요인경호 및 대간첩·대테러 작전 수행, 공공안녕에 대한 위험의 예방과 대응을 위한 정보의 수

4) 김상명 외, 「경찰과 윤리」, 피앤씨미디어, 2014, 3~9면.

5) 경찰력을 지원받는 데 필요한 사항을 규정해 놓은 법으로 해당 지역의 경찰력만으로 진압이 곤란한 급박한 사태가 발생했을 때, 또는 그럴 우려가 있을 때 다른 지방 경찰청장에게 요청할 수 있다.

집·작성 및 배포, 교통의 단속과 위해의 방지, 외국 정부기관 및 국제기구와의 국제협력, 그 밖에 공공의 안녕과 질서유지"를 규정하고 있다. 또한 경찰관직무집행법 제2조는 경찰관의 직무범위에 대하여 "국민의 생명·신체 및 재산의 보호, 범죄의 예방·진압 및 수사, 범죄피해자 보호, 경비, 주요 인사(人士) 경호 및 대간첩·대테러 작전 수행, 공공안녕에 대한 위험의 예방과 대응을 위한 정보의 수집·작성 및 배포, 교통 단속과 교통 위해의 방지, 외국 정부기관 및 국제기구와의 국제협력, 그 밖에 공공의 안녕과 질서 유지"를 규정함으로써 경찰법상 경찰의 임무를 토대로 경찰관직무집행법에서 경찰관으로서 직무수행 범위를 다시 규정하고 있다.6)

## 제 2 절 경찰의 개념

경찰이념이란 경찰이 지향하고자 하는 방향·가치 및 정신으로 경찰조직 및 경찰관 개개인 모두에게 적용된다. 경찰이념들이 시간적·공간적 제약성을 지니고 있음을 이해하여야 한다. 가령 해방 이후 국가시스템 구축이라는 차원에서 합법성에 대한 강조가 있었다면, 이후 경제발전 과정에서는 효율성을 강조하다가 21세기에는 민주화에 대한 열망으로 민주성이 새로운 주도 이념으로 등장한다. 이와 같이 이념들은 그 나름대로 독특한 사회적 상황에서 요청되는 경찰기능에 부합되도록 만들어졌다. 하지만 이러한 이해가 특정한 시기에 특정한 단일 이념만이 요구될 것으로 가정되어서는 곤란하다. 민주성이 요구되는 시기라고 해서 합법성에 대한 요청이 무시되는 것은 바람하지 않기 때문이다.

다양한 이념이 존재할 경우에 그 이념들 간의 우선순위를 모든 가치와 원리가 동일한 비중으로 동시에 강조되어야 한다는 동등설의 입장이 있으나, 여러 이념들 사이의 우선순위를 엄격하게 정할 수는 없지만 시간적·장소적 줄기, 나아가 조직 내에서의 계층적 차이에 따른 대체적인 우선순위는 인정하는 것이 바람직하다.

---

6) 김상명 외, 「경찰과 윤리」, 피앤씨미디어, 2014, 11~12면.

## I. 민주성

경찰이념으로서 민주성은 그 본연의 활동을 통해 국민의 자유와 평등, 그리고 인권 등과 같은 가치와 이상을 실현하는 데 기여할 것을 요청한다. 이를 위해 경찰은 그 활동에 있어 국민의 의사를 우선하고(민본주의), 국민의 참여를 보장하며(참여주의), 국민에게 책임을 지는(책임주의) 노력이 필요하다.

민주성은 인권존중주의와 경찰활동의 형평성을 포함하는 이념이다. 인권존중은 민주사회의 요체이며, 인권은 '인간이면 누구나 누릴 수 있는 당연한 권리', '사람이기 때문에 당연히 가지는 권리'를 말한다. 사람이라면 누구나 자신의 신체와 생명을 지킬 권리, 고문 받지 않을 권리, 노예상태에 놓이지 않을 권리를 가진다. 이러한 권리는 사람이 세계의 어느 장소에서 살건, 어떤 문명권에 속하건 상관없이 이미 세계사적 보편성을 지닌 개념이 되었다. 하지만 우리나라에서는 경찰의 인권침해에 대한 고소, 고발이 줄어들지 않고 있다. 국가인권위원회에 경찰과 관련된 많은 진정들이 제기되고 있는 등 경찰에 의한 인권침해는 여전히 국민의 관심이 되고 있다.

우리 헌법은 모든 국민이 법 앞에 평등함을 밝히고 있다. 차별적 경찰활동은 경찰의 정당성을 훼손할 뿐만 아니라 민주주의에 대한 신념을 허물게 만든다. 소위 권력층의 부정부패 및 일탈에 대하여 경찰이 보다 엄격하게 대응할 것이 요구되는 까닭이다.

이러한 민주성은 주권재민(헌법 제1조), 경찰공무원의 국민 전체에 대한 봉사자 및 책임(헌법 제7조 제1항), 경찰의 민주적 관리·운영(경찰법 제1조) 등으로부터 그 근거를 확인할 수 있으며, 경찰위원회제도, 행정정보공개제도에 이르는 다양한 방식들을 통해 구현되고 있다.

## II. 효율성

효율성이란 효과성과 능률성을 동시에 포함하는 이념으로 효과성이란 경찰이 내건 목표의 달성도를 의미하며, 능률성은 투입량에 대한 산출량의 비율을 지칭하게 된다. 능률성이 조직 내부과정에서의 경제성을 의미하는 것과는 달리 효과성은 외부와의 관계에서 개념이 규정되고 있다는 점에서 차이가 있다. 즉, 능률성이 조직 목표와는 무관하게 투입과 산출 중 어느 하나를 고정시키고 나머지를 최대화하는 것을 추구한다면 효과성은 투입·산출의 비율을 따지지 않고 목표 성취도를 중시하는 것이다.

효율성은 경찰이 내건 목표달성도(효과성)와 그러한 목표를 이룩하는 과정에서 경제성을 모두 포함하는 것으로 생산성이라는 개념과 같은 의미로 활용되며 오늘날 경찰에게 절실히 요구되는 가치임을 알 수 있다.

우리 경찰은 "국민 우선의 공감치안으로 국민 만족도를 높인다"를 주요 전략목표로 설정하고, 이를 달성하기 위해 국민만족·현장존중의 성과경영체계 확립 등 다양한 활동들을 전개하고 있다. 나아가 경찰경영은 고객인 국민 만족을 넘어 국민감동을 지향해야 한다는 주장도 제기되고 있다. 효율성을 비롯한 경영이념들에 대한 강조는 민간기업에서의 성공적 관리기법들을 적극 도입하여 경찰조직의 관료주의적 병폐를 극복하고자 하는 개혁 요구 등과 밀접하게 연결되어 있다. 하지만 경영이념의 적극적 도입과 무분별한 차용은 구별되어야 한다.

## Ⅲ. 합법성

합법성은 국가가 국민의 자유와 권리를 제한하거나 국민에게 새로운 의무를 부과하려 할 때에는 반드시 의회가 제정한 법률에 의하거나 그에 근거가 있어야 한다는 것으로 법치주의를 의미한다. 이는 사람이나 폭력의 지배로부터 벗어난 법의 지배를 요구하는 것으로 여기에서의 법은 형식이나 절차는 물론이거니와 내용적 정당성까지를 요구하는 실질적 법치를 말한다.

경찰이념으로서의 합법성은 경찰권의 자의적 행사를 억제하고 국민의 자유와 권리를 보장하는 수단으로 기능할 뿐만 아니라 장래에 대한 예측 가능성을 보장하고 경찰 스스로의 안정성을 확보하는 데도 기여하게 된다.

## IV. 중립성

경찰의 중립이란 주로 정치와의 관계 속에서 논의되고 있으나, 국민 전체에 대한 봉사자 역할을 고려할 때, 범위를 넓은 특정 계층 혹은 특정 지역 등과 관련된 차별적인 권한 행사에 대하여도 적용될 수 있다.

경찰의 정치적 중립이란 경찰이 어떠한 정당과 밀착되어서도 안 되고 특정 정당을 선호해서도 안 된다는 것으로 경찰의 비당파성 내지 불편부당성을 의미하는 것이다. 헌법 제7조 제1항은 "공무원은 국민전체의 봉사자이며 국민에 대하여 책임을 진다"고 규정하고, 제2항은 "공무원의 신분과 정치적 중립성은 법률이 정하는 바에 의하여 보장된다"고 규정하여 경찰을 비롯하여 공무원들의 정치적 중립을 선언하고 있다.

경찰의 정치적 중립에 대한 요구는 경찰이 정치의 권리구축 과정에 개입하거나 정치로부터 부당한 영향을 받는 것을 금기시하는 것이지 경찰을 정치 또는 정책으로부터 완전히 배제하는 것을 의미하는 것은 아니며, 기능적인 차원에서 정치와 독립되고 분리되어야 한다는 것도 아니다. 또한 정치적 중립에서의 정치는 특정 정당 또는 특정 정파의 정치적 영향력을 말하는 것이다. 보편적인 국민의사를 실현하는 의미의 정치에 대해서는 공무원은 충실히 복종하고 성심껏 봉사하여야 한다.

우리의 경우 제왕적 대통령제라는 권력구조 아래에서 경찰을 비롯한 권력기구들의 정치적 중립성이 오랫동안 의문시되어 왔다. 인사를 비롯한 경찰 운영과정에서 광범위한 영향력의 행사는 물론이거니와 선거에서의 사병화 논란도 있어 왔다. 「경찰청 과거사진상규명위원회」에서는 경찰이 이승만 정부에서부터 노태우 정부에 이르기까지 각종 선거에 직·간접적으로 관여하여 왔다고 판단하였으며, 정권의 특성에 따라 직접적이고 노골적인 형태에서부터 간접적 영향력 행사 및 치안정보의 부당한 이용 등 음성적인 선거개입이 이루어져 왔음을 인정하였다.

경찰의 정치적 중립이 실질적으로 확보되기 위해서는 실적주의 확립과 전문직업화 수준 향상 등이 수반되어야 한다. 이러한 정치적 중립은 경찰에 대한 정치권력의 개입을 방지함으로써 경찰의 독립성·능률성·안정성·전문성을 확보할 수 있게 한다. 하지만 경찰공무원의 참정권을 제한하는 측면이 있다는 점과 정당정치의 발달을 저해할 수 있다는 문제점 등이 동시에 지적될 수 있다.7)

## 제 3 절 ≫ 국가경찰 및 자치경찰

### I. 국가경찰위원회

국가경찰행정에 관하여 필요한 사항을 심의·의결하기 위하여 행정안전부에 국가경찰위원회를 설치한다. 국가경찰위원회는 위원장 1명을 포함한 7명의 위원으로 구성하되, 위원장 및 5명의 위원은 비상임(非常任)으로 하고, 1명의 위원은 상임(常任)으로 한다. 위원 중 상임위원은 정무직으로 한다(법 제7조).

국가경찰위원회는 국가경찰행정에 관하여 ① 국가경찰사무에 관한 인사, 예산, 장비, 통신 등에 관한 주요 정책 및 경찰업무 발전에 관한 사항, ② 국가경찰사무에 관한 인권보호와 관련되는 경찰의 운영·개선에 관한 사항, ③ 국가경찰사무 담당 공무원의 부패 방지와 청렴도 향상에 관한 주요 정책사항, ④ 국가경찰사무 외에 다른 국가기관으로부터의 업무협조 요청에 관한 사항, ⑤ 제주특별자치도의 자치경찰에 대한 경찰의 지원·협조 및 협약체결의 조정 등에 관한 주요 정책사항, ⑥ 시·도자치경찰위원회 위원 추천, 자치경찰사무에 대한 주요 법령·정책 등에 관한 사항, 시·도자치경찰위원회 의결에 대한 재의 요구에 관한 사항, ⑦ 시책 수립에 관한 사항, ⑧ 비상사태 등 전국적 치안유지를 위한 경찰청장의 지휘·명령에 관한 사항, ⑨ 그 밖에 행정안전부장관 및 경찰청장이 중요하다고 인정하여 국가경찰위원회의 회의에 부친 사항을 심의·의결한다(법 제10조). 행정안전부장관은 심의·의결된 내용이 적정하지 아니하다고 판단할 때에는 재의(再議)를 요구할 수 있다(법 제10조 제2항).

---

7) 김상호, 「경찰학」, 청목출판사, 2013, 28~32면.

## Ⅱ. 시·도자치경찰위원회

자치경찰사무를 관장하게 하기 위하여 특별시장·광역시장·특별자치시장·도지사·특별자치도지사(이하 "시·도지사"라 한다) 소속으로 시·도자치경찰위원회를 둔다. 다만, 시·도에 2개의 시·도경찰청을 두는 경우 시·도지사 소속으로 2개의 시·도자치경찰위원회를 둘 수 있다. 시·도자치경찰위원회는 합의제 행정기관으로서 그 권한에 속하는 업무를 독립적으로 수행한다. 2개의 시·도자치경찰위원회를 두는 경우 해당 시·도자치경찰위원회의 명칭, 관할구역, 사무분장, 그 밖에 필요한 사항은 대통령령으로 정한다(법 제18조).

시·도자치경찰위원회의 소관 사무는 ① 자치경찰사무에 관한 목표의 수립 및 평가, ② 자치경찰사무에 관한 인사, 예산, 장비, 통신 등에 관한 주요 정책 및 그 운영지원, ③ 자치경찰사무 담당 공무원의 임용, 평가 및 인사위원회 운영, ④ 자치경찰사무 담당 공무원의 부패 방지와 청렴도 향상에 관한 주요 정책 및 인권침해 또는 권한남용 소지가 있는 규칙, 제도, 정책, 관행 등의 개선, ⑤ 시책 수립, ⑥ 시·도경찰청장의 임용과 관련한 경찰청장과의 협의, 제30조 제4항에 따른 평가 및 결과 통보, ⑦ 자치경찰사무 감사 및 감사의뢰, ⑧ 자치경찰사무 담당 공무원의 주요 비위사건에 대한 감찰요구, ⑨ 자치경찰사무 담당 공무원에 대한 징계 요구, ⑩ 자치경찰사무 담당 공무원의 고충심사 및 사기진작, ⑪ 자치경찰사무와 관련된 중요사건·사고 및 현안의 점검, ⑫ 자치경찰사무에 관한 규칙의 제정·개정 또는 폐지, ⑬ 지방행정과 치안행정의 업무조정과 그 밖에 필요한 협의·조정, ⑭ 비상사태 등 전국적 치안유지를 위한 경찰청장의 지휘·명령에 관한 사무, ⑮ 국가경찰사무·자치경찰사무의 협력·조정과 관련하여 경찰청장과 협의, ⑯ 국가경찰위원회에 대한 심의·조정 요청, ⑰ 그 밖에 시·도지사, 시·도경찰청장이 중요하다고 인정하여 시·도자치경찰위원회의 회의에 부친 사항에 대한 심의·의결 등이다(법 제24조 제1항). 시·도자치경찰위원회의 업무와 관련하여 시·도지사는 정치적 목적이나 개인적 이익을 위해 관여하여서는 아니 된다(법 제24조 제2항).

## 제 4 절 경찰의 직무

### I. 유럽대륙의 경우

근대국가가 형성되기 이전에도 인류생존을 위한 사회공동체 속에서 경찰 작용은 공동체 존속에 핵심적으로 기능했다. 이후 국가권력체가 형성되면서 권력을 집행하기 위한 수단으로 체계적인 경찰조직이 만들어지고 발전되었으며, 따라서 그 본연의 기능은 국가공동체의 내적 기능을 유지하기 위한 권력의 행사였다.

이후 국가발전에 따라 그 기능이 점차 세분화·전문화 되면서 독일이나 프랑스 등 유럽대륙에서 경찰의 핵심기능은 크게, 사회적 일탈행위인 범죄에 대한 제재, 그리고 사회안전과 공공기능의 유지 등으로 대별되었다. 법적 측면에서 본다면, 전자는 이른바 사후 진압적 수사를, 후자는 공공의 안녕·질서에 대한 위험방지의 행정경찰적인 사무이다.

이처럼 경찰의 직무를 법 테두리에서 명쾌하게 규정하고자 하는 노력은 절대권력자의 권능을 '법에 의한 지배(Rule of Law)'라는 민주적 이념에 따라 제한하기 위함이며, '경찰국가'에서 '법치국가'로의 전환을 위한 역사의 진보이기도 하다.

이러한 배경에서 보면, 경찰의 역할 및 기능의 최소화는 시민의 자유와 덕성을 고양하기 위한 방편이 될 수 있다. 역사적 경험을 통해 유럽시민들은 군대처럼 제복을 착용한 경찰들이 시민사회의 생활영역으로 침입하는 것에 대한 상당한 거부감을 보이게 된 것이다.

우리나라의 많은 경찰학 문헌에서 독일법의 변천과정을 토대로 공공의 복리증진을 포함한 넓은 의미의 경찰에서 소극적 위험방지라는 좁은 의미의 경찰로 그 개념 축소를 설명하고 있는 것도 이런 이유이다. 심지어 보건·환경·위생·건축 등 국가복리증진을 위한 행정에 수반되는 위험예방사무도 통상적 관념의 경찰조직이 아닌 일반 행정기관에 전적으로 부여함으로써 경찰의 직무를 축소시키기 위해 노력해 왔다.

이런 사례는 우리나라에서도 쉽게 찾아볼 수 있다. 과거 경찰조직은 전당포나 고물상과 같은 업종의 영업허가, 규제 및 취소업무뿐만 아니라 출판물의 검열까지 담당하였다. 서구식 민주적 경찰제도가 정착되지 못한 중국에서 호정경찰이라는 이름으로 성·시에 설치된 공안파출소에서 호적관리, 호구동태 파악 등의 호적사무를 수행하고 있는 것도 아직 축소되지 못한 경찰의 직무를 보여준다.

독일에서는 이러한 경찰사무의 축소를 '탈경찰화' 과정으로 표현하고 있다. 첫 번째 탈경찰화는 18세기 이후 현대적 의미의 실질적 경찰 개념의 등장과 함께 나타난 것으로 계몽주의와 절대 봉건국가권력의 제한에서 비롯된 경찰임무 영역에서의 복리증진의 탈락이 그것이다. 이를 계기로 경찰은 적극적 복리와 구분되는 소극적 위험방지에 집중하게 된다.

두 번째 탈경찰화는 제2차대전 이후 독일 경찰에서 나타나는 특징으로 연합군의 독일 경찰에 대한 탈나치화, 민주화, 문민화, 분권화 작업에 기인한다. 미국과 영국의 주둔지역을 중심으로 기존의 위험방지라는 개념으로 통합되어 있는 경찰업무가 집행경찰과 일반질서행정청으로 구분되고, 이에 따라 경찰의 권한은 급박한 경우에 있어서의 위험방지, 범죄와 질서위반행위에 대한 수사, 집행원조 등으로 국한되었다. 1990년대 이후의 세 번째 탈경찰화는 국가, 자치단체, 지역사회단체 간의 안전과 범죄예방에 대한 책임의 새로운 배분으로서 경찰임무의 민영화와 직접 관련된다.

## Ⅱ. 영·미의 경우

대륙법계 국가에서 경찰직무의 축소를 통해 국가공동체에서의 경찰역할을 축소하고 법치의 영역으로 제한하고자 노력한 반면, 시민들로부터 직접 위임받은 강제력, 즉 민주적 정당성의 고리가 주민으로부터 직접적으로 연결되어 있는 영미권 경찰은 도리어 법집행기관이자 동시에 사회봉사자로서 서민들의 다양한 욕구를 충족시키는 역할을 수행했다.

실제 수행되는 경찰업무에 대한 기술적 접근방식을 통해 보면, 이른바

'Crime fighting'이라고 표현되는 강제적 법집행의 사무는 사실상 경찰활동의 일부에 지나지 않는다는 것이다. 과거 야경국가에서는 국가의 역할이 시민보호에만 한정되어 있었던 반면, 현대국가에서는 복리증진이 강조되고 있는 것처럼 경찰의 역할도 법 집행뿐만 아니라 사회복지적 기능으로 볼 수 있다는 것이다.

### 1. 범죄투사(The crimefighter)

영미권의 경찰연구가들은 다양한 관점에서 경찰의 역할을 조망한다. 가장 고전적인 경찰역할 모델은 범죄투사로서 고전적 사회계약에 근거해서 물리적 강제력을 기초로 질서를 유지하는 역할이다. 마치 국방의 임무를 수행하는 군인들이 피아를 구분하는 것처럼, 고전적 범죄투사 모델에서의 경찰은 범죄자들을 'the bad guys'로, 경찰과 준법시민을 'the good guy'로 이분화 한다. 따라서 범죄의 경중이나 범죄자의 교화는 큰 의미를 가지지 않는다.

### 2. 긴급조력자(The emergency operator)

코헨(Cohen)은 평화를 지키고 긴급한 사회적 서비스를 제공하는 것을 경찰의 역할로 규정한다. 공적 직무를 수행하는 공공기관 중 관할 내에서 시민의 주변을 돌면서 순찰을 하는 조직은 경찰이 유일하다. 공적 직무를 수행하는 공공기관 중 24시간 전 관할에서 시민의 주변을 돌면서 순찰을 하는 조직은 경찰이 유일하다. 소방공무원이나 응급구조요원들도 24시간 직무를 수행하기는 하지만 상시 출동태세를 갖추는 것과 일상근무가 24시간 예외 없이 유지되는 것과는 다른 의미이다.

### 3. 사회적 집행자(The social enforce)

비트너(Bittner)는 모든 종류의 공동체의 문제 발생에 대해서 강제력을 통한 해결이 필요한 경우로 경찰역할을 규정한다. 시위현장이나 교통사고 발생으로 인한 혼잡상황 등에서도 예외 없이 경찰이 개입하는 이유이다.

사법경찰과 행정경찰의 권한과 직무를 엄격히 구분하는 대륙법계에서는 공공의 안녕과 질서를 위한 경찰의 강제력 행사를 행정경찰권의 발동으로 보는데, 범죄와 무관한 사회적 위험에 대한 강제적 개입이라는 점에서 여기서 말하는 '사회적 집행자'와 유사점을 가진다.

### 4. 사회적 평화유지자(The social peacekeeper)

영국 앵글로 색슨족의 지배 당시 왕의 평화(king's peace)라는 관념에서 출발한 이 용어는 점차 특정 왕의 통치시대나 지역을 초월하는 영속적인 개념으로 확대된다. 그 당시에는 왕의 평화를 깨뜨리는 것이 바로 범죄이고 규제 대상이었다. 왕의 평화는 공화주의적 사회에서 비로소 공중의 평화(public peace)로 변화되었고, 그의 수호자가 경찰이었다. 공중의 평화유지임무는 범죄에 대한 대응을 포함해서 사회적 평온을 깨뜨리는 다양한 갈등상황에 대한 개입을 요구하므로 앞서 본 범죄투사나 사회적 집행자의 임무를 함께 포섭하는 것으로 볼 수 있다.

경찰의 권한은 경찰의 직무를 수행하기 위한 수단적 의미이며, 임무의 수행에 필요한 권한을 어느 수준까지 인정할 것인지는 공동체 구성원들의 민주적 합의에 따라 결정되는 것이지 직무로부터 직접적으로 도출되는 것은 아니다. 권한보다도 직무에 포커스를 맞추게 되면 범죄나 무질서에 대한 개입뿐만 아니라 사회적 삶의 질 향상을 위한 광범위한 사회적 봉사가 경찰의 목적이 된다. 여기에서 경찰은 복잡하고 다변화하는 사회환경에 능동적으로 대처하면서 사회갈등을 해결하는 '문제해결자(problem solver)'가 되어야 한다. 이른바 지역사회 경찰활동의 프레임에서 나타나는 경찰의 사회적 역할과 지역주민에 대한 관심 증가도 같은 맥락에서 이해할 수 있다.

문제해결자로서의 경찰역할의 강조는 문제지향적 경찰활동에서 보다 두드러진다. 사실 지역사회 경찰활동과 문제지향 경찰활동은 지역주민의 참여가 강조된다는 점에서 유사성을 가지나, 전자는 지역주민과의 관계개선에 보다 중점을, 후자는 범죄에 관련된 문제해결에 중점을 둔다. 전자는 또한 지역주민의 적극적 참여를 통해 발견되는 지역문제에 관심을 가지는 반면, 후자는 경찰이 보다 주도적으로 지역의 문제점을 찾고 주민의 참여를 유도하며 동시에 타 정부기관과의 협력을 강조한다는 점에서 차이가 있다.

## Ⅲ. 경찰에 대한 유럽대륙과 영·미의 시각차

프랑스는 절대왕정시대를 통해서, 독일은 나치의 통치를 겪으면서 경찰국가를 경험하였고 국가활동에서 경찰의 역할을 축소하는 데 무게 중심을 두어왔다. 그렇게 때문에 제복을 착용하고 무기를 휴대하는 경찰의 활동이 확대되는 것을 우려하고 부정적인 시각을 보이는 경향이 있다. 반면 이러한 왜곡된 경험을 하지 못한 채, 민주적 정치체제를 비교적 순탄하게 이어온 영·미에서는 시민들의 봉사자로서의 경찰의 역할을 강조하면서 시민사회와의 협력을 기대한다.

이러한 시각차는 경찰권력의 기초가 전자는 고전적 사회계약에 근거한 국가권력으로부터 직접 도출된다고 보는 반면, 후자는 지역주민들의 자발적 동의에 따른 직접적 의지로부터 생성된다는 점에서 발생한다. 물론 사회계약에서도 시민들의 동의에 따른 권력의 양도가 전제되지만, 이는 관념적으로 추론된 것일 뿐, 현실에서는 어떤 시민도 이러한 계약서에 서명하지 않는다.

영·미의 시각에서 보자면, 지역에서 명망 있는 인사나 경찰간부가 경찰서장 또는 고위 경찰직을 수행해야 하고, 여기에 지역주민들의 자발적 동의는 당연히 따른다는 것이다. 하지만 대륙법계에서는 지역주민의 의사와 무관하게 중앙의 정부권력에 의해 직접 임명된 자가 특정 지역의 치안을 책임진다는 것이다. 우리나라도 물론 그러하다. 지역주민들은 자기 고장에 임명된 경찰서장에 대한 어떠한 견제나 영향력도 행사할 수 없으며, 부임된 경찰서장도 그 지역에 생전 처음 발을 딛는 경우가 비일비재하다.

앞서 설명한 바 있는 탈경찰화 현상이 유럽대륙에만 국한되는 것은 아니다. 영·미에서도 마찬가지로 지역사회 치안 확보에서의 경찰역할의 한계를 인식하고 주민의 치안참여를 강조하는 탈경찰화 현상이 나타나고 있다. 다만 권한을 중심으로 경찰은 고찰하고자 하는 대륙법계에서는 경찰권의 축소과정에서 나타나는 탈경찰화를 기존 경찰의 독점적 권한을 민간에게 이양하는 것으로 보는 반면, 영·미에서는 치안에 대한 책임의 배분과 참여를 강조하는 점에서 약간의 차이를 보인다.[8)]

---

8) 이성용, 「경찰윤리」, 박영사, 2020, 70~81면.

# 제 5 절 ≫ 경찰의 국가권력의 독점

## I. 경찰의 강제력 독점

중세 절대군주시대의 정치와 종교가 혼재되어 있던 지배체제가 해체되고, 새로운 국가질서를 확립하게 되는 근대국가가 탄생하면서 국민들의 안전보장이 국가의 임무로 구체화되었다. 국가과제로서의 치안유지는 내적 평온상태의 유지를 목적으로 한다. 국가의 기능은 국민 개개인의 안전과 법익의 보호 및 법적인 평온함을 보장하는 것이다.

국가의 강제력 독점은 중세의 지배체재로부터 근대국가를 구별하는 기준이기도 하다. 강제력 독점의 개념은 독일어 'Gewaltmonopol'에서 비롯되었으며, 영어 'Monopoly of the legitimate use of physical force'로 번역할 수 있다. 대부분 법학자들은 독일 문헌을 번역하면서 이를 '권력 독점'이라고 소개하기도 하나, Gewaltmonopol은 입법, 사법, 행정 등 국가의 독점적 권력 중 직접적인 물리력 행사를 의미하는 협의의 개념으로 '강제력 독점' 혹은 '폭력 독점'으로 해석된다.

### 1. 보댕과 홉스의 견해

강제력 독점의 개념은 절대군주제 당시 국가학의 범주에서 그 유래를 찾을 수 있다. 특히 보댕(Bodin)의 주권론에 의하면, 국가의 강제력 독점이야말로 주권국가를 나타내는 표지가 된다. 국가권력의 통합이 이루어지려면 필연적으로 국가 이외의 다른 주체가 독자적인 명령권과 강제적 권능을 보유하는 것이 금지되어야 한다.

이후 홉스(Hobbes)는 "국민들이 국가권력 아래에 있을 때만 평화로운 공존관계가 유지될 수 있다"고 하여, 국가권력 개념의 구체화를 발전시켰다. 그러나 개개인의 국민들이 아무런 조건 없이 강제력 행사를 포기하는 것은 아니다. 국가가 평온유지의 임무를 도외시할 경우, 국민들에게 더 이상의 국가권력에 대한 복종을 요구할 수 없다. 그러나 홉스는 현실적으로 국가가 국민 개개인을 모든 위험으로부터 완벽하게 보호할 수 없음을 인식하고 국가의 임무와 존립의 정당성을 전체적인 질서유지와 효율적인 국민안위에서 찾았다.

홉스의 이론이 보댕보다 더 발전된 점은, 국가의 독점적 권력의 관념을 국가의 행동과제를 형성적 임무와 결부시킨 점이다. 국민 개개인은 주권을 확보하는 것에 안주하고 주권을 향유하는 것에 그치는 것이 아니라 국민을 보호하기 위해서 주권을 행사해야만 한다. 그럼에도 보댕과 홉스의 사상은 국민들을 제3자의 침해로부터 보호하는 것에 천착[9]했을 뿐이며, 침해대상인 국가로부터 보호되어야 한다는 측면을 간과하고 있다는 지적이 있다. 그러나 국민들의 평온한 상태 창출을 위해서라지만 결국 법에 구속되지 않는 국가권력의 정당화를 통해 이러한 사상은 결국 절대국가 생성으로 귀결된다는 비판을 받는다.

## 2. 로크, 루소, 칸트

국가권력의 침해로부터 국민들이 보호받아야 한다는 관념은 로크(Locke)를 통해 구체화되었다. 로크의 사상에 의하면, 평화로운 질서가 유지되고, 국가라는 거대한 괴수(Leviathan)가 국민들 상호간의 불안감을 잠식시키는 만큼, 국가 그 자체는 공포의 대상이 된다고 지적한다.

국민들의 안전의 수호자는 도리어 공포의 대상으로 바뀐 것이다. 새로운 자유에 대한 요구는 국가침해로부터의 보호를 의미한다. 다시 말하면 국가침해로부터의 보호는 자유를 의미한다. 그는 국가로부터 국민의 권리를 보호하기 위해 대의제, 권력분립, 국가권력의 천부적 자연법 및 스스로 창출한 실정법에의 기속 등을 주창했다. 계약을 체결하는 국민들은 강제권을 포기하게 된다. 다만, 법이 그들에게 자연법과 성문법 질서를 유지하는 임무를 부과하는 경우에만 강제력을 행사할 수 있다는 것이다.

루소(Rousseau) 또한 국가권력을 통해 인간의 자유가 침해될 잠재적 위험성을 경고한다. 그는 폭력과 지배로부터 보호받기 위해서는 자유롭고 평등한 인간들의 계약을 통해서 생명과 자유, 재산권을 보장 받아야 한다고 믿었다. 그의 사상의 기저에는 민주주의가 존재하였으나 그의 주권관념은 홉스나 로크의 그것과 대동소이하다.

---

9) 여기서 천착이란 억지로 이치에 닿지 아니한 말을 함이다.

### 3. 막스 베버

막스 베버(Max Weber)에 의하면, 국가는 "특정된 지역 내에서 질서확립을 위한 정당화된 물리적 강제력 행사를 성공적으로 행사하고 있는 인간 공동체"이다. '강제력 독점'에서의 '강제력'은 국가에 의한 물리적 강제력을 의미하며, 넓은 개념의 국가권력을 말하는 것은 아니다. 강제력 독점은 국가에 의한 권력 독점의 한 부분이다. 국가는 강제력 독점 이외에도 입법, 조세, 사법에서 독점적인 권력을 행사한다.

국가주권 및 그와 결부된 시원적 강제력 행사권자로서의 국가적 요청은 절대국가 시기를 거쳐 유럽 국가들에서 실질적으로 확립되었고, 모든 국가질서의 근간으로서 인정되었다. 그럼에도 국가주권 및 그와 결부된 국가의 강제력 독점은 국가에 의한 안전의 보장이라는 측면에서 볼 때, 독립적인 목적이 아니라 평온의 유지라는 국가적 과제를 수행하기 위한 필수불가결한 수단일 뿐이다. 국가의 보호의무는 결국 국민들이 일반적인 안전유지를 위해 국가에 의한 강제력 독점을 수용한 것에 대한 보상이라고 할 수 있다. 이러한 수용을 통해 국민들 간에는 물리력 행사나 강제명령이 억제되며, 분쟁이 발생한 경우 법의 범주에서만 해결할 것이 요구된다.

## Ⅱ. 경찰권력

경찰권력(Police Power)은 국가권력에 의한 무한정한 법정립과 법집행을 의미하며, 기본적 속성으로서 공공복리를 위한 규제와 강제를 행하는 것이었다. 강제력에 의한 국가권력의 실현이라는 추상적 경찰의 의미는 비교제도적 관점에서 볼 때, 주요 국가들에서 19세기에 탄생하는 전문적인 근대적 경찰조직을 통해서 비로소 구체화된다.

1829년 영국 수도경찰청(Metropolitan Police Service)의 탄생, 그리고 1830년대 미국에서 태동하는 도시경찰, 1848년 프로이센의 베를린 경찰조직의 탄생이 그것이다. 그러나 그 경찰권의 기초는 영미법제와 대륙법제에서 차이를 보인다.

독일이나 프랑스로 대표되는 대륙법계 국가들에서는 국가가 독점하고 있는 강제력의 실질적 행사주체로서 경찰이 국가권력을 상징하는 의미를 가진다.

우리나라에서 전통적으로 나타나는 관존민비(官尊民卑)적 행태와 공직자에 대한 경외감도 여기에서 비롯된 것으로 볼 수 있다. 한편 영국에서 나타나는 경찰권은 국가권력에서 도출되기보다는 시민들의 합의에 기초한다. 색슨족의 지배하에 통지기제로 등장한 10호반과 그 집합체인 100호반에서 시민들의 안전을 담보하기 위한 Constable이 등장하고 이 Constable은 국가권력의 위임이라기보다는 시민들의 자발적 동의와 합의하에 시민들로부터 경찰권을 이양받게 된다.

사실상 시민들의 필요에 의해 인위적으로 탄생한 국가인 미국에서도 마찬가지로 경찰권은 시민과 대립관계에 있는 국가로부터 위임받은 것이라기보다는 시민들이 자신의 안전을 위해 스스로 탄생시킨 권력조직이라고 볼 수 있다.

이처럼 상이하게 태동된 경찰권은 그 강제적 행사에 대한 시민들의 수용력에서도 다르게 나타난다. 시민들로부터 직접 위임받지 못한 대륙법계에서의 강제적 경찰권은 필연적으로 시민들의 거부감과 저항을 가져올 수 있지만, 영·미법계와 같이 시민들로부터 파생된 경찰권에 대한 순종은 당연한 시민의 의무로 여겨지며, 저항은 용인될 수 없다. 미국에서 경찰이 '불법시위에 참여한 하원의원과 시장'을 시위현장에서 체포하는 사건에서 본 바와 같이, 경찰권 행사가 가능한 것은 우선 철저히 분권화되어 있는 미국의 경찰권력에 기인하는 것으로 볼 수 있다. 워싱턴에서 불법시위를 벌이는 타 주의 하원의원이나 의회경찰 관할권 내에서 시위를 벌이는 워싱턴 시장에 대한 관할 경찰이 경찰권 발동을 주저할 하등의 이유가 없다. 또 다른 측면에서 보자면 시민으로부터 직접 도출된 미국의 경찰권은 그 집행에 있어서 의회권력이나 여타의 행정권력에 위축될 이유가 없다. 시민들에 의해 선출된 자치단체장으로부터 직접 임명되거나 선출직 경찰관리자에 의해 통제되는 경찰권 그 자체에 충분한 민주적 정당성의 연결고리가 있기 때문이다.

반면 대륙법계에서는 일반적으로 시민들의 의사와 무관하게 직접 국가권력에 의해 경찰관리자와 그 산하 경찰공무원이 임명되므로 이들의 경찰권 행사에 대해 시민들의 자발적 동의보다는 국가권력에 의한 부당한 통제라는 거부감

을 갖기 쉽다.[10)]

## 제 6 절 ≫ 국민의 저항권과 경찰재량

### I. 시민불복종과 저항권

근대적 의미의 저항권은 로크에 의해서 확립되었는데 그가 말하는 저항권은 혁명권(Right of Revolution)이자 반란권(Right of Rebellion)을 의미한다. 로크의 저항권은 미국 독립혁명을 통해 구현되었고, 프랑스 혁명 초기 혁명세력이 작성한 프랑스 인권선언에도 반영되었다. 미국 수정헌법 제2조가 인민에게 총기소지의 헌법적 권리를 인정하고 있는 것도 대륙법계 국가들과는 달리 국가의 강제력 독점으로 침해받지 않는 시민들의 자위권과 저항권을 인정하고 있는 것이다. 물론 국가권력에 대한 저항사항은 서구에서만 나타나는 것은 아니다. 맹자는 "왕이 큰 과오가 있으면 간하고 반복해도 듣지 않으면 갈아 치운다"는 천명사상을 내세웠고, 정도전은 이를 역성혁명론으로 해석하여 조선건국의 이념적 기초를 마련했다.

저항권은 정당성에 근거하여 실정법에 도전하는 행위이며, 자연법사상에 근거한다. 자연법사상에 따르면, 인간의 기본권이 국가 이전에 이미 존재하던 것이고 국가는 법을 통해 이를 확인하는 것일 뿐이다. 따라서 악법은 법이 아니고 인간과 자연질서에 배치되는 법은 당연히 거부할 수 있다. 그럼에도 헌법학자들은 저항권을 최후의 비상수단으로서, 민주·법치국가의 기본질서 내지 기본권의 본질을 전면적으로 부정하는 공권력에 대한 합법적인 대응수단이 더 이상 없는 경우에만 인정하고 있다.

물론 국가권력에 도전하는 저항권은 실력행사를 포함할 수밖에 없으나 이 경우에도 비례의 원칙에 따라 목적달성에 필요한 최소한의 정도로 제한된다. 우리의 대법원은 저항권의 실정법적 근거가 없어 재판규범으로 적용할 수 없다

10) 이성용, 「경찰윤리」, 박영사, 2020, 55~61면.

고 보고 있으나,[11] 5·18민주화운동등에관한특별법 제2조가 같은 법 시행 당시 공소시효가 완성된 헌정질서파괴범죄행위에 대하여도 적용되는지 여부 및 5·18민주화운동에 대한 폭동적 시위진압행위가 국헌문란에 해당하는지 여부에 대하여 적극적으로 긍정하고 있으며,[12] 헌법재판소는 직접 저항권에 근거하지는 않았지만 저항권을 인정하는 취지의 판결[13]을 한 바 있다.

시민불복종과 저항권은 실정법에 대한 정당한 항거라는 점에서 맥을 같이 한다. 그러나 저항권은 자연법이론에서 도출되어 헌법 도그마를 통해서 정립된 법 개념으로서, 부정한 절대권력에 대한 전면적 거부이자 필요한 최소한의 물리적 강제까지도 용인하는 혁명이다. 그러나 최소한 형식적 민주주의가 확립된 사회질서에서 저항권은 교과서에서나 나옴직한 관념적 권리로 그 의미가 퇴색되었다. 일부 학자는 이를 박제된 저항권으로 표현하면서 평가절하는 견해도 있다.[14]

---

11) 대법원 1980. 5. 20. 선고 80도306 판결: 현대 입헌 자유민주주의 국가의 헌법이론상 자연법에서 우러나온 자연권으로서의 소위 저항권이 헌법 기타 실정법에 규정되어 있든 없든 간에 엄존하는 권리로 인정되어야 한다는 논지가 시인된다 하더라도 그 저항권이 실정법에 근거를 두지 못하고 오직 자연법에만 근거하고 있는 한 법관은 이를 재판규범으로 원용할 수 없다고 할 것인바, 헌법 및 법률에 저항권에 관하여 아무런 규정없는 우리나라의 현 단계에서는 저항권이론을 재판의 근거규범으로 채용, 적용할 수 없다(다수의견). (소수의견) : 형식적으로 보면 합법적으로 성립된 실정법이지만 실질적으로는 국민의 인권을 유린하고 민주적 기본질서를 문란케 하는 내용의, 실정법상의 의무이행이나 이에 대한 복종을 거부하는 등을 내용으로 하는 저항권은 헌법에 명문화되어 있지 않았더라도 일종의 자연법상의 권리로서 이를 인정하는 것이 타당하다 할 것이고 이러한 저항권이 인정된다면 재판규범으로서의 기능을 배제할 근거가 없다고 할 것이다.

12) 대법원 1997. 4. 17. 선고 96도3376 전원합의체 판결: 5·18내란 행위자들이 1980. 5. 17. 24:00를 기하여 비상계엄을 전국으로 확대하는 등 헌법기관인 대통령, 국무위원들에 대하여 강압을 가하고 있는 상태에서, 이에 항의하기 위하여 일어난 광주시민들의 시위는 국헌을 문란하게 하는 내란행위가 아니라 헌정질서를 수호하기 위한 정당한 행위였음에도 불구하고 이를 난폭하게 진압함으로써, 대통령과 국무위원들에 대하여 보다 강한 위협을 가하여 그들을 외포하게 하였다면, 그 시위진압행위는 내란행위자들이 헌법기관인 대통령과 국무위원들을 강압하여 그 권능행사를 불가능하게 한 것으로 보아야 하므로 국헌문란에 해당한다.

13) 헌법재판소 1997. 9. 25. 선고 97헌가4 전원재판부: 저항권은 국가권력에 의하여 헌법의 기본원리에 대한 중대한 침해가 행하여지고 그 침해가 헌법의 존재 자체를 부인하는 것으로서 다른 합법적인 구제수단으로는 목적을 달성할 수 없을 때에 국민이 자기의 권리·자유를 지키기 위하여 실력으로 저항하는 권리이다.

14) 오승철, "저항권이론의 재조명", 민주법학, 2009, 185~187면.

저항권이 법적 권리로서 자연법에 근거하여 국가강제력 독점에 반하는 예외적인 시민의 폭력행사를 합법화하고자 하는 시도라면, 시민불복종은 정치적 관념으로서 실정법 위반에 개의치 않고 정치윤리에 기대어 그 정당성은 찾는다는 점에서 관점을 달리한다. 저항권과 달리 시민불복종은 국가권력을 통해 규율되는 사회생활 일상에서의 부당함에 대하여 수시로 나타날 수 있다는 점에서, 국가권력 자체에 대한 부정이 아니라 점에서 보다 설득력 있고 유용하다.

과거사에 대한 회고나 교과서에서만 논의되고 있는 저항권을 경찰이라는 조직, 경찰관에게 그대로 적용할 것인가? 아쉽게도 여기에 관해서 아직 어느 누구도 명쾌한 해답을 제시해 주지 못했다. 부당한 권력과 독재 치하에서 실정법과 사회질서를 수호하는 임무를 부여받은 경찰은 자신에게 주어진 무기와 권력을 반대방향으로 향하게 할 수 있는 것인가? 후세인이 통치했던 이라크나 카다피 독재하의 리비아처럼 헌정질서의 문란이 누가 보더라도 명약관하한 상황이라면 가능할 것이다.

그러나 헌정질서 파괴와 권력의 부당성에 대한 의문과 논란이 제기될 수 있는 상황이라면 그 판단은 개인의 신념이나 소신에 따르기보다는 가능한 보수적인 관점에서 헌법재판소, 사법부와 같은 독립적 기관의 권위적 판단에 따라야 한다. 따라서 현재적 관점에서의 저항권 행사는 상당히 제약될 수밖에 없다.

헌법과 민주주의에 대한 명백한 형식적 절차의 파괴, 이를테면 입법기관의 무력화나 법원독립의 부정, 조직적 부정선거 등이 아닌 한, 국가권력의 과잉행사나 남용과 같은 내용상의 실질적 헌법위반에 대해서는 판단을 조심스럽게 유보해야 한다.

국민의 기본적 인권을 침해하는 부당한 국가권력에 대해 저항할 수 있는 권리를 의미하는 저항권은 헌법의 규정 여부에 관계없이 국민주권에 근거한 자연법에서 기인한다. 저항권의 행사는 실정법과의 충돌을 의미하기 때문에 최후의 자구수단으로써만 예외적으로 인정된다. 독일의 경우 기본법 제20조 제4항에서 이를 명문으로 규정하고 있다.[15]

15) 이성용, 「경찰윤리」, 박영사, 2020, 43~51면.

## Ⅱ. 경찰권의 재량

### 1. 경찰재량

국가권력의 집행자인 경찰은 그 직무수행에 있어 시민들의 권리를 보호하기 위해 필연적으로 또 다른 시민의 권리를 제한해야 한다. 범죄자를 체포하고 압수·수색을 하거나 시위 군중을 강제로 해산을 위해 물대포를 쏘기도 하며, 주행하는 차량을 정지시켜 음주측정을 요구하고, 경우에 따라서 최후의 수단으로써 인명의 살상을 감수하고 총기를 사용해야만 한다.

공동체 존속과 평화를 위해 불가피하게 발생하는 시민들의 권리침해는 경찰의 자의에 의해서 집행될 수 없도록 법률에 의한 통제를 받게 된다. 이 경우 경찰의 수사에 있어서는 형사소송법이, 공공의 안녕과 질서를 지키는 직무수행에 있어서는 경찰관직무집행법이 대표적인 규범으로서 기능한다.

따라서 경찰의 권리침해 행위는 법에 의한 규율은 받는 법집행행위(Law enforcement)이며, 이는 헌법상의 평등원칙에 따라 모든 시민들에게 공평하게 적용되어야 한다. 그러나 경찰의 법집행이 언제나 예외 없이 법률에 따라 엄격하게 적용되는 것은 가능하지도 않을 뿐만 아니라 결코 바람직하지도 않다.

설사 엄격하게 법을 적용한다고 하더라도 추상적으로 규정된 법률조항을 구체적인 사실에 적용함에 있어서는 불가피하게 경찰관의 전문적 지식을 필요로 한다. 여기에서의 전문적 지식은 전문가를 전제로 하며, 추상적 법률에 대한 정확한 해석과 이를 어떻게 현실에 적용시킬 것인지 현실문제에 대한 정확한 인식이 필요하다, 예를 들어 지금 도주하는 자가 실제 범죄를 저지른 법률상의 현행범에 해당하는가에 관한 즉각적인 판단이 요구된다.

클라이니히(J. Kleinig)에 따르면, 이러한 경찰의 다양한 전문적 직무판단이 재량(discretion)이며, 재량이야말로 전문가적 의사결정의 핵심이고, 전문가집단은 그 직무를 수행함에 있어서 단순한 규칙이나 절차를 따르는 것이 아니라 사실관계에 대한 전문적 지식과 기술을 통한 합리적 판단으로 도출한 독자적 결정을 필요로 한다. 경찰재량의 필요성은 경찰이 전문가집단이거나 최소한 그래야 한다는 것을 증명한다.

영미권에서 이처럼 경찰의 재량을 중요하게 여기는 것은 대륙법계처럼 체계적인 성문의 규정이 마련되지 않아 경찰의 합리적인 판단이 보다 중요시되기 때문이다. 또 다른 원인은 경찰 법집행의 핵심적인 영역인 강제수사에 있어서 대륙법계와는 달리 경찰의 독자적인 수사권을 폭넓게 인정하고 있기 때문이다.

## 2. 결정재량과 선택재량

대륙법계 경찰이 수사에 있어서 검찰의 통제를 받아야 하고 성문법에 의한 엄격한 규범이 정비되어 있다는 사실이 그 재량의 범위를 일정 부분 제약하는 것은 사실이지만, 그 필요와 당위 자체를 부인하는 것은 아니다. 독일 경찰법에서는 경찰권의 재량을 선택재량과 결정재량으로 구분하여 설명한다. 경찰권을 발동할 것인지 하지 않을 것인지 여부를 판단하는 것이 경찰재량의 영역이고, 경찰권을 어떻게 행할 것인지에 관한 재량이 선택재량이다.

예를 들면, 사법경찰은 뇌물범죄처럼 신고보다는 인지를 통해 수사를 개시해야 하는 범죄에 있어서, 마약한 범죄혐의가 있는 용의자를 피의자로 입건해서 정식으로 수사를 개시할 것인지, 아니면 범죄혐의가 불충분하므로 피내사자로서 용의선상에 올려둔 채, 사건을 종결할 것인지를 자체적으로 판단하는 결정재량을 가진다.

다른 한편, 수사개시를 결정한 후 수사를 진행함에 있어서 피의자의 범위를 어디까지 할 것인지, 아니면 임의수사의 형식으로 수사를 진행할 것인지, 용의자의 체포시점을 언제로 할 것인지, 체포하는 장소를 주거지로 할 것인지 아니면 직장으로 할 것인지 등의 다양한 선택재량을 가진다.

그러나 경찰이 결정재량과 선택재량을 가진다는 의미가 범죄수사의 개시나 진행에 있어서 전적으로 자의적인 판단을 할 수 있다는 의미는 아니다. 예를 들어 범죄혐의가 명백함에도 수사를 개시하지 않는 경우 징계와 같은 내부책임을 지게 될 뿐만 아니라 명백한 재량의 일탈이나 남용이 있게 되면, 그 위법성에 대해서 법원의 심사가 가능하게 된다.

## 3. 무관용원칙과 수사재량

1969년 스탠포드 대학 심리학 교수였던 필립 짐바르도(Philip Zimbardo)는 유리창이 깨지고 번호판도 없는 자동차를 브롱크스 거리에 방치하고 있는 차량에 대한 시민들의 행동을 관찰했다. 사람들은 배터리나 타이어 같은 부품을 훔쳐가고 더 이상 훔쳐갈 것이 없자 자동차를 마구 파괴해 버렸다.

이러한 실험결과를 토대로 윌슨과 켈링은 '깨진 유리창이론(Broken Window Theory)'[16)]을 발전시켰다. 이 이론의 실천전략으로서 뉴욕에서 브래튼 경찰국장에 의해 등장한 '무관용 경찰활동(Zero Tolerance Policing)'은 무임승차나 주취행위 등 경미한 위법행위에 대하여 엄격한 처벌을 통해 법질서를 유지하는 것을 그 내용으로 한다.

살인·강도·강간처럼 중한 강력범죄 수사에 있어서 경찰의 재량은 최소한으로 축소된다. 그러나 경미한 범죄에 대한 무관용 원칙에 입각한 경찰대응은 경찰재량과 근본적 충돌을 가져오게 된다. 경찰수사에서 관용이 존재할 수 없다면, 모든 법위반 행위에 대해서 즉각적인 개입과 제지를 통해 법원의 심판대에 올려야 한다는 의미이다. 경찰은 전문가적 재량을 상실한 기계적인 법의 집행자가 되어야 한다는 다소 비약적인 결론에 도달할 수 있다.

일부 수사학 문헌에서는 수사의 대원칙으로 수사의 상당성을 제시하고 있다. 가령 甲이 길에 떨어진 100원짜리 동전을 줍고도 당국에 신고하지 않고 가져갈 경우, 이를 인지하고는 점유이탈물횡령죄로 입건하고 경찰서에 출석을 요구한 사법경찰관 乙의 행위는 타당한 것인가? 이 경우 甲의 범죄는 극히 경미한 범죄이므로 사법경찰관 乙의 출석요구는 범죄인지권의 남용에 해당되는 것으로 보아 적법하지 않으며, 아울러 사회적·윤리적 타당성도 없다고 보는 것이 합리적일 것이다.

경찰실무에서 훈계방면, 즉 '훈방'을 통해 일상생활에서 가벼운 죄를 범한 사람을 단속하지 않는다. 경범죄처벌법 위반과 같은 경미한 범죄행위에 대해서 경찰서장의 즉결심판 청구와 같은 형사특별절차나 검찰송치와 같은 적법절차 대신 훈방을 통해 사건을 종결하는 것이다. 훈방은 실정법에 근거가 없어 관행적으로 인정된 것이다. 하지만 법원의 판례를 통해서 경찰수사의 재량으로 인

16) 깨진 유리창 이론이란 1982년 범죄학자 조지 켈링(George Kelling)과 정치학자 제임스 윌슨(James Wilson)이 발표한 이론으로 깨진 유리창과 같은 사소한 허점을 방치하면 더 큰 범죄가 진행된다는 주장이다.

정되고 있다.[17] 다만 모든 사건에서 훈방이 사법경찰의 자의적인 권한행사가 되어서는 안 된다는 점을 유의할 필요가 있다.

사회 일반인의 합리적 상식에 따라 경찰의 재량으로 인정되는 범위여야 할 것이며, 이러한 재량의 행사는 경찰조직 공동체의 의사결정 위임을 받아 대신 수행하는 위임적 재량의 성격을 갖는 것으로 해석해야 한다.

특히 경찰조직 규모의 방대함과 계층제 구조는 개별적 경찰재량을 축소시킬 뿐만 아니라 그 행사에 있어서 일정한 재량준칙의 제정을 요구하게 된다. 경미한 범죄를 저지른 시민이 피의자가 될 것인가의 여부가 오늘 어떤 경찰관을 만날 것인지의 운명적 문제로 치부되어서도 안 된다. 재량행사의 준칙이라는 측면에서 법집행의 엄격성을 강조하거나 경미한 범죄에 대한 적극적인 대응을 독려하는 것이 문제되지 않을 것이지만 어떠한 예외도 없다는 식의 극단적 무관용 원칙을 제시하는 것은 바람직하지 않다.[18]

17) 대법원 1982. 6. 8. 선고 82도117 판결: 사법 경찰관리가 직무집행의사로 위법사실을 조사하여 훈방하는 등 어떤 형태로든지 그 직무집행행위를 하였다면 형사피의사건으로 입건 수사하지 않았다 하여 곧 직무유기죄가 성립한다고 볼 수는 없다.

18) 이성용, 「경찰윤리」, 박영사, 2020, 82~93면.

제2장

# 인 권

# 제2장 인 권

## 제 1 절 인권의 기원과 역사

**사례연구**

**Q 이주노동자나 탈북자들도 인권의 주체가 되는가?**

► 인권은 어느 국가의 '국민'으로서 가지는 권리가 아니라 '인간'이기 때문에 당연히 가지는 권리이다. 따라서 '이주민' 혹은 '탈북자'라 하더라도 기본적인 인권의 보호대상이 되어야 한다. 또한 이주민 혹은 탈북자의 행위가 실정법에 위반되는 경우라 하더라도 그들이 마땅히 누려야 할 기본적 권리를 침해하여서는 안 된다.

특히, 이주민이 파업과 같은 권리를 행사할 수 없는 지위에 있다 하더라도 이를 구제해 주는 데 더 관심을 기울여야 한다. 회사의 임금체불, 폭행, 부당한 노동조건 등에 대해서는 실정법에 따른 규율이 필요하고, 이로 인한 인권침해에 대해서는 적절한 보상이 이루어지도록 해야 한다.

만일, 회사의 부당한 조치로 불법체류자가 된 이주민에 대해서는 관계기관의 협력을 통해 합법적인 체류를 할 수 있는 방안을 강구해 주는 적극적인 노력이 필요하다.

## I. 인권의 기원

### 1. 인권 개념의 시작

서구에서 '권리'[1] 개념은 고대로 거슬러 올라가 그 기원을 찾을 수 있으며, 중세에 이르러 객관적 권리에서 주관적 권리로 그 개념이 전환되었다. 근대에 들어서면서 자연권과 인간은 인간으로서 요구할 권리가 있다는 이념이 나타나기 시작하였다. 이는 결과적으로 자연법사상을 바탕으로 한 인권 개념으로 발전되었다고 할 수 있다. 인권 개념 발전에 영향을 끼친 주요 문서들을 보면 아래와 같다.

▷ 1215년 영국 <마그나카르타>
▷ 1679년 영국 <인신보호법>
▷ 1689년 영국 <권리장전>
▷ 1776년 미국 <버지니아 권리선언>
▷ 1776년 미국 <독립선언문>
▷ 1789년 미국 헌법
▷ 1789년 프랑스 <인간과 시민의 권리선언>
▷ 1791년 미국 <권리장전>

인권(Rights of Man)[2]은 인간이라면 마땅히 누려야 할 권리이다. 인권은 국권에 우선하는 개념이다. 국가에 의해 인권을 제한받을 수 있으나 인간의 존엄과 가치 훼손 및 자유와 권리의 본질적인 내용을 침해할 수 없다. 인권은 국가권력을 제한하고 사회의 그릇된 관행을 수정하는 잣대가 되기도 한다.

주권 국가에 있어서 '인권'은 정부의 일방적 권력 남용과 억압에 대항하여 인간이 요구할 수 있고 보호·보장을 받을 수 있는 보편적 권리를 일컫는다. 이

---

1) 권리는 크게 내용에 따라 인격권·재산권·가족권·사원권으로, 작용에 따라 지배권·청구권·형성권·항변권으로, 주장할 수 있는 범위에 따라 절대권·상대권으로, 이전의 가능성에 따라 일신전속권·비전속권으로, 발생 여부에 따라 기성권·기대권으로, 주종에 따라서 주된 권리, 종된 권리로 나누어진다.

2) 인권은 영어인 'Rights of Man'을 한자어로 번역한 나라는 일본이다.

는 사람이 사람답게 존엄한 생활을 영위할 수 있는 권리, 개인의 자유와 평등, 독립성의 보장, 또 인류의 이익에 정부의 권한 행사가 부합할 책무 등을 뜻한다. 또한 이는 보편적이므로 모든 인간에게 구분 없이 적용된다.

이러한 권리들은 일반적으로 생명권,[3] 적절한 삶의 수준을 보장받을 권리, 고문을 비롯한 부당한 처우에 대한 보호, 사상과 언론 및 표현의 자유, 이동의 자유, 자기결정의 권리,[4] 교육에 관한 권리, 그리고 정치, 문화에 참여하고 향유할 권리 등을 포함한다. 이러한 규칙들은 유엔 회원 국가들의 국제법적, 정치적 결정에 근거하고 있으며 '국제인권기구'들에 의해서 보장되고 발효된다. 특수한 전시의 경우 인권은 이른바 타협 불가능한 인권(생명을 보호받을 권리, 포로 지위에서 해방될 권리, 고문으로부터 보호받을 권리와 신규 범죄에 대하여 법을 소급 적용받지 않을 권리)을 제외하고, 제한 받거나 축소될 수 있다. 전시에 관한 권리는 대부분 '국제인도주의 법'을 따른다.

## 2. 인권 개념의 윤리적 토대

고대로부터 내려오는 다양한 종교와 철학에는 많은 사람들이 공감할 수 있는 보편적인 윤리 관념이 드러나 있다. 여기서 '보편성'이라는 것이 인권에서도 매우 중요한 요소인 것을 생각해 보면, 각각의 종교가 가지고 있는 보편적 관념이 오늘날의 인권 개념의 형성에 영향을 끼쳤다고 볼 수 있다.

---

3) 생명권은 생명의 가치를 존중받을 권리이다. 아울러 생명권에 대해 폭넓게 주장한 철학자로는 테일러 등이 있다. 흔히 해석되길 인간이라는 개념은 우선적으로 살아있음에 기초하므로 생명권은 인간의 모든 권리의 존재의 기반, 기초가 된다. 한국 헌법의 기초가 되는 독일 헌법과 일본국 헌법에서는 생명권을 보편적 권리로 존중하고 있으며, 특히 현대의 독일 헌법에서는 생명권을 모든 인간적 권리의 기초로 명시하며 절대 침해될 수 없음을 나타내고 있다. 이는 국가가 한국에서도 헌법재판소에서 생명권을 사람이라면 누구나 존중되어야 할 권리로 존중하고 있다. 알베르트 슈바이처도 자서전이자 사상서인 ≪나의 생애와 사상≫에서, 모든 생명은 거룩한 것으로 희생되어도 될 생명은 없다는 생명경외사상을 주장하였다. 전쟁과 이에 따른 학살 등의 대규모 폭력에 반대하는 평화주의, 사고로 사람이 다치거나 죽는 일을 최소화하려는 산업안전 의식, 사형제 반대운동, 낙태 반대운동 등은 생명권 사상에 근거한다.

4) 클라이언트가 자기의 판단에서 결정하는 것을 의미하는 것으로 케이스워커가 클라이언트에게 지시하고 지배하는 관계는 아니다. 이와 같이 사회사업가가 클라이언트 자신이 권리를 깨닫고 스스로 판단으로 스스로의 책임 하에 계획하고 결정할 수 있도록 측면으로 원조하는 것이 케이스워크의 기본이다.

## 3. 현대적 인권 개념의 발생

학자들은 현대적 개념으로서의 인권 개념이 근대 프랑스혁명[5]의 성공으로 탄생했다고 본다. 과거 봉건시대의 인간 대다수는 신분제의 족쇄에 얽매여 있는 등 보편적 자유의 개념 자체가 희박했던 만큼 모든 인간이 동등한 가치와 권리를 가진다는 사상은 성립할 수 없었다.

이후 발생한 프랑스혁명은 불평등한 사회모순을 혁파하고 <자유, 평등, 박애>라는 이념을 전 세계에 전파하는 계기가 되었다. 이러한 것이 세계인권선언 제1조에 그대로 "인간은 태어날 때부터 자유롭고 평등하며, 인류는 서로 형제애로 서로를 대해야 한다"고 각인된 것에서 잘 드러난다. 이 때문에 프랑스혁명을 다른 변화들과 비교하여 제1차 인권혁명이라고도 한다. 한계점은 있었으나 최초로 보편적 인권의 가치를 천명한 프랑스혁명의 역사에 따라 지금도 선진국들에서는 저항권을 명시하고 있다.

그럼에도 인권의 진화가 끝난 것이 아니었다. 1968년의 세계적인 68혁명의 성과로 여성과 학생, 어린이, 소수자, 이주민 등이 비로소 인권의 주체로 부각되었다(제3차 인권혁명). 강자와 남성중심주의가 지배한 역사는 이때부터 본격적으로 사그라들기 시작한다. 그리고 인권의 요체인 평등권의 내용이 더욱 강화되었다. 단지 법 앞의 평등이나 기회의 평등이 아니라 전면적 사회보장제도의 확충으로 상당한 수준의 결과적 대우의 평등을 실현하게 되었고, 사회를 운영하고 인간과 집단을 둘러싼 관계를 형성하고 조율하는 방식 등 모든 영역에 있어 평등원칙이 적용되었다.

또한 프랑스혁명의 우애정신의 구체적 발현은 괄목할 만한 진보라 평가할 수 있다. 자유와 평등권은 개인에 초점이 놓이지만 우애는 상대가 전제된 연대와 결속의 욕구이자 권리이다. 인간은 사회적 존재이면서도 오늘날 파편화되고 원자화되어 소외와 상실감으로 신음하고 있다. 우애와 연대 정신이 사회적 인권 차원에서 중시될 수밖에 없는 이유다.

인권의식의 발전을 시대의 흐름에 따라 단계적으로 분류하려는 '인권 3세

5) 프랑스혁명은 1789년 7월 14일부터 1794년 7월 28일에 걸쳐 일어난 프랑스의 사상혁명으로서 시민혁명의 전형이다. 여기서 시민혁명은 부르주아혁명(계급으로서의 시민혁명)만을 의미하지는 않는다. 전국민이 자유로운 개인으로서 자기를 확립하고 평등한 권리를 보유하기 위하여 일어선 혁명이라는 보다 넓은 의미를 포함하고 있다.

대론'에 의하면 인권의 개념은 크게 다음과 같이 발생하였다.

① 1세대 인권(자유권적 인권): 자유권, 사상의 자유, 양심의 자유, 종교의 자유, 선거권

② 2세대 인권(사회권적 인권): 노동권, 적절한 생활수준을 누릴 권리(의식주와 의료 등), 교육권

③ 3세대 인권(집단권): 평화권, 인도주의적 재난구제를 받을 권리, 지속 가능한 환경에 대한 권리

여기서 ① 1세대의 자유권적 인권은 모든 인간이 자유의 권리를 지니고 이것이 침해될 수 없다는 것을 의미하며, 일반적으로 현대의 많은 국가들의 헌법 등에 명시되어 있다. ② 2세대의 사회적 인권은 국가, 사회 속에서 살아가는 인간으로서의 인권이 보장되어야 한다는 개념이며 사회의 책임론과도 관련이 있다. ③ 3세대 인권은 보편적 인권의 항구적 존립을 위하여 평화와 생태의 지속을 추구하여야 한다는 사상이다.[6)]

헌법 제10조에는 "모든 국민은 인간으로서의 존엄과 가치를 가지며, 행복을 추구할 권리를 가진다. 국가는 개인이 가지는 불가침의 기본적 인권을 확인하고 이를 보장할 의무를 진다"라고 명시되어 있다.

이는 독일법에서 유래된 것으로, 1919년 독일에서 노동자 계급과 부르주아가 타협하여 탄생시킨 바이마르헌법[7)]을 그대로 옮긴 것이다. 1차 인권혁명은 법적, 정치적 권리의 보장에 치중했다면 2차 인권혁명은 보편적, 경제적 권리의 보장과 복지사회의 구현이 핵심이다.

제2차 세계대전이 끝난 후, 국민소득 5~6천 달러 단계에서 유럽 대부분의 국가들은 무상교육과 무상의료를 비롯한 여러 복지제도를 시행함으로써 인간의 존엄과 평등권적 인권의 보장을 실천하였다.

---

6) 서울행정법원 2015구합69447.

7) 1919년 8월 11일에 제정된 독일 공화국의 헌법으로, 바이마르헌법이란 명칭은 바이마르에서 열린 국민의회에서 헌법이 제정된 데서 유래한다. 국민주권주의에 입각해 보통·평등·직접·비밀·비례 대표 등의 원리에 따라 의원내각제를 채택하였지만 직접민주제적인 요소도 다소 인정하였다. 바이마르헌법은 19세기적인 자유주의·민주주의를 기본으로 하면서 20세기적 사회국가의 이념을 가미한 특색 있는 헌법으로, 근대 헌법상 처음으로 소유권의 의무성(사회성)을 강조하고 인간다운 생존(생존권)을 보장하는 것을 이상으로 하는 사회국가의 입장을 취한 점에서 20세기 현대 헌법의 전형이 되었다.

## 세계인권선언문

### 전문(前文)

인류 가족 모든 구성원의 타고난 존엄성과 평등하고도 양도할 수 없는 권리를 인정하는 것이 전세계의 자유와 정의와 평화의 기초이며, 인권에 대한 무시와 경멸이 인류의 양심을 짓밟는 야만적 행위로 귀착되었으며, 인류가 언론의 자유와 신념의 자유를 누리고 공포와 궁핍으로부터 자유로운 세상은 보통 사람의 지고한 열망으로 천명되었고, 인간이 폭정과 억압에 대항하는 마지막 수단으로써 반란에 호소하도록 강요받지 않으려면, 인권이 법에 의한 통치에 의해서 보호되어야 함이 필수적이며, 나라 사이의 우호관계의 발전을 촉진하는 것이 반드시 필요하며, 유엔의 여러 국민들은 그 헌장에서 기본적 인권과, 인간의 존엄성과 가치, 남녀의 동등한 권리에 대한 신념을 재확인하였으며, 더 폭넓은 자유 속에서 사회적 진보와 생활수준의 개선을 촉진할 것을 다짐하였고, 회원국은 유엔과 협력하여 인권과 기본적 자유에 대한 보편적 존중과 준수의 신장을 성취할 것을 서약하였으며, 이러한 권리와 자유에 대한 공통의 이해가 이 서약의 이행을 위해 가장 중요하기에, 그리하여 이제 유엔총회는 모든 개인과 사회의 각 기관은 이 선언을 항상 마음속에 간직한 채, 교육과 학업을 통하여 이러한 권리와 자유에 대한 존중을 신장시키기 위해 노력하고, 점진적인 국내적 및 국제적 조치를 통하여 회원국 관할권 아래에 있는 영토의 국민들 양자 모두에게 권리와 자유의 보편적이고 효과적인 인정과 준수를 보장하기 위해 힘쓰도록, 모든 국민들과 나라들이 성취해야 할 공통의 기준으로서 본 세계인권선언을 선포한다.

**제1조** 모든 인간은 태어날 때부터 자유롭고, 존엄성과 권리에 있어서 평등하다. 인간은 이성과 양심을 부여받았으므로 서로에게 형제자매의 정신으로 행해야 한다.

**제2조** 모든 인간은 인종, 피부색, 성, 언어, 종교, 정치 또는 그 밖의 견해, 민족 또는 사회적 출신, 재산, 출생 또는 다른 지위 등과 같은 그 어떤 종류의 구별도 없이, 이 선언에 제시된 모든 권리와 자유를 누릴 자격이 있다.

더 나아가 한 사람이 속한 나라 또는 영토가 독립국이건 신탁통치지역이건, 비자치지역이건 또는 그 밖의 다른 어떤 주권상의 제한을 받고 있는 곳이건, 그 나라나 영토의 정치적, 사법적, 국제적 지위를 근거로 차별이 자행되어서는 안 된다.

**제3조** 모든 인간은 생명권과 신체의 자유와 안전을 누릴 권리가 있다.

**제4조** 아무도 노예의 신분이나 노예의 상태에 얽매어 있지 아니한다. 노예제도와 노예매매는 어떤 형태이건 금지된다.

**제5조** 아무도 고문이나 가혹하거나 비인도적이거나 모욕적인 처우 또는 형벌을

받지 아니한다.

**제6조** 모든 인간은 어디에서나 법 앞에서 한 인격체로 인정받을 권리를 갖는다.

**제7조** 모든 인간은 법 앞에 평등하며, 어떠한 차별도 받지 않고 법의 동등한 보호를 받을 권리를 갖는다. 모든 사람은 이 선언을 위반하는 그 어떤 차별에 대해서도, 또한 그러한 차별의 선동에 대해서도 동등한 보호를 받을 권리를 갖는다.

**제8조** 모든 인간은 헌법 또는 법률이 부여하는 기본권을 침해하는 행위에 대해 해당 국가법정에서 유효한 구제를 받을 권리를 갖는다.

**제9조** 아무도 자의적인 체포, 구금 또는 추방을 당하지 않는다.

**제10조** 모든 인간은 자신의 권리와 의무, 그리고 자신에 대한 형사상의 혐의에 관하여 재판을 받게 될 때, 독립되고 편견 없는 법정에서 공정하고도 공적인 심문을 완전히 평등하게 받을 권리를 갖는다.

**제11조**

1. 형사상의 범죄로 소추당한 모든 사람은 자신의 변호를 위해 필요한 모든 보장들이 행사된 공적 재판에서 법률에 따라 유죄로 판정받을 때까지 무죄로 추정받을 권리를 갖는다.
2. 아무도 그것이 범해질 당시에 국내법 또는 국제법상으로 형사범죄를 구성하지 않았던 행위나 태만으로 인해 형사범으로서의 유죄의 선고를 받지 아니한다. 또한 형사범죄가 행해졌을 당시의 적용 가능한 형벌보다 무거운 형벌이 부과되지 아니한다.

**제12조** 아무도 자신의 사생활, 가족, 집 또는 통신에 대하여 자의적인 간섭을 받지 않으며, 또한 자신의 명예와 신용에 대하여 공격당하지 않는다. 모든 인간은 그러한 간섭과 공격에 대하여 법률의 보호를 받을 권리를 갖는다.

**제13조**

1. 모든 인간은 각국의 경계 안에서 이동과 거주의 자유를 누릴 권리를 갖는다.
2. 모든 인간은 자국을 포함한 어떤 나라에서도 떠나고 또 자국으로 돌아올 권리를 갖는다.

**제14조**

1. 모든 인간은 박해를 피해 타국에서 피난처를 구하고 또 누릴 권리를 갖는다.
2. 이 권리는, 비정치적 범죄 또는 유엔의 목적과 원칙에 반하는 행위가 진정한 원인이 되어 발생하는 소추의 경우에는 호소될 수 없다.

**제15조**

1. 모든 인간은 어느 한 국적을 가질 권리를 갖는다.
2. 아무도 자의적으로 자신의 국적을 박탈당하거나 그의 국적을 바꿀 권리를

부인당하지 아니한다.

제16조

1. 성년에 이른 남녀는 인종, 국적 또는 종교를 이유로 한 그 어떤 제한도 받지 않고 결혼하여 가정을 이룰 권리를 갖는다. 이들은 결혼의 기간 동안과 그 해소의 시점에 있어 결혼에 관한 동등한 권리를 갖는다.
2. 결혼은 장래의 배우자의 자유롭고도 완전한 동의에 의해서만 성립된다.
3. 가정은 사회의 자연적이고 근본적인 집단의 단위이며 사회와 국가에 의해서 보호받을 권리를 갖는다.

제17조

1. 모든 인간은 타인과의 연합을 통해서뿐만 아니라 단독으로 자신의 재산을 소유할 권리를 갖는다.
2. 아무도 자신의 재산을 자의적으로 박탈당하지 않는다.

제18조 모든 인간은 사상, 양심, 종교의 자유를 누릴 권리를 갖는다. 이 권리는 자신의 종교 또는 신념을 바꿀 자유와, 교리, 전례, 예배, 의식에 있어서 혼자 또는 타인과 공동으로, 공적 또는 사적으로 자신의 종교 또는 신념을 표현할 자유를 포함한다.

제19조 모든 인간은 의견의 자유와 표현의 자유를 누릴 권리를 갖는다. 이 권리는 간섭받지 않고 의견을 가질 자유와 모든 미디어를 통해서 국경에 무관하게 정보와 사상을 추구하고 받고 전달할 자유를 포함한다.

제20조

1. 모든 인간은 평화적 집회와 결사의 자유를 누릴 권리를 갖는다.
2. 어느 누구도 어떤 결사에 소속될 것을 강요받지 않는다.

제21조

1. 모든 인간은 직접 또는 자유롭게 선출된 대표를 통해 자국의 통치에 참여할 권리를 갖는다.
2. 모든 인간은 자국 내의 공공기관에 대한 동등한 접근권을 갖는다.
3. 국민의 의사는 정부의 권위의 기초가 된다.
   이 의사는 보통 및 평등 투표권에 의거하며, 또한 비밀투표 또는 이와 동등한 자유로운 투표 절차에 따라 실시되는 정기적이고 진정한 선거에서 표현된다.

제22조 모든 인간은 사회의 일원으로서 사회보장제도에 대한 권리를 가지며, 국가적 노력과 국제적 협력을 통해서 그리고 각국의 구조와 자원에 따라서, 자신의 존엄성과 인격의 자유로운 발전을 위해 불가결한 경제, 사회, 문화적 권리들

을 실현할 권리를 갖는다.

**제23조**

1. 모든 인간은 일, 자유로운 직업의 선택, 공정하고 유리한 노동조건, 실업에 대한 보호 등의 권리를 갖는다.
2. 모든 인간은 어떤 차별도 받지 않고 동일 노동에 대해서 동일한 보수를 받을 권리를 갖는다.
3. 모든 일하는 인간은 자신과 가족에게 인간적 존엄에 합당한 생존을 보장해 주며, 필요할 경우 다른 사회적 보호의 수단에 의해서 보충되는, 정당하고 유리한 보수를 받을 권리를 갖는다.

**제24조** 모든 인간의 합리적인 노동시간의 제한과 정기적인 유급휴가를 포함한 휴식과 여가의 권리를 갖는다.

**제25조**

1. 모든 인간은, 의식주와 의료, 필수적인 사회보장제도를 포함하는, 자신과 가족의 건강과 안녕을 위해 적합한 생활수준을 누릴 권리와, 실업, 질병, 불구, 배우자와의 사별, 노령 또는 그 밖의 자신의 통제할 수 없는 상황에서의 생계의 결핍의 경우에 보장제도를 누릴 권리를 갖는다.
2. 모자는 특별한 보살핌과 도움을 받을 권리를 갖는다.
   모든 어린이는 적서에 관계없이 동등한 사회적 보호를 누린다.

**제26조**

1. 모든 인간은 교육받을 권리를 갖는다. 교육은 최소한 초등기초단계에서는 무상이어야 한다. 초등교육은 의무적이어야 한다. 기술교육과 직업교육은 원하는 누구나 받을 수 있어야 하며, 고등교육은 실력 있는 모든 사람에게 평등하게 개방되어야 한다.
2. 교육은 인격의 온전한 발전과 인권과 기본적 자유에 대한 존중을 강화하는 데로 나아가야 한다. 교육은 모든 나라들과 인종 또는 종교집단 사이에서 이해, 관용, 우호관계를 증진시키며 평화를 유지하기 위한 유엔의 활동을 촉진해야 한다.
3. 부모는 자녀에게 제공되는 교육의 종류를 선택함에 있어 우선권을 갖는다.

**제27조**

1. 모든 인간은 자유롭게 공동체의 문화생활에 참여하고 예술을 감상하며 과학의 진전과 그 혜택을 나눠 가질 권리를 갖는다.
2. 모든 인간은 자신이 창조한 모든 과학적, 문학적, 예술적 산물에서 생기는 정신적, 물질적 이들을 보호받을 권리를 갖는다.

**제28조** 모든 인간은 이 선언에 제시된 권리와 자유가 완전히 실현될 수 있는 사회적, 국제적 질서에 대한 권리를 갖는다.

**제29조**

1. 모든 인간은 그 안에서만 자신의 인격이 자유롭고 완전하게 발전할 수 있는 공동체에 대한 의무를 갖는다.
2. 모든 인간은 자신의 권리와 자유의 행사에 있어, 타인의 권리와 자유에 대한 합당한 인정과 존중을 보장하고, 민주사회의 도덕, 공공질서, 일반인의 안녕을 위한 공정한 필요를 충족시키기 위해서만 법률이 정한 바에 따라 제한받는다.
3. 이러한 권리와 자유는 어떤 경우에도 유엔의 목적과 원칙에 반해서 행사될 수 없다.

**제30조** 이 선언의 그 어떤 조항도 어떤 국가, 집단 또는 개인에게, 이 선언에 제시된 권리와 자유 중 어느 것이라도 파괴할 목적을 갖는 어떤 활동에 종사하거나, 어떤 행위를 할 수 있는 어떤 권리가 있음을 뜻하는 것으로 해석될 수 없다.

한편, 미래의 '4차 인권혁명'에는 세계적인 통합으로 나아가려는 세계주의와, 자연과 인간의 평등을 기초로 한 생태주의가 급부상할 것이라고 예측하는 학자들이 있다. 평화학자 요한 갈퉁(Johan Galtung)은 인권혁명을 알기 쉽게 칼러코드화하여 1차 인권혁명은 청색혁명, 2차는 적색혁명, 3차는 녹색혁명이라 칭했다.

## Ⅱ. 인권의 역사

### 1. 계몽주의 시대

#### (1) 영국혁명

영국혁명은 청교도혁명[8]과 명예혁명[9]을 포괄한다. 1649년 의회군의 승리

8) 1649년 영국에서 청교도가 중심이 되어 일어난 시민혁명이다. 17세기 초에 찰스 1세는 스코틀랜드와 벌인 주교 전쟁의 자금을 마련하고자, 의회를 소집하였다. 이에 의회는 의회의 승인 없이 함부로 과세할 수 없도록 권리청원을 제출하였고, 찰스 1세는 이를 승인한 후 곧 의회를 해산시켜 버렸다. 그래서 의회와 국왕의 대립이 심각해지자 내란이 일어났

로 공화국이 수립되었고 이 과정에서 보편적인 권리 주장이 처음 등장하였다. 영국혁명 정신은 1689년에 공포된 「권리장전」으로 성문화되었다.

### (2) 미국혁명

미국혁명은 왕정 거부와 빼앗길 수 없는 권리로 생명권, 자유권, 행복추구권을 보호 주장하여 1776년 「미국독립선언문」에 반영하였다.

### (3) 프랑스혁명

프랑스혁명은 미국혁명에 자극을 받은 사람들과 농민, 분노한 부르주아(Bourgeois) 등 제3신분이 들고 일어나 국민의회를 결성하여 '모든 시민'이란 말로 보편적 권리를 주장한 「인간과 시민의 권리선언」을 발표하였으나, 3개월만에 하인과 여자, 사흘치 임금에 해당하는 납세 실적이 없는 사람에게 투표권과 공직취임권을 박탈하였다.

## 2. 산업혁명 시대

### (1) 노예제도 폐지

미국보다 앞서 노예제도를 폐지한 나라는 프랑스이다. 프랑스는 대혁명 후 식민지에서 반란이 일어나 식민지가 붕괴될 위기에 처하자, 1794년 2월에 노예 폐지령을 채택하였다. 그러나 8년만에 나폴레옹이 식민지의 노예제를 부활시켰다. 영국에서는 1807년 식민지에서 노예무역을 폐지한 후 1833년 노예제를 폐지하였다. 미국에서는 노예제를 둘러싸고 내전이 발생하였고 링컨이 대통령으로 당선되어 1863년 노예해방 선언을 하였다. 그 후 1865년 미국 의회에서 노예제를 폐지한다는 내용의 헌법 개정안이 통과되었다.

### (2) 선거권

프랑스는 1848년 제2공화정의 자유주의 「신헌법」에 보통 선거권을 포함하였고, 1848년 11월 4일 20세 이상의 남성시민으로 시민적 권리를 보유한 모든

---

다. 부유한 남동부 지역에 주로 근거한 의회파는 재력면에서 왕당파를 압도하였고 해군을 장악하고 있었다.

9) 유혈사태가 없었기 때문에 이런 명칭이 붙게 되었다. 1685년 왕위에 오른 제임스 2세는 가톨릭교도로서, 가톨릭교 부활정책과 전제주의를 강력히 추진하였다. 즉, 종래의 심사율을 무시하고 가톨릭교도를 문무관리로 등용하여 국민들이 싫어한 상비군을 설치하였다.

사람에게 투표권을 부여하는 내용의 헌법을 공포하였다. 그 후 1850년 5월 31일 국민의회에서 투표권에 재산자격 제한규정을 다시 도입하기로 결정하였다.

미국은 노동자들이 정치적 평등을 요구했으나, 미국 내의 많은 이들이 선거법 개정에 반대하였다. 특히 문자 해독시험으로 인해 선거권을 제한하였다. 그 후 1870년에 남부에서 시작된 「짐 크로우 법」[10])을 통해 공공장소에서 흑백 인종 분리정책을 강행하여 흑인들의 투표권 행사를 어렵게 하였다.

영국은 1838년 노동자들이 「인민헌장」을 통해 참정권 확대를 요구하는 차티스트 운동을 벌였다.

### (3) 여성의 참정권 운동

19세기말 유럽에서 여성참정권 운동조직이 늘어나고 1893년 뉴질랜드에서 여성에게 선거권이 인정된 후 유럽의 여러 나라들로 확산되었다.

### (4) 노동기본권의 보장

1871년 영국에서 노동조합법이 만들어진 후 영국, 프랑스, 독일 등지에서 노동조합이 자리를 잡았고 노동자들의 지속적인 노력으로 노동시간이 단축되었다.

## 3. 20세기와 양차대전

### (1) 제1차 세계대전과 그 이후

적자생존[11])식 대외정책이 성행하였고, 1919년 베르사유 조약을 통해 국제연맹과 ILO가 결성되었으나 미국, 독일, 러시아는 가입하지 않았다. 1929년 미국에서 경제공황이 발생하였고, 제1차 세계대전에서 패한 독일에서는 히틀러가 나치 세력을 키우기 시작하여 제2차 세계대전을 일으켰다.

### (2) 제2차 세계대전과 유엔

전쟁 중에 민간인 피해는 급증하고 무차별적인 공격과 유대인 대량학살이 원인이 되었다. 전쟁이 끝난 후 새로운 국제기구의 필요성이 절감되어 유엔결정에 합의하였다. <유엔헌장>에 인권항목을 삽입하였다. 1946년 유엔인권위

---

10) 1862년 인종차별은 법적으로 폐지되었으나 1960년대에도 여전히 미국 사회에서는 짐 크로우 법이라 불리는 인종차별법과 관습이 만연했다.

11) 다윈은 '자연도태'를 '유익한 형질을 가진 개체는 자손을 남겨서 계속 유지되고, 유해한 형질을 가진 개체는 파괴되며, 유익한 변이만 보존되는 현상' 정도로 정의했다.

원회를 구성하여 인권에 관한 국제적 권리장전 초안을 작성하였다. 그 후 1948년 12월 10일 유엔총회에서 <세계인권선언>을 채택하였다.

## 제 2 절 인권의 개념과 역할

### I. 인권의 개념

#### 1. 인권에 대한 비판론

근대 인권이론은 추상적인 권리의 내용과 종교적인 색채의 자연법과 연결된 것처럼 인식되어 19세기 보수주의와 급진적 사회주의로부터 비판을 받았지만, 인권운동은 멈추지 않고 있다.

#### 2. 인권이라는 말

20세기에 들어오면서 인권의 중요성이 더욱 부각되면서 유엔을 창설하여 '인권'이라는 말이 구체적으로 등장하였다. 인권은 한자로 된 개념어이며, '인간으로서 당연히 누려야 할, 인간답게 살 권리', 즉 '사람의 권리'라고 정의할 수 있다.

#### 3. 인권의 특성

세계인권선언 이후 국제적인 발전을 거듭해 온 인권은 천부성, 보편성, 불가침성, 항구성, 상호의존성 등의 여러 가지 특성을 가지고 있다.

### II. 인권의 역할

#### 1. 삶이 지향하는 가치이며 수단

인권의 역할은 누구에게나 삶이 지향하는 중요한 핵심적 가치이다. 구체적으로 살면서 겪는 문제를 해결하는 열쇠이다. 인권은 인간으로의 존엄성을 실현할 권리이기 때문에 삶을 위해 인권을 생각할 이유가 있다.

### 2. 여성들의 권리

여성참정권으로 150년이 넘는 긴 시간뿐만 아니라 목숨까지 잃어야 하는 치열한 투쟁을 필요로 하였다.

### 3. 인권의 진전

68혁명은 실패로 끝나긴 했지만 민중이 역사의 전면에서 과감한 발언을 하는 계기가 되었다. 혁명의 이념은 사회의 주된 가치로 자리매김하게 되었다. 2003년 이라크 침공은 인권이 전쟁의 명분으로 둔갑하는 일도 있기는 했지만 더 넓은 안목으로 살펴보면 인권은 분명히 조금씩 진전되어 왔다.

인권의 진전은 갑자기 주어지는 것이 아니라 인권 피해자, 인권 당사자들이 인권문제에 대해 인식하고 노력한 만큼 주어지는 것이다.

## 제 3 절 》 국가와 인권의 과제

## I. 국가와 인권

### 1. 의무의 주체

모든 국민은 권리를 가지며, 국가는 국민의 인권을 보장할 의무를 진다. 국가는 개인에 대해 부당한 간섭을 하지 않아야 할 소극적 의무뿐만 아니라 인권을 지키기 위해 어떤 행동을 해야 한다는 적극적 의무를 지고 있다. 국가가 국민의 인권을 보장하기 위해서는 국민의 자유를 보장해야 한다. 적극적 의무라는 이름으로 국가는 특정한 가치를 국민들에게 강요하거나 국민의 기본자유를 침해해서는 안 된다.

### 2. 국가의 역할

국정목표를 수행하는 정부조직은 인권의 보장과 증진을 실행하기 위한 도구이다. 행정은 인권의 보장과 증진이라는 국가의 의무를 달성하기 위한 정부조직과 공무원의 활동이다. 불평등과 차별을 해결하기 위한 사회정책 수립이 요구된다. 정책수립 과정에서 예산 수립 단계부터 인권 개념을 반영한 인권 인지적 예산편성이 필요하다.

정책시행 과정에서 사전에 인권에 미치는 영향을 평가하고 그 평가를 바탕으로 시정을 권고하는 '인권영향평가'와 같은 제도 도입이 필요하다. 아울러 인권보장을 위한 정책을 담당할 조직이나 기구가 필요하다.

## Ⅱ. 법과 인권

### 1. 준사법적 권리 구제

국가인권위원회 권고는 법적 구속력이 부족하거나 없지만 오히려 실효성이 높은 경우가 많다. 사법적 절차에 비하여 돈과 시간이 절약된다. 법적 구속력이 없지만 사법절차의 결정보다 다양하며 유연하다. 경우에 따라 사법적 절차보다 실질적인 인권옹호 절차가 될 수 있다.

### 2. 국가인권위원회

대한민국의 고도로 독립된 국가기관으로 완전히 독립된 기관으로 사실상 준헌법기관이다. 모든 개인이 가지는 불가침의 기본적 인권을 보호·증진하여 인간으로서의 존엄과 가치를 구현하고 민주적 기본질서 확립을 위한 인권전담기구이다. 국제사회의 국가인권기구 설립에 대한 관심을 토대로 민주화와 인권의 개선을 위한 국민들의 오랜 열망, 인권시민단체의 노력, 그리고 국민의 정부의 강한 의지로 2001년 11월 25일 설립되었다.

**국가인권위원회법 제1조(목적)** 이 법은 국가인권위원회를 설립하여 모든 개인이 가지는 불가침의 기본적 인권을 보호하고 그 수준을 향상시킴으로써 인간으로서의 존엄과 가치를 실현하고 민주적 기본질서의 확립에 이바지함을 목적으로 한다.

**국가인권위원회법 제3조(국가인권위원회의 설립과 독립성)** ① 이 법에서 정하는 인권의 보호와 향상을 위한 업무를 수행하기 위하여 국가인권위원회(이하 "위원회"라 한다)를 둔다.
② 위원회는 그 권한에 속하는 업무를 독립하여 수행한다.

국가인권위원회의 설립 의의와 의무, 업무, 권한 등은 국가인권위원회법과 장애인차별금지 및 권리구제 등에 관한 법률, 고용상 연령차별금지 및 고령자 고용촉진에 관한 법률에 의해 성립된다.

국가인권위원회법은 한국의 법률 중 인권이 무엇인지 정의 내려주는 유일무이한 법률이다. 제정된 여러 법안 및 조례에 있어 인권의 범위는 보통 국가인권위원회의 정의를 따른다는 조항들이 삽입된다. 즉 한국사회의 인권 바로미터가 국가인권위원회법에 해당한다.

법률에 의한 국가인권위원회의 업무는 다음과 같다.

① 인권에 관한 법령(입법과정 중에 있는 법령안을 포함한다)·제도·정책·관행의 조사와 연구 및 그 개선이 필요한 사항에 관한 권고 또는 의견의 표명
② 인권침해행위에 대한 조사와 구제
③ 차별행위에 대한 조사와 구제
④ 인권상황에 대한 실태 조사
⑤ 인권에 관한 교육 및 홍보
⑥ 인권침해의 유형, 판단 기준 및 그 예방 조치 등에 관한 지침의 제시 및 권고
⑦ 국제인권조약 가입 및 그 조약의 이행에 관한 연구와 권고 또는 의견의 표명
⑧ 인권의 옹호와 신장을 위하여 활동하는 단체 및 개인과의 협력

⑨ 인권과 관련된 국제기구 및 외국 인권기구와의 교류·협력

⑩ 그 밖에 인권의 보장과 향상을 위하여 필요하다고 인정하는 사항

국가인권위원회는 주체적으로 각종 법령과 국제조약에 대한 의견표명 및 검토, 인권 실태 조사 및 관련 교육, 홍보 그리고 단체 및 국제기구와의 협력 및 교류를 하고 있으며, 인권 침해를 받은 피해자의 구제 요청에 따라 관련 사안을 검토하여 시정권고를 내릴 수 있다.

시정권고란 국가인권위원회가 이러 이러한 부분이 인권 내지 시민권을 침해하니 고쳐야 하는 것이 좋다라는 의견을 말하는 것이고, 해당 정부기관은 타당한 근거가 없다면 관례적으로 따라야 하는 것이다. 즉 국가인권위원회는 명령권이 없다. 이런 기구가 있는 것만으로도 물 밑에 숨어있던 인권침해가 이슈화되는 긍정적인 가치가 있다.

## 3. 국민권익위원회

> **부패방지 및 국민권익위원회의 설치와 운영에 관한 법률 제11조(국민권익위원회의 설치)** 고충민원의 처리와 이에 관련된 불합리한 행정제도를 개선하고, 부패의 발생을 예방하며 부패행위를 효율적으로 규제하도록 하기 위하여 국무총리 소속으로 국민권익위원회(이하 "위원회"라 한다)를 둔다.

부정청탁 및 금품 등 수수의 금지에 관한 법률을 제안한 것으로 상징되는 부패척결을 위한 국가기관이다. 부패 방지, 국민의 권리 보호 및 구제 등을 위해 노무현 정부 당시의 국민고충처리위원회(구 국민고충처리위원회의 설치 및 운영에 관한 법률), 국가청렴위원회(구 부패방지법), 국무총리 행정심판위원회(행정심판법 2008. 2. 29. 법률 제8871호로 개정되기 전의 것)를 통합하여 설립된 국무총리 소속의 중앙행정기관이다.

중앙행정심판위원회를 두고 있으며, 국민신문고의 소관청이기도 하다. 위원장은 장관급 정무직공무원으로, 정권의 실세가 맡는 경우가 많다. 다만 청렴행정과 옴부즈만 행정이 합쳐져 있어 조직이 비대해, 처리속도가 많이 늦고, 민원인의 사건처리 결과가 권고수준으로 그치는 편이라 상대방 측(국가기관)이 이

를 수용하지 않는다면 방법이 없다. 대표적으로 사건처리 결과에 수용하지 않은 기관 중에 하나가 국방부이다.

이 외에도 이해충돌과 관련된 유권해석을 내리는 역할도 권익위에서 한다. 2019년의 경우 조국 사태로 논란이 발생하자 이해충돌이라는 판단을 내렸고, 이를 주도한 당시 부위원장은 2019년 12월 상황에 따라 흔들리는 정의에 괴롭다며 사임했다. 국무총리 직할의 행정부위원회로 고충민원의 처리와 관련된 불합리한 행정제도의 개선, 공직사회 부패 예방·부패행위 방지를 통한 청렴한 공직 및 사회풍토 확립, 행정쟁송을 통하여 행정청의 위법·부당한 처분으로부터 국민의 권리 보호에 목적으로 두고 있다.

## 4. 언론중재위원회

언론중재위원회(Press Arbitration Commission)는 언론보도로 인한 분쟁의 조정 및 중재, 언론피해와 관련한 법률상담, 불공정 선거기사 심의 등의 업무를 수행하기 위하여 설립된 합의제기관이다. 주요 업무는 다음과 같다.

### (1) 언론 보도로 인한 분쟁의 조정 및 중재

언론 및 인터넷 미디어 등으로 인해 피해를 입은 개인 및 단체로부터 조정 신청을 접수하여 정정보도, 반론 보도, 추후 보도, 손해배상 등의 방법으로 피해를 구제 받을 수 있도록 도와주는 역할을 한다.

### (2) 언론 피해와 관련된 법률 상담 서비스 제공

언론 피해를 입은 국민들을 대상으로 한 종합적인 무료법률 상담서비스를 제공한다.

### (3) 시정 권고

언론의 보도 내용에 의한 국가적 법익이나 사회적 법익, 또는 타인의 법익 침해 사항을 심의하여 필요한 경우 해당 언론사에 시정을 권고한다. 이를 위해 언론중재위원회는 시정권고소위원회를 운영하고 있다.

### (4) 불공정 선거 기사 심의

선거일 전 60일 전부터 선거일 후 30일까지 선거기사심의위원회를 설치하여 선거 보도와 관련된 시정권고 및 주의 등의 조치를 내린다.

## 5. 중앙환경분쟁조정위원회

중앙환경분쟁조정위원회는 중앙환경분쟁조정위원회의 운영에 필요한 사무를 관장하는 대한민국 환경부의 소속기관이다. 「환경분쟁조정법」 제4조에 근거하여 설치되었다.

① 환경분쟁의 조정: 다만, 다음 각 목의 어느 하나에 해당하는 분쟁의 조정은 해당 목에서 정하는 경우만 해당한다.

- ▸ 「건축법」 제2조 제1항 제8호의 건축으로 인한 일조 방해 및 조망 저해와 관련된 분쟁: 그 건축으로 인한 다른 분쟁과 복합되어 있는 경우
- ▸ 지하수 수위 또는 이동경로의 변화와 관련된 분쟁: 공사 또는 작업으로 인한 경우

② 환경피해와 관련되는 민원의 조사, 분석 및 상담

③ 분쟁의 예방 및 해결을 위한 제도와 정책의 연구 및 건의

④ 환경피해의 예방 및 구제와 관련된 교육, 홍보 및 지원

⑤ 그 밖에 법령에 따라 위원회의 소관으로 규정된 사항

### (1) 중앙환경분쟁조정위원회

① 1억원 초과의 환경피해로 인한 분쟁의 재정

② 국가 또는 지방자치단체를 당사자로 하는 분쟁의 조정

③ 2개 이상의 시·도 관할구역에 걸치는 분쟁의 조정

④ 지방환경분쟁위원회가 스스로 조정하기 곤란하다고 결정하여 이송한 분쟁

⑤ 환경분쟁조정법 제30조의 규정에 의한 직권조정

### (2) 지방환경분쟁조정위원회

① 1억원 이하의 환경피해로 인한 분쟁의 재정

② 관할구역 안에서 발생한 환경피해 분쟁 중 중앙환경분쟁조정위원회의 기능을 제외한 분쟁

## Ⅲ. 인권의 과제

### 1. 국가의 존재이유

국가는 모든 국민의 인권을 보장할 의무가 있다. 인권은 국가의 존립 근거이며, 국가의 정당성 판단의 근거가 된다.

### 2. 제도의 확립

#### (1) 주거권

1991년 유엔 사회인권위원회에서 인간다운 주거 생활을 보장하기 위해 지켜야 할 7가지 원칙을 발표하였다. 주거권의 7가지 요소들은 다음과 같다.

첫째, 점유의 법적 보장이다. 점유는 임대(정부/개인), 공동주택, 자가, 임시주택 및 토지나 건물 점유라는 비공식적 정주 등 여러 가지 형태로 존재한다. 그러나 점유형태와 상관없이 모든 사람은 강제퇴거, 괴롭힘 또는 기타 위협으로부터 법적인 보호를 받을 수 있어야 한다. 곧 모든 사람은 점유에 대한 법적 안정성을 보장받을 수 있어야 한다. 그러므로 국가는 현재 이러한 점유의 안정성을 받지 못하고 있는 개인 및 집단과 성실한 협의를 통하여 점유의 법적 안정성을 부여하기 위해 즉각적인 조치를 취해야 한다.

둘째, 서비스, 물자, 시설, 인프라에 대한 가용성이다. 적절한 주거는 건강, 안전, 편안함, 영양 상태를 일정하게 충족시킬 수 있는 특정 시설을 반드시 갖추고 있어야 한다. 모든 사람은 천연자원, 공동자원, 안전한 식수, 요리·난방·조명에 필요한 에너지, 위생, 세면시설, 음식저장수단, 폐기물 처리시설, 하수시설, 비상서비스에 대한 지속가능한 방법으로 접근할 수 있어야 한다.

셋째, 비용의 적정성이다. 개인이나 가정의 주거 관련 비용은, 다른 기본적인 수요의 확보 및 충족을 위협하지 않거나 제한하지 않는 수준이 되어야 한다. 국가는 일반적으로 주거 관련 비용의 비율이 소득수준에 적합하도록 보장하는 조치를 취해야 한다. 당사국은 주거비용을 감당할 수 없는 이들에 대한 주택보조금 및 주택수요를 적절하게 반영하는 주택금융의 형식과 그 수준을 확립해야 한다. 비용의 적정성 원칙에 의거하여 점유자는 적절한 수단을 통해 불합리한 임대료 수준이나 임대료 인상으로부터 보호받아야 한다.

넷째, 거주 가능성이다. 적절한 주거는 거주자에게 충분한 공간을 제공하고 추위, 습기, 더위, 비, 바람, 기타 건강에 위협이 되는 요인, 구조적 위해, 해충으로부터 거주자를 보호한다는 점에서 거주 가능해야 한다. 거주자의 물리적인 안전도 보장되어야 한다. 국가는 세계보건기구가 작성한 주거의 건강 원칙을 포괄적으로 적용해야 한다. 부적절하고 결함이 있는 주거와 생활 여건은 항상 높은 사망률과 높은 유병률로 이어진다. 감염병리학적 분석의 측면에서 주거는 질병유발요건과 가장 밀접한 관계를 갖는 환경적 요인이다.

다섯째, 접근성이다. 적절한 주거는 권한을 갖는 자들 모두에게 접근 가능해야 한다. 혜택 받지 못한 집단들에게도 적절한 주거에 대해 안전하고 지속가능한 접근이 허용되어야 한다. 따라서 노인, 아동, 신체장애인, 불치병환자, 후천성면역결핍증 양성 환자, 만성질환자, 정신질환자, 자연재해의 피해자, 재해다발 지역 거주자 등 혜택 받지 못한 계층에게 주거영역에 대한 일정 정도의 우선순위가 보장되어야 한다. 주택에 관한 법률 및 정책은 모두 혜택 받지 못한 집단에 대한 특별한 주거의 필요성을 충분히 고려해야 한다. 많은 국가에서 토지를 소유하지 못한 계층과 사회 빈곤층의 토지에 대한 접근성을 높이는 것을 핵심적 정책 목표로 구성해야 한다. 하나의 권리로서 토지에 대한 접근성을 포함하여 평화롭고 존엄하게 살 수 있는 안전한 공간에 대한 모두의 실제적인 권리 실현을 위해 구체적인 정부의 의무가 개발될 필요가 있다.

여섯째, 위치이다. 적절한 주거공간은 직장, 의료서비스 기관, 학교, 탁아시설 및 기타 사회적 시설에 근접한 장소에 있어야 한다. 이는 출퇴근의 시간적, 재정적 비용이 빈곤 가정의 지출에 과도한 부담을 줄 수 있는 대도시나 외곽지역에 모두 적용된다. 마찬가지로 거주민의 건강권을 위협할 수 있는 오염원과 근접된 지역이나 오염지역에 주택이 신축되어서는 안 된다.

일곱째, 문화적 적절성이다. 주택 건축방법, 사용되는 건축자재, 이들을 지원하는 정책들은 문화적 정체성과 주택의 다양성의 표현을 적절히 할 수 있게 하여야 한다. 주거영역의 측면에서 개발 및 현대화 활동은 주택의 문화적 차원이 희생되지 않도록 해야 하며 무엇보다 특히 현대적 첨단시설을 적절하게 갖추도록 보장해야 한다.

외국에 비해 우리나라의 주거권은 제대로 보장되지 않고 있다. 국가가 국민들의 주거권 보장을 위해 적극적으로 개입하고 제도를 구축하고 있다.

### (2) 노동권

ILO는 노동시간과 적정 생계의 보장을 위한 임금의 보장, 질병, 산업재해로부터의 보호, 이동노동규제, 실업과 노인보험의 실시, 노동조합 등 결사와 집회의 자유를 규정하면서 국제적인 차원에서 사회정의와 노동인권 및 복지의 보장을 가능하도록 하고 있다.

### (3) 복지권

사회권규약에서는 모든 사람은 사회보험을 포함한 사회보장에 대한 권리를 가진다고 규정하고 있다. 국가가 제공하는 복지제도는 유형별로 공공부조, 사회보험, 사회서비스와 수당으로 나눌 수 있다.

## 3. 인권의 과제

오늘날 세계화의 급진전 속에서 국경과 국가권력의 제약이 무력화되어 가는 상황에 직면하게 됨에 따라, 인권 개념의 논의는 새로운 국면을 맞게 되었다. 오늘날처럼 자유주의적 시장경제체제가 전 세계를 지배하게 되면, 자본이나 기술이 국경을 넘어 자유롭게 이동할 뿐 아니라, 경영자나 노동자, 소비자들이, 그리고 지식인, 학생, 공무원들이 전 세계의 국경을 자유롭게 넘나들며 거주하고 활동하는 일들이 빈번해진다. 고향과 고국을 떠나 타향, 타국에서 살며 일하는 이주민들의 숫자가 날로 증가하고 있다.

여러 국적과 문화적 배경을 가진 인간들이 함께 사는 곳에서는 항시 여러 가지 문제가 생기며, 인권의 개념과 이해가 서로 충돌하기 때문에 생기는 문제도 많게 된다. 가령 독일에 이주한 4백만 터키인들이 회교적 문화를 배경으로 살아갈 때, 서구인의 자유주의적 가치관과 충돌되어, 학교나 거리, 동네에서 많은 문제가 생긴다. 이때에 독일의 국법에서 규정하는 인권내용과, 터키인들의 문화의식 속에 있는 인권내용이 충돌을 일으키고 갈등을 빚게 된다. 인도네시아의 회교적 국법과, 외지에서 온 선교사들의 종교의 자유에 관한 이해의 충돌, 외국인 노동자들에 대한 거주권, 망명권, 사회복지권에 대한 이해의 차이 등은 여러 나라에서 사회적, 정치적 문제가 되어 있다.

또한 오늘날 인권이나 인권 탄압에 대한 개념과 규정이 달라서, 서구 중심의 국제연합이 국제기구들과, 특정 국가 사이에 인권에 관한 논쟁이 정치적 문제로 비화하는 경우들이 흔히 있다. 사회주의권의 집단주의적 인권 개념과 서구 자본주의 국가들의 개인주의적 인권 개념이 부딪치는 경우가 과거에도 많이 있었지만, 오늘날 미국 정부가 중국을 향해 인권 개선을 요구할 때, 중국 정부가 "우리에게는 개인의 자유보다, 공동체의 안보와 집단의 이익이 보다 중요하며 우선하는 권익이다"고 답했는데, 이것은 오늘날 인권 개념에 많은 논쟁거리를 제공해주고 있어 체계적인 연구와 논의가 필요하게 되었다.

요한 갈퉁(Johan Galtung)은 최근에 쓴 「인권문제의 미래」(2000년)에서 개인문화(I－culture) 중심의 서구와 집단문화(We－culture) 중심의 아시아권의 인권개념이 융합되고 조화되어야 한다고 주장하며, 이를 위해 양측의 시민사회가 새로운 세계시민의 인권운동을 전개해야 한다고 주장했다. 세계화 시대의 인권개념의 확장을 위해서도 시민사회의 인권운동이 더욱 활성화되고 세계화되어야 한다.[12)]

결론적으로 인권문제의 구체적인 내용은 시대에 따라 변하고 있다. 인권문제를 해결할 수 있는 법과 제도가 뒷받침되어야 인권의 발전이 가능하다고 할 것이다.

## 제 4 절 ≫ 소수자의 인권과 기본권

### I. 소수자의 인권

#### 1. 소수자 인권의 중요성

소수자(minority)란 신체적, 문화적 특성 때문에 다른 집단과 구별되는 차이

12) 이삼열, "인권개념의 발전과 실천과제", 「2001년도 국제이해교육 교원연수」, 유네스코 아시아·태평양 국제이해교육원 자료에서 재인용.

가 있고, 그러한 이유로 다른 집단에 비해 차별을 받고 있는 사람을 말한다. '다수에 의한 지배'가 소수자에 대한 부당한 억압으로 이어지지 않으려면, '차이'와 '차별'을 구별하여 소수자의 인권을 보호하기 위한 노력을 해야 한다.[13)]

---

13) 우리나라는 2006년 대법원의 판결로 만 20세가 넘은 미혼에 자녀가 없는 성인이 성전환 수술을 한 경우 성별 정정 신청이 가능해졌다. 기혼자는 성전환 수술을 완료해도 판례상 대부분 성별정정 불가 판정을 받으며, 특히 자녀가 있는 기혼자의 경우 거의 확실히 성별정정 불가 판정을 받는다. 이러한 판례적 상황은 가정을 이루고 난 뒤 뒤늦게 성정체성을 자각한 이들의 행복추구권을 침해하고 있으며, 또한 성전환 수술을 완료한 트랜스레즈비언 및 트랜스게이가 각기 여성 및 남성과 가정을 이루고자 하는 상황도 불가하게 함으로써 트랜스동성애자의 가족구성권 역시 침해하고 있다. 성전환자의 성별정정허가신청은 가족관계등록예규 제435호 사무처리지침에 따른다. 대한민국은 남성만을 징병 대상으로 하는 징병제 국가이기 때문에 트랜스여성에게 개인적 및 사회적 문제가 발생한다. 과거에는 성전환자 여성이 성별정정을 받기 위해서는 병역의무를 이행 또는 면제 판정을 받는 것이 필수 사항이었다. 하지만 2015년 2월 1일 시행령 기준으로 병역의 의무 관련 조항이 삭제되어 이제는 병역의무를 이행 또는 면제하지 않았더라도 남성에서 여성으로 성별을 변경할 수 있다. 그러나 성별정정을 받기 위해서는 성전환 수술을 반드시 거쳐야 한다. 성전환 수술을 아직 하지 못한 성전환자 여성은 징병신체검사등검사규칙 제102항(정신과)를 적용해 3급(현역)에서 7급(재검) 사이를 결정 받는다. 그러나 현실적으로 징병검사를 받는 20대 초반 나이에 성별정정의 필요조건인 성기 성전환 수술까지 마치는 경우는 드물며, 성전환자 여성이 성전환증에 관한 정신과 진단서만 가지고 5급(제2국민역) 또는 6급(면제) 판정을 받는 경우는 매우 희귀하다. 대부분 호르몬 치료 내지는 성전환 수술에 준하는 신체개조 여부가 판정에 큰 영향을 미친다. 대부분의 경우 성전환자 여성들은 초검 때 현역 또는 4급(사회복무요원) 판정을 받고 몇 년에 걸쳐 성전환을 완료한 뒤 재검을 받아 "성기결손"을 사유로 면제를 받거나 그냥 현역으로 군대를 다녀온다. 군필자 트랜스여성은 예비군 훈련에 동원되기도 한다. 호르몬 치료 및 유방삽입 등의 신체개조를 거쳐 면제를 받았으나 성기 성전환 수술을 하지 않았다는 이유로 병무청에 병역법 위반으로 고발당하거나 면제가 취소되기도 한다. 2014년 7월 9일 대전지방법원은 이러한 경우의 면제 취소가 부당하다는 선고를 내렸다. 그런 한편 최한빛의 사례처럼 성형수술을 하지 않고도 여성적인 외모만 가지고 면제를 받은 경우도 있다. 이렇게 사람마다 기준이 들쭉날쭉하고 한번 내려진 판정이 뒤집히는 등 제멋대로인 것은 성별정정허가신청에 관한 가족관계등록예규 제435호 사무처리지침이 강제성이 있는 법률이 아니라 일개 참고용 지침에 불과하기 때문이다. 또한 해당 사항을 통한 병역감면 대상은 어디까지나 성전환자로서, 성전환을 할 의사가 없는 비성전환자 트랜스여성 또는 젠더퀴어는 해당 조항에 의거하여 성별정정을 하거나 이에 따른 병역감면을 받을 수 없다. 트랜스남성은 별다른 기준 없이 일괄적으로 제2국민역으로 편입된다. 남성에서 여성으로의 성전환 수술에 비해 여성에서 남성으로의 성전환 수술이 훨씬 어렵기 때문에 수술을 하지 못하거나 하지 않는 경우가 많다. 2013년 3월 서울서부지방법원은 남성성기 형성 수술이 트랜스남성의 성별정정에 필수적이지 않다는 판결을 내렸다. 성전환 수술을 완료한 트랜스여성이 대중목욕탕 여탕에 들어갔다가 신고를 당해 경범죄처벌법상 주거침입 혐의가 적용되는 사건도 있었다.

## 2. 여성과 어린이·아동(청소년)의 인권

### (1) 여 성

참정권 운동에서 시작된 여성에 대한 차별 극복은 <세계인권선언>과 여러 국제조약을 통해 여성과 남성이 평등한 존재라는 것을 인정하고 있지만, 눈에 보이지 않는 차별을 계속되고 있다.

### (2) 어린이

어린이[14] 또한 독립된 인격체로 대우받지 못한 경우가 많다. 일부 선각자들의 노력과 국제조약을 통해 권리의 주체로 인식되었지만, 여전히 많은 어린이가 인권을 제대로 보장받지 못하는 상황에 놓여 있다.

## 3. 장애인,[15] 노인,[16] 이주민의 인권

소수자의 인권 문제가 국제조약과 원칙들을 통해 보호되고 개선되고 있기는 하지만 차별은 그렇게 쉽게 사라지지 않고 있다. 남들과 다르다는 것은 차별을 받고 억압을 받아야 할 이유가 아니다. 과거에는 남과 다르다는 이유로 차별하고 권리를 박탈하고 가혹한 대우를 하고 목숨을 빼앗는 일까지 있었다. 차이를 인정하고 소수자의 인권을 존중해야 한다.

---

14) 어린이는 일반적으로 5세~12세까지의 사람을 말한다. 아동이라고도 한다.

15) 장애인복지법 제2조(장애인의 정의 등) ① "장애인"이란 신체적·정신적 장애로 오랫동안 일상생활이나 사회생활에서 상당한 제약을 받는 자를 말한다. ② 이 법을 적용받는 장애인은 제1항에 따른 장애인 중 다음 각 호의 어느 하나에 해당하는 장애가 있는 자로서 대통령령으로 정하는 장애의 종류 및 기준에 해당하는 자를 말한다.
1. "신체적 장애"란 주요 외부 신체 기능의 장애, 내부기관의 장애 등을 말한다.
2. "정신적 장애"란 발달장애 또는 정신 질환으로 발생하는 장애를 말한다.

16) 기본적으로는 중년기가 끝나고 노년기에 처음으로 접어드는 60세 이상부터 노인이 되어가는 과정이라고 할 수 있으나 경로우대상으로는 만 65세 이상부터 적용되는 편이다. 법률상으로도 만 65세 이상을 노인으로 규정한 경우가 많다. 다만, '피고인의 나이가 너무 많아서 반드시 국선변호인을 선정해 주는' 연령은 70세부터이다(형사소송법 제33조 제1항 제3호).

## Ⅱ. 생명권

생명권은 생명의 가치를 존중받을 권리이다. 아울러 생명권에 대해 폭넓게 주장한 철학자로는 테일러 등이 있다. 흔히 해석되길 인간이라는 개념은 우선적으로 살아있음에 기초하므로 생명권은 인간의 모든 권리의 존재의 기반, 기초가 된다.

우리나라 헌법의 기초가 되는 독일 헌법과 일본국 헌법에서는 생명권을 보편적 권리로 존중하고 있으며, 특히 현대의 독일 헌법에서는 생명권을 모든 인간적 권리의 기초로 명시하며 절대 침해될 수 없음을 나타내고 있다. 이는 국가가 한국에서도 헌법재판소에서 생명권을 사람이라면 누구나 존중되어야 할 권리로 존중하고 있다. 알베르트 슈바이처도 자서전이자 사상서인 ≪나의 생애와 사상≫에서, 모든 생명은 거룩한 것으로 희생되어도 될 생명은 없다는 생명경외사상을 주장하였다.

전쟁과 이에 따른 학살 등의 대규모 폭력에 반대하는 평화주의, 사고로 사람이 다치거나 죽는 일을 최소화하려는 산업안전 의식, 사형제 반대운동, 낙태 반대운동 등은 생명권 사상에 근거한다.

## Ⅲ. 자유권

### 1. 국제권리장전

<세계인권선언>이 채택된 뒤 유엔은 법적인 구속력과 집행 수단을 갖춘 조약 형태의 국제인권규약을 만들기 시작하였다. 이에는 경제적·사회적·문화적 권리에 관한 규약, 시민적·정치적 권리에 관한 규약이 있다.

### 2. 자유권 규약

① 국제사회권 규약 또는 A규약: <경제적·사회적·문화적 권리에 관한 규약>과 국제자유권 규약 또는 B규약: <시민적·정치적 권리에 관한 규

약>이 있는데, 이는 1996년 채택되어 발효에 필요한 국가들이 비준하였고, 이는 1976년부터 효력이 발효되었다.

② <세계인권선언>은 실질적인 위상을 가지게 되고, 상징적 선언이라는 오명에서도 벗어나게 되었다. <세계인권선언>과 이 두 가지 규약을 한데 묶어 '국제권리장전'이라고 일컫기도 한다.

③ 국제자유권 규약 또는 B규약: <시민적·정치적 권리에 관한 규약>은 생명, 신체의 자유, 이동의 자유, 공정한 재판, 사상·양심·표현의 자유, 집회·결사의 자유, 사생활 보호, 정치에 참여할 권리, 소수자의 보호 등에 대한 권리 보장을 내용으로 하고 있다. 이는 노예화, 고문, 잔인하거나 비인간적이거나 인간의 품위를 훼손하는 처우 및 형벌, 차별, 체포 등의 금지를 내용으로 하고 있다.

## IV. 평등권 및 사회권

### 1. 평등권

> **헌법 제11조** ① 모든 국민은 법 앞에 평등하다. 누구든지 성별·종교 또는 사회적 신분에 의하여 정치적·경제적·사회적·문화적 생활의 모든 영역에 있어서 차별을 받지 아니한다.
> ② 사회적 특수계급의 제도는 인정되지 아니하며, 어떠한 형태로도 이를 창설할 수 없다.
> ③ 훈장 등의 영전은 이를 받은 자에게만 효력이 있고, 어떠한 특권도 이에 따르지 아니한다.

인종, 종교, 성별, 정치·사회적 신념 및 양심, 나이, 국적, 장애, 빈부, 사회적 신분, 출신지역, 용모 등 신체조건, 혼인 여부, 임신 또는 출산, 가족 형태 또는 가족상황, 피부색, 형의 효력이 실효된 전과, 학력, 병력 등으로 인해 정치, 경제, 사회, 문화를 비롯해 고용 및 재화 등의 영역에 있어서 부당한 차별을 받지 않을 권리이다.

이를 위해서는 차별의 뿌리가 되는 고정관념, 편견이 극복되어야 한다. 과거 남아공과 미국에서는 흑인들이 인종차별이라는 구조적 악의 수혜자인 백인들에 의해 거주·이전의 자유, 직업선택의 자유, 교통수단 이용의 권리들을 인정받지 못했다.

## 2. 사회권

사회권은 사회적 평등을 기초로 가치의 생산과 자원의 분배에서 형평성을 보장받는 권리이다. '~에 대한 권리' 또는 '~할 자유'로 훨씬 더 적극적인 국가의 개입을 요구하고 있다. 유엔인권위원회가 1996년 경제·사회·문화적 권리에 관한 국제규약, 즉 사회권규약을 제정하였다.

### (1) 1부(제1조)

모든 시민은 자결권을 가지고 있다.

### (2) 2부(제2~5조)

조약에 대한 국가의 이행 의무, 남녀평등 보장 의무, 국가에 대한 권리의 제한, 규약의 해석과 적용시에 발생할 수 있는 한계 등을 규정하고 있다.

### (3) 3부(제6~15조)

노동과 노동조합에 관한 권리, 사회보장과 사회보험에 관한 권리, 가정의 보호 및 지원에 관한 권리, 이동의 보호에 관한 권리, 적절한 생활수준을 영위할 권리, 가능한 최상의 신체 및 정신 건강을 영위할 권리, 교육받을 권리, 문화에 관한 권리 등을 규정하고 있다.

### (4) 4부(제16~25조)

가입국 등의 주기적인 보고서 제출과 그 보고서의 심사·평가 및 그에 대한 경제사회이사회의 건의와 권고의 절차를 규정하고 있다.

### (5) 5부(제26~31조)

사회권규약의 비준절차와 발효, 개정절차 등을 규정하고 있다.

## V. 노동권

> **헌법 제33조** ① 근로자는 근로조건의 향상을 위하여 자주적인 단결권·단체교섭권 및 단체행동권을 가진다.
> ② 공무원인 근로자는 법률이 정하는 자에 한하여 단결권·단체교섭권 및 단체행동권을 가진다.
> ③ 법률이 정하는 주요방위산업체에 종사하는 근로자의 단체행동권은 법률이 정하는 바에 의하여 이를 제한하거나 인정하지 아니할 수 있다.

노동인권은 노동자의 권리를 말한다. 노동자를 근로기준법에서는 자본가에게 노동을 제공하고 월급, 주급, 일당 등으로 경제적 보상을 받는 사람을 뜻한다. 노동자들은 자본가를 상대로 투쟁하여 이익과 권리를 향상시켜 왔는데, 이를 노동운동이라고 한다. 헌법 제33조에서 노동자의 기본권리를 말하는데, 이를 '노동3권'이라고도 한다.

① '단결권'은 노동자가 권익을 주장하고 향상시키기 위하여 노동조합을 결성하여 활동할 권리이다. 한국에서는 1987년 노동자대투쟁으로써 노동자의 권익을 주장하고 투쟁하는 민주노조가 많이 만들어졌다. 근로기준법에서 정한 기본노동시간인 주 40시간을 넘는 노동에 대해 임금을 주는 시간외수당 등이 뿌리내리도록 함으로써 노동에 대한 대가를 받도록 한 변화도 그 결과이다. 노동자들의 대부분을 차지한 여성노동자들도 노동조합을 만들어 투쟁함으로써 처지를 바꾸어갔다.

② '단체교섭권'은 노동자와 자본가가 교섭할 권리를 말한다. 이들의 교섭 내용은 문서로 남겨지는데 이를 단체협약, 곧 노동자와 자본가 사이의 약속이라고 한다. 영국의 섬유노동자들이 기계를 부수는 단체행동으로써 자본가와 투쟁한 러다이트 운동을 경험하면서 자본가들은 어느 정도의 양보와 타협이 있어야 함을 깨달았고, 그래서 생긴 권리가 단체교섭권이다.

③ '단체행동권'은 노동자가 권익을 주장하고 향상시키기 위해 파업, 태업

등을 실행할 수 있는 권리를 말한다. 노동시간 제한도 미국 노동자들의 파업에 따른 것이며, 이를 기념하여 만들어진 날이 메이데이이다.

## 제 5 절 유엔인권선언과 유엔인권레짐

### I. 유엔인권선언

**유엔헌장 제1조** 제3항 경제적·사회적·문화적 또는 인도적 성격의 국제문제를 해결하고 또한 인종·성별·언어 또는 종교에 따른 차별없이 모든 사람의 인권 및 기본적 자유에 대한 존중을 촉진하고 장려함에 있어 국제적 협력을 달성한다.

**유엔헌장 제55조** 사람의 평등권 및 자결원칙의 존중에 기초한 국가간의 평화롭고 우호적인 관계에 필요한 안정과 복지의 조건을 창조하기 위하여, 유엔은 다음을 촉진한다.

가. 보다 높은 생활수준, 완전고용 그리고 경제적 및 사회적 진보와 발전의 조건
나. 경제, 사회, 보건 및 관련 국제문제의 해결 그리고 문화 및 교육상의 국제협력
다. 인종, 성별, 언어 또는 종교에 관한 차별이 없는 모든 사람을 위한 인권 및 기본적 자유의 보편적 존중과 준수

**유엔헌장 제56조** 모든 회원국은 제55조에 규정된 목적의 달성을 위하여 기구와 협력하여 공동의 조치 및 개별적 조치를 취할 것을 약속한다.

#### 1. 양차대전과 국제기구의 탄생

제1차 세계대전 후 미국 대통령 윌슨의 제창으로 세계최초의 국제평화기구인 국제연맹과 ILO가 탄생하였다. 제2차대전 후 나치가 저지른 잔인한 인권침해 행위에 대해 반성함과 동시에 국제평화와 안전을 유지하기 위한 국제기구 설립의 필요성이 대두됐다. 1945년 10월 24일 국제연합 탄생과 더불어 <유엔헌장>에 인권에 관한 항목을 삽입하였다.

## 2. 세계인권선언의 탄생과 내용

세계인권선언의 탄생은 1946년 유엔의 경제사회이사회는 루스벨트 대통령의 아내였던 엘리너 루스벨트를 위원장으로 한 유엔 인권위원회를 구성하여 인권에 관한 권리장전 초안을 작성하도록 하였다. 1948년 12월 10일 국제연합 총회에서 '다 함께 달성해야 할 하나의 공통기준'으로서 <세계인권선언>을 채택하였다.

세계인권선언의 내용으로서는 제3조~제21조에서 시민적·정치적 권리들에 대해 규정하고 있으며, 제22조~제27조에서 경제적·사회적·문화적 권리들에 대해 규정하였다.

**세계인권선언문**

우리는 인류 가족 모두에게, 그들이 원래부터 존엄성과 남들과 똑같은 권리와 남에게 빼앗길 수 없는 권리를 가지고 있다는 사실을 인정해 주어야만 자유롭고 정의로우며 평화적인 세상의 밑바탕이 마련될 수 있다는 점을 인정한다. 또한 오늘날 국가들 사이에서 친선 관계를 발전시키도록 장려하는 일도 참으로 중요한 과제가 되었다.

유엔총회는 사회 속에 사는 모든 개인과 모든 조직이 본 선언을 언제나 마음속 깊이 간직하면서, 가르침과 배움을 통해, 이미 독립해 있는 유엔 회원국들의 국민들뿐만 아니라 유엔 회원국들의 법적 관할 아래 있는 '식민지 영토'의 피식민지 사람들에게도, 이러한 권리와 자유를 보편적이고 효과적으로 인정해 주고 지켜주게 하려고, 모든 사람과 모든 국가가 '다함께 달성해야 할 하나의 공통적인 기준'으로서 이 '세계인권선언'을 선포하는 바이다.

## 3. 세계인권선언의 의미

많은 국가들이 <세계인권선언>을 자국의 헌법에 인용할 만큼 많은 영향을 미치게 되었다. 국민들과 국가가 함께 달성해야 할 공통의 기준을 제시하고 인권의 세계화와 제도화를 이루어 낸 역사적인 문서였다.

### 4. 세계인권선언의 법적 성질

#### (1) 국제관습법

전 세계적으로 세계인권선언은 국제관습법으로 인정되고 있고, 국제관습법은 대한민국 헌법상 법률의 효력을 갖는다고 하였다. 유엔 총회의 결의는 무조건 권고가 아니라, 절대 다수가 찬성하면 국제관습법으로 인정되어, 전 세계 모든 국가에서 법률로서의 효력을 갖는다.

#### (2) 관련 판례

ICJ의 판례: 사람들로부터 자유를 불법적으로 박탈하고 그들을 신체적으로 속박하여 학대하는 것은 그 자체 명백히 유엔헌장의 원칙들과 양립하지 아니할 뿐만 아니라 세계인권선언에 천명된 근본원칙들과도 양립하지 아니한다.

## Ⅱ. 유엔인권레짐

### 1. 자유권규약과 사회권규약

① 시민적·정치적 권리에 관한 국제규약(자유권규약): 생명, 자유, 공정한 재판, 이동의 자유, 사상, 양심, 평화적 집회, 사생활 등에 대한 권리 보장－노예화, 고문, 잔인하거나 비인간적이거나 인간의 품위를 훼손하는 처우 및 형벌, 차별, 자의적인 체포, 채무를 이유로 한 감금 등 금지

② 경제적·사회적·문화적 권리에 관한 국제규약(사회권규약): 교육, 식생활, 주거, 보건 등의 분야에 대한 인권규정－일자리를 가질 권리와 적절하고 평안한 노동조건에서 일할 권리 등 포함

③ '인권위원회', '옴부즈맨',[17] 그리고 '특별인권기구'로 구분하였다.

---

17) 옴브즈맨(ombudsman)은 1800년대초 스웨덴에서 창설되어 스칸디나비아·뉴질랜드·영국·독일·미국·오스트레일리아와 캐나다 일부 주에서 다양한 형태로 모방되었다. 옴부즈맨은 의회에서 임명되지만 의회의 간섭을 전혀 받지 않고 특정 사건을 다룰 수 있으며, 정부와 개인 사이에서 독립적이고 공정한 중재자가 되어야 한다. 영국에는 민원 조사관이라는 공직이 있으며, 미국에서는 1967년 하와이 주에서 최초로 옴부즈맨 직책이 창설되었다. 한국에서는 각 부처 민원실에서 이런 기능을 맡으며, 국민고충처리위원회가 종합적인

### 2. 특별히 채택된 국제인권협약

특정한 주제 또는 집단(group)에 초점을 맞추어 채택된 국제인권협약으로

① 모든 형태의 인종차별 철폐에 관한 국제협약(인종차별철폐협약)

② 여성에 대한 모든 형태의 차별철폐에 관한 협약(여성차별철폐협약)

③ 고문 및 그 밖의 잔혹한·비인도적인 또는 굴욕적인 대우나 처벌의 방지에 관한 협약(고문방지협약)

④ 아동의 권리에 관한 협약(아동권리협약)

⑤ 모든 이주노동자와 그 가족의 권리보호에 관한 국제협약(이주노동자권리협약)

⑥ 장애인의 권리에 관한 협약(장애인권리협약)

## 제 6 절 ≫ 국제인권 현안과 국제인권기구

## I. 국제인권 현안

### 1. 자본주의와 세계화

자본주의와 정보통신의 발달로 인해 세계화를 촉진시키고 인권문제의 양상을 변화시켰다.

### 2. 국제인권 현안

① 아동노동 착취

② 국가 간의 경제 불균형

③ 무슬림 무장단체 'IS'

④ 이스라엘과 팔레스타인 갈등

⑤ 북한의 인권문제

---

옴부즈맨 기능을 수행한다.

여기서 시정권고란, 국가인권위원회가 이러이러한 부분이 인권 내지 시민권을 침해하니 고쳐야 하는 것이 좋다라는 의견을 말하는 것이고 해당 정부 기관은 타당한 근거가 없다면 관례적으로 따라야 하는 것이다. 즉 국가인권위원회는 명령권이 없다. 물론 그렇다고 행정기관들이 국가인권위원회를 물로 봐도 좋다는 건 아니다. 이런 기구가 있는 것만으로도 물 밑에 숨어있던 인권 침해가 이슈화 되는 긍정적인 가치가 있다.

한국에서도 인권의 보편적 실현이라는 인류의 열망과 대의에 효과적으로 참여할 수 있는 제도적 길이 마련되었다고 하는 점에서 긍정적인 평가가 있다.

제3장

# 경찰과 인권

# 제3장 경찰과 인권

## 제1절 경찰직무집행과 인권

### I. 경찰관직무집행과 인권침해

사례연구

**Q 부부 싸움 도중에 라이터 등으로 불을 내겠다고 하는 남자가 있다는 다급한 신고가 있어 그 집 안을 들어간 경찰관이 출동하여 가스 폭발을 우려한 나머지 체포를 위해 부득이 가스총을 사용하여 두 차례의 발사를 통해 탄환에서 분리된 고무마개가 남자의 오른쪽 눈에 맞아 우측안구파열상을 입혔다.**
**이 사안에서 경찰관직무수행 과정에서 무기 사용에는 어떤 문제가 있는가?**

---

► 「위해성 경찰장비의 사용기준 등에 관한 규정」 제2조에 따르면, 가스발사총은 분사기, 최루탄 등의 경찰장비에 속한다. 따라서 「경찰관직무집행법」 제10조의3에 따라 경찰관은 범인의 체포, 도주의 방지 또는 불법집회와 시위로 인하여 자기 또는 타인의 생명·신체와 재산 및 공공시설 안전에 대한 현저한 위해의 발생을 억제하기 위하여 부득이한 경우 현장책임자의 판단으로 필요한 최소한의 범위 안에서 이를 사용할 수 있다.

따라서 이 사안에서 남자가 가스통을 폭발시킬 것을 우려한 경우에는 체포를 이해 부득이한 경우에는 가스총 사용이 가능하다. 그러나 여기서 경찰관이 두 차례의 발사를 통해 탄환에서 분리된 고무마개가 남자의 오른쪽 눈에 맞아 우측안

구파열상을 입혔다면, 무기 사용이 필요한 최소한의 범위 안에서 이루어진 것인지에 대해서는 별도의 판단을 요한다.

이와 관련하여 위해성경찰장비규정 제12조는 경찰관은 범인의 체포 또는 도주방지, 타인 또는 경찰관의 생명·신체에 대한 방호, 공무집행에 대한 항거의 억제를 위해 필요한 때에는 최소한의 범위 안에서 가스발사 총을 사용할 수 있다.

하지만 이 경우 경찰관은 1미터 이내의 거리에서 상대방의 얼굴을 향해 가스총을 발사하는 것을 금지하고 있다. 따라서 경찰관의 가스총 발사는 위험방지를 위해 필요한 조치라 하더라도 비례의 원칙이 내용인 과잉금지에 반하므로 위법하며, 피해자는 그로 인해 상해를 입은 점에 대해 국가를 상대로 한 배상청구를 할 수 있다고 생각한다.

**위해성 경찰장비의 사용기준 등에 관한 규정 제2조(위해성 경찰장비의 종류)** 「경찰관 직무집행법」 제10조 제1항 단서에 따른 사람의 생명이나 신체에 위해를 끼칠 수 있는 경찰장비의 종류는 다음 각 호와 같다.

1. 경찰장구: 수갑·포승·호송용포승·경찰봉·호신용경봉·전자충격기·방패 및 전자방패
2. 무기: 권총·소총·기관총·산탄총·유탄발사기·박격포·3인치포·함포·크레모아·수류탄·폭약류 및 도검
3. 분사기·최루탄 등: 근접분사기·가스분사기·가스발사총 및 최루탄
4. 기타장비: 가스차·살수차·특수진압차·물포·석궁·다목적발사기 및 도주차량차단장비

**위해성 경찰장비의 사용기준 등에 관한 규정 제12조(가스발사총등의 사용제한)**

① 경찰관은 범인의 체포 또는 도주방지, 타인 또는 경찰관의 생명·신체에 대한 방호, 공무집행에 대한 항거의 억제를 위하여 필요한 때에는 최소한의 범위 안에서 가스발사총을 사용할 수 있다. 이 경우 경찰관은 1미터 이내의 거리에서 상대방의 얼굴을 향하여 이를 발사하여서는 아니된다.

② 경찰관은 최루탄발사기로 최루탄을 발사하는 경우 30도 이상의 발사각을 유지하여야 하고, 가스차·살수차 또는 특수진압차의 최루탄발사대로 최루탄을 발사하는 경우에는 15도 이상의 발사각을 유지하여야 한다.

**경찰관직무집행법 제10조의3(분사기 등의 사용)** 경찰관은 다음 각 호의 직무를 수행하기 위하여 부득이한 경우에는 현장책임자가 판단하여 필요한 최소한의 범위에서 분사기 또는 최루탄을 사용할 수 있다.

> 1. 범인의 체포 또는 범인의 도주 방지
> 2. 불법집회·시위로 인한 자신이나 다른 사람의 생명·신체와 재산 및 공공시설 안전에 대한 현저한 위해의 발생 억제

인권에 대한 실정법적인 근거를 살펴보면, 헌법 제10조 후문에는 "국가는 개인이 가지는 불가침의 기본적 인권을 확인하고 이를 보장할 의무를 진다"라고 국가의 기본권 보장의무에 대하여 규정하고 있다. 그런데 여기의 국가의 기본권 보장의무에는 ① 국가가 국민의 기본권을 침해해서는 아니 될 소극적 의무, ② 국가가 국민의 기본권을 실현시킬 적극적 의무, ③ 사인에 의해 기본권이 침해되지 않도록 보호할 의무 등이 포함된다. 따라서 국가의 기본권 보호 의무는 헌법 제10조 후문에 근거한다고 말할 수 있다.[1)]

뿐만 아니라 우리 헌법 전문에 있는 "우리들과 우리들의 자손의 안전과 자유와 행복을 영원히 확보할 것을 다짐하면서"라는 문구 중 특히 '안전'의 확보라는 말은 국가가 개인의 안전의 보장을 위하여 노력하여야 할 의무를 지고 있음을 시사하고 있다 그리고 생명·신체에 대한 범죄피해자에 대한 국가의 구조의무를 규정하고 있는 헌법 제30조는 생명·신체에 대한 국가의 보호의무의 표현이라 볼 수 있다.

국가인권위원회법에서 보호하고자 하는 '인권'[2)]이라 함은 헌법 및 법률에서 보장하는 인권뿐만 아니라 대한민국이 가입·비준한 국제인권조약 및 국제관습법에서 인정하는 자유와 권리도 포함한다. 2005. 7. 29. 개정법은 성희롱행위도 남녀차별 행위로 보아 조사 및 구제대상에 포함시키고 있다. 우리나라 국민은 물론이고 한국에 체류하는 외국인까지도 국가인권위원회를 통해 침해된 기본권을 구제받을 수 있다.

국민의 안전과 질서유지·치안을 담당하고 있는 국가기관으로 경찰의 역할

---

1) 이하는 김헌진, "경찰의 인권침해에 대한 연구", 「세계인권선언 90주년 기념 공동학술대회」발표자료, (사)한국인권교육원, 2017. 12. 8, 33~48면 재인용.

2) 국가인권위원회법 제2조 "인권"이란 대한민국 헌법 및 법률에서 보장하거나 대한민국이 가입·비준한 국제인권조약 및 국제관습법에서 인정하는 인간으로서의 존엄과 가치 및 자유와 권리를 말한다.

은 그 차지하는 비중이 높은 편이다. 일선에서 국민과의 접촉이 많다 보니 이로 인한 인권의 침해도 많은 것이 사실이다.

> **헌법 제10조** 모든 국민은 인간으로서의 존엄과 가치를 가지며, 행복을 추구할 권리를 가진다. 국가는 개인이 가지는 불가침의 기본적 인권을 확인하고 이를 보장할 의무를 진다.
>
> **헌법 제30조** 타인의 범죄행위로 인하여 생명·신체에 대한 피해를 받은 국민은 법률이 정하는 바에 의하여 국가로부터 구조를 받을 수 있다.

## Ⅱ. 경찰수사에서 인권침해

### 1. 인권침해의 개념

> **헌법 제12조** ① 모든 국민은 신체의 자유를 가진다. 누구든지 법률에 의하지 아니하고는 체포·구속·압수·수색 또는 심문을 받지 아니하며, 법률과 적법한 절차에 의하지 아니하고는 처벌·보안처분 또는 강제노역을 받지 아니한다.
>
> ② 모든 국민은 고문을 받지 아니하며, 형사상 자기에게 불리한 진술을 강요당하지 아니한다.
>
> ③ 체포·구속·압수 또는 수색을 할 때에는 적법한 절차에 따라 법관이 발부한 영장을 제시하여야 한다. 다만, 현행범인인 경우와 장기 3년 이상의 형에 해당하는 죄를 범하고 도피 또는 증거인멸의 염려가 있을 때에는 사후에 영장을 청구할 수 있다.
>
> ④ 누구든지 체포 또는 구속을 당한 때에는 즉시 변호인의 조력을 받을 권리를 가진다. 다만, 형사피고인이 스스로 변호인을 구할 수 없을 때에는 법률이 정하는 바에 의하여 국가가 변호인을 붙인다.
>
> ⑤ 누구든지 체포 또는 구속의 이유와 변호인의 조력을 받을 권리가 있음을 고지받지 아니하고는 체포 또는 구속을 당하지 아니한다. 체포 또는 구속을 당한 자의 가족 등 법률이 정하는 자에게는 그 이유와 일시·장소가 지체없이 통지되어야 한다.
>
> ⑥ 누구든지 체포 또는 구속을 당한 때에는 적부의 심사를 법원에 청구할 권리를 가진다.

> ⑦ 피고인의 자백이 고문·폭행·협박·구속의 부당한 장기화 또는 기망 기타의 방법에 의하여 자의로 진술된 것이 아니라고 인정될 때 또는 정식재판에 있어서 피고인의 자백이 그에게 불리한 유일한 증거일 때에는 이를 유죄의 증거로 삼거나 이를 이유로 처벌할 수 없다.

헌법은 체포·구속·압수·수색 등의 강제처분은 원칙적으로 법관이 발부한 영장에 의해서만 가능하다는 영장주의 원칙을 천명함으로써 수사권에 제한을 가하고 있으면서도(헌법 제12조 제3항), 피의자에게 형사상 불리한 진술을 거부할 수 있는 권리(헌법 제12조 제2항) 및 체포·구속 시 변호인의 조력을 받을 권리(헌법 제12조 제4항 본문)를 명문화함으로써 개인의 기본권을 보호하고 있다. 강제처분과 인권보호 상호간 조화를 이루기 위한 실천방안으로써 수사기관은 체포 또는 구속을 함에 있어서는 반드시 변호인의 조력을 받을 권리를 고지해야 하며, 체포·구속한 경우에는 그 가족 등에게 체포·구속의 이유와 일시·장소를 지체 없이 통지하도록 규정하고 있다(헌법 제12조 제5항). 그리고 체포·구속된 이후에도 그 적부의 심사를 법원에 청구할 수 있는 권리를 보장하고 있다(제12조 제6항).

형사소송법에 규정된 엄밀한 의미에서의 모든 수사의 주체는 검사가 되지만. 실무상으로 경찰기관에서 행해지는 수사가 대부분이다. 수사 관련 부서에서 행하는 수사과정에서 나타나는 인권침해가 있을 수 있는 것이다. 인권이라는 것은 인간이 존엄성을 유지하기 위해 당연히 보장되어야 할 권리로서 누구나 보편적으로 향유해야 할 권리를 말한다.

침해라는 것은 침범하여 해를 끼치는 것으로 특히 개인이 가진 고유한 권리를 부당하게 훼손하는 것이다. 일반적으로 인권침해라는 것은 공권력이나 권력을 가진 사람들이 그렇지 않은 사람들의 인권을 침범하여 해를 끼치는 것을 의미한다.

경찰에 의한 인권침해는 주로 수사과정, 불심검문, 시위진압 등의 과정에서 이루어지고 있다. 수사기관은 범죄수사를 통한 사회 방어뿐만 아니라 피의자의 인권 보호의무까지 지고 있다. 그러나 실제 수사 활동에 있어 피의자에게 유리한 증거를 수집하는 일을 기대하기는 어렵다. 오히려 범인을 잡아 사회정의를 세우겠다는 의욕이 앞서 불법적인 수사로 피의자의 인권을 침해하는 경우가 생기게 된다. 불법적인 수사 활동뿐만 아니라 합법적인 활동일지라도 수사기관의 일상적 업무수행이 개인에게는 치명적 손상을 줄 우려가 있다. 경찰의 인권침해가 특히 문제되는 것은 경찰은 시민의 생명과 재산을 지키는 역할을 하는 기관으로 경찰에 의한 인권침해가 개인에게 치명적인 손상을 줄 수 있기 때문이다. 경찰은 헌법상 보장된 국민의 권리를 지키는 일선기관이기 때문에 경찰은 인권의 수호자가 되어야 한다. 인권의 수호자가 되어야 할 경찰에 의한 인권침해는 바로잡기가 매우 어렵다. 경찰이 인권을 침해할 경우 국민은 이를 그대로 감수할 수밖에 없는 경우가 많으며, 원상회복시키는 데에는 많은 어려움이 따른다.

## 제 2 절 경찰의 인권침해 사례

### I. 경찰의 미란다원칙 고지의무 위반[3)]

#### 1. 진정요지

피진정인들은 2017. 4. 20. 11:30～12:00 ○○북도 ○○군 ○○면 ○○길 ○○마을회관 앞 도로에서, ○○CC골프장 사드배치를 위한 시설장비 반입을 지원하기 위해 해당 도로의 통행을 사전에 아무런 통보도 없이 봉쇄하는 데 항의하는 진정인 1, 2를 체포·연행하면서 인권을 침해하였다.

가. 피진정인들은 ○○군 주민인 진정인 1이 도로봉쇄에 항의하는 과정에서 단순히 경찰관을 밀었다는 이유로 진정인의 팔다리를 잡아들어 공무집행방해죄 현행범인으로 부당하게 체포하였다. 또한 ○○교 교무인 진정인 2가 위 진정인 1의 부당체포에 항의하였다는 이유로 어깨와 목을 제압하여 공무집행방해

---

3) 17진정0352800·17진정0800600(병합).

죄 현행범인으로 부당하게 체포하였다.

나. 피진정인들은 체포 현장에서 진정인 1, 2에게 미란다원칙을 고지하지 않고 부당하게 체포하였다.

다. 피진정인들은 체포 당시 이미 제압된 진정인 1, 2에게 수갑을 부당하게 사용하였고, 이에 수갑 해제를 요구하였으나 ○○경찰서에 도착하여 조사를 받을 때까지 장기간 수갑을 부당하게 사용하였다.

## 2. 당사자의 주장

### (1) 진정인

#### 1) 현행범 체포

당시 현장에서 사전예고도 없이 군사시설도 아닌 주민들의 통행이 자유로이 보장된 마을회관 앞 도로를 전면 통제한 후 일체의 주민 통행이 불가하도록 한 행위는, 군사차량의 운행을 위한 경찰의 통제가 요구될 필요가 있었다고 하더라도, 그 제한의 정도와 방법이 '사전 예고 통보 없는 일체의 출입불가'였던 바, 과잉금지원칙을 위반한 행위로 적법한 공무집행이 아니었다.

당시 진정인 1의 경우, 단순히 경찰관이 밀려 넘어질 뻔한 행위를 유발한 것에 불과하고 그 외 경찰의 업무를 실질적으로 방해한 것은 없었던 점에서 가벌성, 범죄의 명백성이 없는 상태였다. 나아가 경찰은 이미 카메라로 촬영하고 있었고, 진정인 1도 현장에서 계속 항의하고 있었던 상황으로 도망하거나 증거를 인멸하려는 행위를 한 사실이 없었다. 그리고 현지 주민으로 언제든지 신원확인이 가능한 상황이었다. 피진정인들이 이와 같은 상황을 고려하여 경찰관으로서 경험칙에 비추어 합리적으로 판단했다면, 당시의 상황은 체포요건이 충족되지 아니함을 충분히 알 수 있었을 것이다.

진정인 2의 경우, 진정인 1의 체포행위가 위법한 공무집행이었기 때문에 이에 항의하고 제지하려고 한 것은 공무집행방해죄에 해당하지 않고, 설사 현행범인으로서의 요건을 갖추고 있었다고 하더라도 진정인 1을 잡은 것에 불과하고 경찰들의 체포행위를 실질적으로 방해한 것도 아니었다. 또한 진정인 2는 ○○교 교무로 현지에서 계속 거주하고 있었고 옆에 있던 ○○경찰서 소속 정보과 직원들이 신원을 분명히 알고 있었다. 따라서 피진정인들의 진정인 1, 2의 체포행위는 현행범인 체포요건을 충족하지 아니한 위법한 직권남용체포죄에 해당한다.

2) 미란다원칙의 부당한 고지

피진정인들은 체포 당시 현장에서 진정인 1, 2에 대해서 미란다원칙을 고지하지 않았고, 실력으로 제압이 이루어져 정상적인 의사소통이 가능한 시기가 한참 지난 200미터의 거리가 떨어진 곳에서 뒤늦게 미란다원칙을 고지하였다.

3) 수갑 사용 당시 진정인 1, 2는 경찰의 체포행위에 저항하기는 하였으나 도주하려 하지도 않았고, 다수 사복경찰관들이 달려들어 각각 팔다리를 제압하였던 상황에서 차량에 태운 후 수갑을 채운 것은 부당하다. 더욱이 ○○경찰서에 도착하여 수사를 받을 때까지 수갑을 계속 채운 것은 필요한 한도를 초과한 위법한 조치였다.

(2) 피진정인

1) 진정인 1의 현행범인 체포

2017. 4. 20. 11:50경 ○○리 소재 마을회관 앞 도로를 군차량 통과를 막을 목적으로 주민 등 다수의 사람들이 수시로 도로 전체를 점거하는 것을 제지하기 위하여 기동경찰관들이 1차로를 막아 차량통행로를 확보하려고 할 때, 시위군중 수십 명이 도로를 점거하기 위하여 마구 뛰어들었고 이때 진정인 1이 흥분하여 큰소리로 “야, 이 새끼들아!”라는 등 욕설을 하면서 근무 중이던 의무경찰대원의 가슴을 두 손으로 힘껏 밀어 뒤로 넘어 가게 할 뻔하였다. 이에 다수의 시위군중이 합류하여 경찰관 폭행을 하는 등 예상치 못한 상황이 발생할 수도 있어, 피진정인 1의 체포 지시를 받은 피진정인 2와 동료경찰관이 진정인 1을 공무집행방해 현행범인으로 체포한 것이다.

2) 진정인 2의 현행범인 체포

진정인 2는 당시 마을회관 앞 노상에서 자신의 승용차를 이용하여 차량통행을 막을 목적으로 도로를 막아 통행을 방해하다가 제지를 받고 물러났다가 다시금 경찰기동대원들을 향해 돌진함에 따라 차량에서 끌어내려 차량과 격리 중에 있었는데, 진정인 1이 체포되는 것을 보고는 이를 방해하기 위하여 욕설과

고함을 지르며 호송경찰관 쪽으로 달려들어 몸으로 막고 경찰관의 팔을 잡아채며 공무집행을 방해하였다. 이에 피진정인 1의 체포 지시를 받아 피진정인 3, 4 등 동료 경찰관들과 함께 진정인 2를 공무집행방해 현행범인으로 체포한 것이다.

### 3) 미란다원칙 고지

피진정인 1이 2017. 4. 20. 11:58경 ○○ ○○군 ○○면 ○○리 마을 회관 앞 인근의 도로에서 현장에 있던 피진정인 2 등 사복경찰관에게 진정인 1을 체포하도록 지시하였고, 체포 즉시 현장에서 피진정인 1이 직접 체포의 이유와 미란다원칙을 고지하였는데, 진정인 1이 "야 이씨팔"이라고 욕설을 하였다. 이후 피진정인 2가 체포현장에서 200미터 떨어진 ○○리 보건소 주차장에 있던 경찰공용차량으로 호송되어 온 진정인 1을 탑승시킨 후 미란다원칙을 재고지하였다. 피진정인 3, 4는 위 같은 시점에 진정인 2가 체포현장에서 고함을 지르고 난동을 부려 체포와 동시에 미란다원칙을 고지하는 것이 여의치 않아 진정인 2를 체포 장소에서 약 200미터 떨어진 ○○리 보건소 주차장에 주차되어 있던 경찰공용차량 앞으로 호송한 후 탑승 직전 미란다원칙을 고지하였다.

### 4) 수갑 사용

2017. 4. 20. 11:58경 진정인 1, 2를 현장에서 현행범 체포한 후 같은 날 13:00경(진정인 2의 경우 12:10)까지 ○○경찰서로 호송하는 과정에서 앞수갑을 사용하였다. 이후 같은 날 14:13경 ○○경찰서 유치장에 있던 진정인들에게 피의자신문조서 작성을 위해 경제팀 사무실로 이동하는 과정에 앞수갑을 사용하였고, 피의자신문조서 작성과정에서는 수갑을 사용하지 않았다. 당시 진정인 1, 2는 현행범으로 체포된 자들로 「경찰관직무집행법」 제10조2 제1항에 의거 수갑을 사용할 수 있는 대상자이고, 또한 체포과정에서 격렬히 저항하여 공무집행에 대한 항거를 억제할 필요성이 있었으며, 정당한 사유 없이 자신의 인적사항을 밝히지 않아 도주할 우려도 있어 부득하게 경찰장구인 수갑을 사용한 것이다.

### 5) 진정인 1, 2의 체포 당시 채증자료 미제출

혼란한 상황 속에서 순간적으로 발생하는 사안들에 대한 즉각적인 채증이 어려울 뿐 아니라 시위 군중들 중 채증 자체를 문제삼아 욕설을 하거나 물병 등을 집어던지고 채증요원을 폭행하거나 장비를 손괴하는 등의 경우가 많았던 관계로 진정인 1, 2의 체포상황을 특정할 수 있는 채증자료를 찾을 수 없었다.

## 3. 인정사실

진정인들의 진정서, 진정인들이 제출한 체포 관련 영상자료, 피진정인들의 진술서, ○○경찰서장 및 ○○경찰서장이 제출한 현행범인체포서, 확인서, ○○CC 사드배치 관련 부대편성표, 진정인들의 공무집행방해 피의사건 수사기록 및 의견서, 체포현장 채증영상자료 등의 자료에 의하면 아래와 같은 사실이 인정된다.

가. ○○지방경찰청장은 2017. 4. 20. 05:00경부터 ○○ ○○군 ○○읍 ○○면 ○○리 소재 마을회관 및 ○○교 삼거리에서 사드배치에 따른 군수물자 호송 군용차량 이동을 저지하기 위한 ○○군 주민과 종교계의 반대집회 및 도로점거가 예상되자 피진정인들을 비롯한 도내 ○○경찰서 및 ○○경찰서 경찰관과 경찰기동대 300여명을 현장에 배치하였고, 같은 날 08:30경부터 수십여 명의 주민들과 종교인들이 도로에 연좌하여 집회를 진행하자 09:38경부터 10:14경까지 5회에 걸쳐 해산명령을 내렸다. 이후 양측이 서로 대치하는 상황이 고착되었다.

나. 진정인 1, 2에 대한 현행범인체포서 ○○경찰서 제2017-00067호에는 진정인 1, 2가 각각 공무집행방해혐의로 피진정인 3과 피진정인 4에게 체포되었다고 기재되어 있다. 또한 현행범인체포서에 딸린 각 확인서(미란다 고지)에 의하면, 진정인 1은 "성명불상자로 체포현장인 마을회관 앞 노상에서 피의자의 권리 등을 고지하였으나 '날인거부'하였다"고 경장 ○○○가 이를 확인하고 작성한 것으로 기재되어 있으며, 진정인 2는 피진정인 4가 이를 확인하고 작성한 것으로 각 기재되어 있다. 이상의 체포서 및 확인서의 기록은 피진정인들의 진술과 상이하다.

다. 제출된 영상자료상, 진정인들이 ○○리 마을회관 앞에서 체포되어 200미터 가량 떨어진 ○○리 보건소 주차장에 이르기까지 피의자의 권리 등 이른바 '미란다 원칙'을 고지받은 내용이 확인되지 않는다. 각 영상자료에서 확인된 세부상황은 아래와 같다.

1) ○○경찰서장이 제출한 영상자료에 따르면, ① 2017. 4. 20. 11:58경 진정

인 1이 도로 통행을 막고 있는 경찰관들과 실랑이를 하던 중 갑자기 누군가 "쳤어!"라고 하니까 진정인 1이 "뭘 쳐!"라고 하자 피진정인 1이 "체포해!"라고 지시를 하였고, 피진정인 2를 비롯해 주위에 있던 사복경찰관들의 체포가 개시되자 진정인 1이 "체포! 무슨 체포!"라고 하고, 진정인 2는 "왜 체포하는데"라며 체포하는 경찰관을 잡는 등 항의하다가 피진정인 3, 4 등 사복경찰관들에게 연이어 체포되었다. ② 체포행위와 동시에 피진정인 2 등 사복경찰관 5~6명은 진정인 1의 팔다리를 각 잡아들어 제압한 상태에서 앞수갑을 채우고, 그 상태에서 200미터 가량 떨어진 ○○리 보건소 주차장에 정차해 둔 경찰 승합차량으로 연행하였고, 같은 시기·장소에서 피진정인 3, 4 등이 곧바로 진정인 2의 양팔을 뒤로 잡아 제압하고, 양쪽으로 팔을 잡아 부축한 상태로 위 주차장소로 연행하였다. ③ 이와 같은 체포 및 경찰 승합차량으로 연행하는 과정에서, 진정인들은 수갑착용에 따른 손목통증을 호소하고 체포이유를 따져 묻는 것 외에는 별다른 저항을 하지 않았고, 일부 주민들이 체포에 항의하며 뒤따라갔으나 경찰기동대원과 여성경찰관 10여명이 각 둘러 싸 접근이 완전히 차단된 상태였다.

2) 진정인들이 제출한 영상자료에 의하면, ① 2017. 4. 20. 11:58경 연좌 중인 집회대열 좌측 도로변에서 갑자기 피진정인 1(사복, 무전기착용)이 "체포해!"라고 하자 진정인 1 등이 "뭐 체포해, 왜 체포하는데, 가는 길을 가로막고 있으니까 그러지!"라고 항의하고, 계속하여 피진정인 1이 주위에 있던 피진정인 2를 비롯한 사복경찰관들에게 "체포해, 체포해! ○○"이라고 하자 이들이 진정인 1의 팔다리를 잡아 연행하였다. ② 진정인들이 각 체포된 직후 연행되는 과정에서, 사복경찰관 5~6명이 진정인 1에게 앞수갑을 채워 팔다리를 잡아들고 200미터 가량 떨어진 ○○리 보건소 주차장에 정차해 둔 경찰 승합차량에 승차시킨 후 수갑을 느슨하게 풀어주었고, 또 다른 사복경찰관 2명이 약 50미터를 뒤이어 진정인 2의 양팔을 낀 채 도보로 위 주차장에 연행한 후 미란다원칙을 고지하고 수갑을 채워 승합차량에 태웠다.

라. 진정인 1, 2는 앞수갑을 찬 채 경찰승합차량으로 호송되어 ○○경찰서 수사과 사무실로 인치된 후 수갑을 해제하고 유치장에 입감되었고, 이후 같은 날 14:13경 피의자신문을 받으러 수사과 사무실로 출감하면서 재차 수갑을 착용하였다가 수갑을 해제하고 사무실에서 조사를 받았다.

마. 진정인 1, 2는 자신들의 신원을 밝히지 아니하다가 변호인 변호 후 신원을 밝히고 피의자신문을 받고 체포 당일 석방되었고, ○○경찰서는 진정인들의 피의사건을 피해 경찰관의 진술, 체포현장 채증자료 등에 근거하여 2017. 6. 28. ○○지방검찰청 ○○지청에 불구속 기소의견으로 송치하였다. 검찰이 2018. 3. 9. 진정인들을 공무집행방해 혐의로 기소(2017형 제17764호)함에 따라 현재 ○○지방법원 ○○지원에서 재판이 진행됐다.

## 4. 판 단

### (1) 진정요지 가항: 현행범인 체포

위 인정사실과 같이 ① 2017. 4. 20. 08:30경부터 ○○ ○○군 ○○읍 ○○면 ○○리 소재 마을회관 및 ○○교 삼거리에서 사드배치에 따른 군수물자 호송을 저지하기 위하여 수십 명의 주민 및 종교계 인사들이 도로를 점거하여 연좌집회를 함에 따라 피진정인들이 이러한 도로점거 등 미신고 집회의 유입을 막고자 도로의 횡단 등 통행을 전면 제한하고, 09:38경부터 10:14경까지 5회에 걸친 해산명령을 내려서, 양측의 대치국면이 고착된 상황이었고, ② 이 과정에서 일부 주민들이 통행제한에 항의하던 같은 날 10:58경 진정인 1이 통행을 제한하는 경찰경력에게 길을 비키라는 취지로 밀치는 행위를 하였고, 이에 피진정인 1의 지시를 받은 피진정인 2 등이 공무집행방해 혐의로 체포를 하자, 진정인 2가 이에 실력으로 항의하다가 피진정인 3, 4 등이 연이어 같은 혐의로 체포하였으며, ③ 이후 진정인 1, 2는 위 혐의로 수사기관의 수사를 받고 기소됨에 따라, 현재 공무집행방해 현행범인 체포의 적법 여부를 판단하는 전제로서 ○○지방경찰청장의 통행제한 행위가 적법한 것인지, 그리고 이에 항의하였던 진정인 1과 진정인 1의 체포를 막았던 진정인 2의 행위가 정당행위에 해당하는지에 관하여 ○○지방법원 ○○지원의 재판에서 다투고 있다. 따라서 이 부분 진정은 본질적으로 진정의 원인된 사실에 관하여 법원의 재판 중에 있으므로, 위원회의 조사대상에 해당하지 아니하는 경우로 각하한다.

### (2) 진정요지 나항: 미란다원칙 고지

1) 관련 규정 「헌법」 제12조 제5항은 “누구든지 체포 또는 구속의 이유와

변호인의 조력을 받을 권리가 있음을 고지받지 아니하고는 체포 또는 구속을 당하지 아니한다"라고 하여 피의자의 권리를 보장하고 있으며, 이를 구체화 하여 「형사소송법」 제200조의5는 "검사 또는 사법경찰관은 피의자를 체포하는 경우에는 피의사실의 요지, 체포의 이유와 변호인을 선임할 수 있음을 말하고 변명할 기회를 주어야 한다"라고 규정하고 있다. 사법경찰관의 체포업무와 관련하여 「범죄수사규칙」 제98조와 「경찰관 인권보호 규칙」 제53조 제2항은 경찰관이 피의자를 체포·구속한 때에는 범죄사실의 요지, 체포·구속의 이유와 변호인을 선임할 수 있음을 피의자가 충분히 이해할 수 있도록 설명하고, 고지한 사실을 조서에 기록하거나 확인서를 받되, 피의자가 확인서에 기명날인 또는 서명을 거부하는 경우에는 경찰관이 확인서 말미에 그 사유를 기재하고 기명날인 또는 서명하도록 규정하여 체포절차에 관한 입증책임을 부여하고 있다.

대법원은 위 규정에 따른 이른바 '미란다원칙'의 고지시기에 대하여 "이와 같은 고지는 체포를 위한 실력행사에 들어가기 이전에 미리 하여야 하는 것이 원칙이나, 달아나는 피의자를 쫓아가 붙들거나 폭력으로 대항하는 피의자를 실력으로 제압하는 경우에는 붙들거나 제압하는 과정에서 하거나, 그것이 여의치 않은 경우에라도 일단 붙들거나 제압한 후에는 지체없이 행하여야 한다"라고 판시[4)]한 바 있다.

> **(경찰청) 범죄수사규칙 제98조(체포·구속시 범죄사실 등의 고지)** 경찰관은 피의자를 체포·구속한 때에는 피의자에게 범죄사실의 요지, 체포·구속의 이유와 변호인을 선임할 수 있음을 고지하고 변명할 기회를 준 후 피의자로부터 별지 제65호 서식의 확인서를 받아 그 사건기록에 편철하여야 한다. 다만, 피의자가 확인서에 기명날인 또는 서명을 거부하는 경우에는 경찰관이 확인서 말미에 그 사유를 기재하고 기명날인 또는 서명하여야 한다.

### 2) 미란다원칙 고지의 적법성

피진정인들은 진정인 1의 경우 체포 즉시 미란다원칙을 고지하였고, 진정인 2의 경우에는 난동을 부리는 등 상황이 여의치 않아 경찰호송차량이 있던

4) 대법원 2000. 7. 4. 선고 99도4341 판결.

주차장으로 연행한 후 미란다원칙을 고지하였다는 취지의 주장을 하고 있으나, 위 인정사실 및 관련 규정에 근거하여 살펴볼 때 다음과 같은 이유로 피진정인들의 주장은 받아들이기 어렵다.

첫째, 피진정인 1은 진정인 1의 체포를 지시하고, 피진정인 2 등이 체포한 직후 곧바로 진정인 1에게 미란다원칙을 고지하였고, 피진정인 2, 3, 4 또한 이와 같은 피진정인 1의 고지사실을 들었다는 취지의 주장을 하고 있으나, 인정사실에서 살펴본 ○○경찰서장 및 진정인 등이 제출한 동영상자료는 연속된 장면으로 이루어져 편집 가능성이 없음에도 피진정인들의 주장과 같은 사실을 발견할 수 없는바, 피진정인들의 이 부분 진술은 신뢰하기 어렵다.

둘째, ○○경찰서는 진정인 1, 2에 대한 피의사실을 체포현장 영상자료에 근거하여 조사하여 검찰에 송치하였고, ○○경찰서장 또한 관련 자료를 제출했다는 점에서, 피진정인들이 체포상황을 특정할 수 있는 채증자료를 찾을 수 없어 미란다원칙 고지 사실을 뒷받침하지 못한다는 취지의 주장은 이유 없다.

셋째, 인정사실 나.항에서 보는 바와 같이 체포서 및 확인서에 기재된 기록과 피진정인들의 진술이 상이하다. 또한, 실상은 체포현장에서 200미터나 이격된 주차장에서 사후 미란다원칙을 고지하였으면서 마치 체포현장에서 고지한 것처럼 기재하여 피진정인들의 진술을 믿을 수 없다.

따라서 '일단 붙들거나 제압한 후에는 지체없이 행하여야 한다'는 미란다원칙 고지시기에 관한 판례의 취지에 비추어 보아 피진정인들은 적법하게 미란다원칙을 고지한 것으로 볼 수 없고, 체포서 및 확인서 작성 등 입증을 위한 책임도 소홀히 하였다. 이는 「형사소송법」 제200조의5, 「범죄 수사규칙」 제98조 및 「경찰 인권보호 규칙」 제53조 제2항에 따라 현행범 체포 시 준수하여야 할 적법절차를 위반하여 「헌법」 제12조에 보장된 진정인 1, 2의 신체의 자유를 침해한 것으로 판단된다.

다만 피진정인들의 인권침해 행위가 고의적이라기보다는 집회관리 및 질서유지라는 업무수행과정에서 주의의무 소홀에 의하여 발생한 것으로 보이므로, 개별적인 인사상의 불이익 조치를 취하기보다는 재발방지를 위하여, 피진정인들의 현 소속 및 상급기관인 ○○지방경찰청장에게 피진정인들을 비롯한 소속 경비업무 및 수사업무 담당 직원들에 대하여 관련 직무교육을 실시하도록 권고한다.

> **형사소송법 제200조의5(체포와 피의사실 등의 고지)** 검사 또는 사법경찰관은 피의자를 체포하는 경우에는 피의사실의 요지, 체포의 이유와 변호인을 선임할 수 있음을 말하고 변명할 기회를 주어야 한다.

### (3) 진정요지 다항: 수갑 사용

#### 1) 관련 규정

「헌법」 제12조는 국민의 신체의 자유와 안전을 보장하고 있고, 제37조 제2항은 "국민의 모든 자유와 권리는 국가안전보장·질서유지 또는 공공복리를 위하여 필요한 경우에 한하여 법률로써 제한할 수 있으며, 제한하는 경우에도 자유와 권리의 본질적인 내용을 침해할 수 없다"고 규정하여 기본권 제한의 목적, 법률유보 및 과잉금지의 원칙(경찰상 비례원칙)을 명시하고 있다.

이러한 법리에 근거하여, 「경찰관직무집행법」 제10조의 2는 경찰장구는 현행범인의 경우와 긴급체포에 해당하는 죄를 범한 범인의 체포·도주의 방지, 자기 또는 타인의 생명·신체에 대한 방호, 공무집행에 대한 항거의 억제를 위하여 필요하다고 인정되는 상당한 이유가 있을 때에 그 사태를 합리적으로 판단하여 필요한 한도에서 사용할 수 있도록 규정하고 있고, 「위해성 경찰장비의 사용기준 규정」 제4조는 체포·구속영장을 집행 하는 경우 필요한 때에 최소한의 범위 안에서 수갑 등을 사용할 수 있도록 규정하고 있으며, 경찰청 훈령인 「피의자 유치 및 호송 규칙」 제50조(피호송자의 포박) 제1항은 "호송관은 호송관서를 출발하기 전에 반드시 피호송자에게 수갑을 채우고 포승으로 포박하여야 한다. 다만, 구류선고 및 감치 명령을 받은 자와 고령자, 장애인, 임산부 및 환자 등 주거와 신분이 확실하고 도주의 우려가 없는 자에 대하여는 수갑 등을 채우지 아니한다"라고 규정하고 있다.

#### 2) 수갑 사용의 적법성

진정인 1, 2는 비록 경찰의 체포행위에 저항하기는 하였으나 도주하려는 사실도 없었고 다수 사복경찰관들에게 제압된 상태인데도, 경찰 호송차량에 태운 후 수갑을 채운 것과 이후 ○○경찰서로 이동하여 조사를 받을 때까지 수갑을 채운 것은 부당하다는 취지의 주장을 하고 있다.

그러나 ① 진정인 1, 2는 경찰공무원의 경비업무 및 체포행위 등 공무집행을 방해한 혐의로 현행범인으로 체포되었던 점, ② 체포 당시 진정인 1, 2가 경찰의 체포행위에 반발하여 저항한 점, ③ 체포 현장이 다중이 모이는 집회 현장이었고 진정인 등이 ○○경찰서에 호송되어 변호인의 조력을 받을 때까지 일체의 인적사항을 밝히지 아니하였던 점, ④ 피진정인들이 진정인 1의 경우에는 체포 즉시, 진정인 2는 경찰호송차량으로 연행된 후 각 수갑을 사용할 때 신체적 제한의 정도가 낮은 앞수갑으로 하였고, 진정인 1의 경우 통증호소에 따라 곧바로 느슨하게 수갑상태를 조정해 주었던 점, ⑤ 통상 경찰 수갑 사용에 관한 규정상 체포된 피의자의 호송 중에는 도주 및 사고를 예방하기 위해 수갑을 착용하도록 허용하고 있는 점, ⑥ ○○경찰서에서의 조사대기 시간 외에 유치장 수용 및 피의자신문조사 시에 는 수갑을 사용하지 않았던 점 등이 인정되는바, 이 부분 진정은 「경찰관직무집행법」 제10조2의 전문 후단 및 「피의자 유치 및 호송 규칙」 제50조에서 규정하고 있는 경찰 수갑 등 장구사용에 관한 경찰 비례의 원칙 범위 내에서 수갑을 사용한 것으로 보이므로, 인권침해 행위에 해당하지 아니하는 경우로 기각한다.

## Ⅱ. 경찰의 부당한 휴대폰 압수[5)]

### 1. 진정요지

진정인은 2017. 8.경 지인의 지갑을 훔쳤다는 혐의로 피진정인으로부터 조사를 받는 과정에서 다음과 같은 인권침해를 당하였다.

① 피진정인은 2017. 8. 12. 부산 ○○병원에서 물리치료를 받고 있는 진정인을 찾아와 영장도 없이 병원 계단에서 진정인의 가방 속 물건을 수색하였고, 절도물이 나오지 않자, 진정인이 거주하는 ○○여관으로 진정인을 데려가 여관방을 수색하였다.

5) 18진정0338300.

② 여관방에서 지갑이 나오지 않자, 피진정인이 진정인을 경찰서로 데려가 조사를 하였는데 조사과정에서 피진정인이 진정인의 휴대폰을 압수해 3일 뒤인 2017. 8. 15. 돌려주었다.
③ 피진정인이 진정인에게 지갑을 훔쳤다고 거짓자백을 하라고 강요하여 어쩔 수 없이 피진정인이 시키는 대로 자백을 하였다.

## 2. 당사자의 주장

### (1) 진정인

#### 1) 진정요지 가항 관련

진정인과 같이 노점(품바 엿장수)을 했던 진정인 외 이○○(이하 '이○○')와 2017. 8. 12. 00:00 경 이○○의 집에서 술을 한 잔 하고 01:00경 숙소인 ○○여관으로 돌아가 잠을 잔 후, 같은 날 오전 부산 ○○병원에 물리치료를 받으러 갔다. 치료를 받고 나오는 길에 병원 계단에서 피진정인을 만났는데 피진정인이 진정인에게 이○○가 어젯밤 진정인과 술을 마신 직 후 지갑이 없어져 신고를 했다며 진정인이 유력한 용의자라고 하였다.

진정인은 결백을 주장하며 피진정인에게 가방을 통째로 보여주자, 가방을 뒤집어 가방 속 물건들을 쏟아내어 수색하였다. 또한, 피진정인이 집이 어디냐고 묻고 집으로 가자고 하여 걸어서 10분 정도 걸리는 숙소인 ○○여관으로 갔다. 숙소로 가서 방의 문을 열자 피진정인이 방바닥에 깔아놓은 이불을 들쳐보고, 냉장고와 밥통, 서랍장을 열어보았다. 진정인이 결백을 주장하기 위해 방에 있던 품바 가방을 뒤집어 내용물을 쏟아내자, 피진정인이 진정인 보고 손대지 말라며 옆에 서있으라고 하였다. 절도물이 나오지 않자 피진정인이 진정인에게 경찰서로 가자고 하여 함께 경찰서에 갔다.

#### 2) 진정요지 나항 관련

경찰서에 가서 조사를 받던 중, 아는 형님이 전화를 하여 통화를 끝내자 피진정인이 휴대폰을 보자고 하였다. 피진정인이 휴대폰을 보더니 '2018. 8. 11.~8. 12. 통화내역이 왜 삭제가 되어 있냐'고 묻기에 '그냥 삭제 했다'고 하자 피진정인이 휴대폰 뒷부분의 밧데리 등을 분리하더니 사진을 찍고 '휴대폰을 검사해야겠다'며 가지고 갔다. 휴대폰은 2차로 조사를 받던 2017. 8. 15. 돌려받았다.

3) 진정요지 다항 관련

2018. 8. 15. 09:00경 2차 조사를 받기 위해 경찰서에 갔다. 피진정인이 조사를 하면서 계속해서 강압적으로 나와 그냥 포기하는 마음으로 피진정인이 시키는 대로 진술했다. 피진정인이 전화로 이○○를 불러 합의서를 쓰게 했는데 합의서에는 진정인이 이○○에게 30만원을 변제한 것으로 나와 있었다. 변제하지도 않았는데 이○○가 30만원을 받았다고 하니 의심스러웠지만 당시 무섭고 지쳐 자포자기 심정으로 그냥 합의서를 작성하였다.

(2) 피진정인

1) 진정요지 가항 관련

2017. 8. 12. 이○○의 절도 신고(손지갑, 현금 40만원)를 접수 받고 절도 여부 확인 차 ○○병원에서 치료를 받고 나오는 진정인을 최초로 만났다. 당시 진정인이 극도로 흥분하며 자신의 조그만 손가방을 열어 보여주면서 뒤져보라고 하였지만, 피해자의 진술 외 범죄 혐의 등 소명자료가 없어 강제 수색을 할 수 있는 상황이 아니어서 수색하지 않았다. 진정인은 자신의 결백을 증명이라도 하듯 자신의 주거지에 가자고 하여 진정인과 같이 주거지인 ○○여관을 갔는데 한 평 남짓한 방안에 옷가지 등 물건이 한가득 있었다. 진정인이 흥분하며 방을 뒤져 보라고 하였지만 압수수색 검증 영장도 없고 긴급체포나 임의 동행도 하지 않은 상태여서 수색하기 곤란하여 보강 수사를 한 후 수사하고자 진정인에게 출석기일을 정해 출석요구를 하겠다고 하였다. 그랬더니 진정인은 '너무 억울하니 지금 경찰서에 가서 조사를 받겠다'고 하여 진정인과 함께 경찰서에 갔다.

2) 진정요지 나항 관련

진정인이 조사를 받으면서 범행을 완강히 부인하여, 진술조서 작성 중 진정인에게 휴대폰 검색을 해도 되냐고 묻자 진정인이 휴대폰을 건네주었다. 그런데 2017. 8. 11.~8. 12.까지의 통화내역이 삭제가 되어 있어 그 내용을 물어보았으나 진정인은 그냥 삭제했다고만 대답할 뿐 구체적인 이유를 대지 못하였다.

이에 진정인에게 '휴대폰을 디지털 증거분석 해봐도 되겠느냐'고 묻자 진정인이 승낙하여 휴대폰을 임의로 제출받았다.

**3) 진정요지 다항 관련**

2017. 8. 15. 09:00경 진정인이 경찰서에 자진 출석하여 범행을 자백하였다. 진정인이 범행자백하여 범죄 혐의가 충분히 인정되어 수사를 개시

## 3. 인정사실

진정사건 양 당사자의 진술 및 수사결과 보고서, 송치의견서, 신문조서 등의 자료에 의하면 아래와 같은 사실이 인정된다.

① 2017. 8. 12. 오전 이○○은 ○○○○경찰서에 절도 피해신고를 하면서 진정인을 용의자로 지목하였다. 담당 수사관인 피진정인은 같은 날 오전 진정인에게 전화하여 진정인이 부산 ○○병원에서 진료 받고 있다는 사실을 파악하고 병원으로 진정인을 찾아간 후, 진정인과 함께 진정인의 주거지인 ○○여관으로 갔다.

② 2017. 8. 12. 13:00경 진정인은 ○○○○경찰서에서 참고인 조사를 받았고, 절도 사실을 전면 부인하였다. 피진정인은 진정인에게 "그러면 진술인의 휴대폰에 대해 디지털증거분석을 해 봐도 되겠나요?"라고 물었고, 진정인은 "예, 해도 됩니다"라고 답변하였다.

③ 2017. 8. 12. 피진정인은 진정인의 휴대폰을 제출받아 압수하였으며, 2017. 8. 15. 진정인에게 돌려주었다. 이 과정에서 압수동의서, 압수조서, 압수목록을 작성 교부하지 않았다.

④ 진정인은 2017. 8. 15. 09:52 서부경찰서에 출석하여 피의자로 조사를 받았다. 조사 시 '사건 당일 이○○의 지갑이 탁자 위에 있는 것을 보고 순간 욕심이 생겨 지갑을 훔쳤다', '구속될까봐 겁이 나서 거짓말을 했고 사실대로 진술해야 선처를 받을 수 있기 때문에 절도 사실을 인정한다'는 내용의 진술을 하였다.

⑤ 2017. 8. 15.자 피의자신문조서 수사과정확인서에는 진정인이 이의제기하는 내용은 없다.

## 4. 판 단

### (1) 진정요지 가항

진정인은 피진정인이 가방과 주거지를 임의로 수색하였다고 주장하나, 피진정인은 부인하는 가운데 달리 진정인의 주장을 인정할 만한 객관적인 증거가 없어 기각한다.

> **형사소송법 제218조(영장에 의하지 아니한 압수)** 검사, 사법경찰관은 피의자 기타인의 유류한 물건이나 소유자, 소지자 또는 보관자가 임의로 제출한 물건을 영장 없이 압수할 수 있다.
>
> **형사소송법 제129조(압수목록의 교부)** 압수한 경우에는 목록을 작성하여 소유자, 소지자, 보관자 기타 이에 준할 자에게 교부하여야 한다.

### (2) 진정요지 나항

「헌법」 제12조 제3항은 "체포·구속·압수 또는 수색 시 적법한 절차에 따라 검사의 신청에 따라 법관이 발부한 영장을 제시하여야 한다"고 규정하고 있고, 영장주의의 예외로 「형사소송법」 제218조는 소유자, 소지자 또는 보관자가 임의로 제출한 물건을 영장 없이 압수할 수 있다고 규정하고 있으며, 같은 법 제129조는 압수한 경우 목록을 작성하여 소유자, 소지자, 보관자 기타 이에 준할 자에게 교부하여야 한다고 규정하고 있다. 특히 「형사소송법」 제218조의 임의제출과 관련하여 대법원은 수사기관의 우월적 지위에 의하여 임의제출 명목으로 실질적으로 강제적인 압수가 행하여질 수 있으므로, 제출에 임의성이 있다는 점에 관하여는 검사가 합리적 의심을 배제할 수 있을 정도로 증명하여야 한다고 판단하였다(대법원 2016. 3. 10. 선고 2013도11233 판결).

피진정인은 진정인이 휴대폰을 임의로 제출하였다고 주장하면서 그 근거로 조사 당일의 진술조서 내용을 제시하고 있다. 조사 당시 공범의 존재사실을 추궁하는 피진정인의 질문에 진정인이 부인을 하자 피진정인이 디지털 증거분석에 응할 수 있느냐고 묻고 이에 진정인이 긍정하는 취지의 답변을 한 것은 사실이나, 디지털 증거분석의 목적과 범위, 절차 등을 설명하는 내용이나 임의제출을 받았다는 명시적인 기록이 없는 상황을 고려하면, 진정인이 디지털 증거 분석의 의미를 명확히 이해한 채 휴대폰을 임의제출 하겠다는 의사를 밝힌 것이라고는 보기 어렵다. 또한 진정인이 자신의 휴대폰을 임의제출한 것이라고 하더라도, 피진정인은 형사소송법 제129조에 따라 임의제출한 압수물에 대한 압수증명서 등을 교부하였어야 하나, 이 또한 교부하지 않았다. 따라서 피진정인의 행위는 「헌법」 제12조에서 보장하고 있는 적법절차의 원칙을 위반하여 진정인의 신체의 자유를 침해한 것으로 판단된다. 이에 피진정인에 대하여 주의조치하고, 향후 유사한 사례가 발생하지 않도록 소속 직원들을 대상으로 직무교육을 하도록 권고할 필요가 있다.

#### (3) 진정요지 다항

진정인은 피진정인이 허위자백을 강요하였다고 주장하나, 피의자신문조서 수사과정확인서에 진정인이 이의를 제기하였다는 내용이 없고, 당시 동석해 있었던 이○○가 연락이 되지 않는 등 달리 목격자나 진정인의 주장을 인정할 만한 객관적인 증거가 없으므로 기각한다.

## Ⅲ. 경찰의 부당한 압수 등에 의한 인권침해[6]

### 1. 진정요지

#### (1) 피진정인 1 관련

① 2017. 3. 16. 12:06경 피해자 1을 긴급체포하면서 휴대폰을 꺼내보라고 한 뒤 낚아채듯 불법으로 압수하였음에도 임의제출이라고 허위 수사보고하였다.

② 체포 시 피해자 1에게, 강간미수 등 사건의 진정 외 피해자인 이○○이 초등학생이라고 허위로 말하였고, 피의자조사 후 십지지문기에 피해자 1의 십지지문 날인을 받으면서 진정인과 피해자 1에게 십지지문의 용도를 허위로 설명하였다.

6) 18진정0031600·17진정1188100(병합).

③ 이○○는 애초에 피진정인 1에게 '강간미수' 피해를 당했다고 말한 적이 없었고, 2017. 5. 13. 피진정인 1이 검찰에 사건을 송치하기 전, 피해자 1의 처벌을 원치 않는다고 말하였으나 사건을 재조사하지 않고 검찰에 송치의견서를 보냈다.

④ 피해자 1의 어머니인 진정인을 불법사찰하여 개인정보를 피해자 1의 담당 검사에게 유출하였다.

(2) 피진정인 2 관련

2017. 5. 15. 10:00경 ○○경찰서에서 강제로 진정인의 팔과 다리를 붙잡고 머리를 들어 동영상을 촬영하였다. 이후 진정인을 주차장 철문 밖에 내려놓고 들어오지 못하게 감시하여 진정인이 청문감사실에 가지 못하게 하였다.

(3) 피진정인 3 관련

진정인과 피해자 1의 동의 없이 ○○지방경찰청에 피해자 1의 스마트폰에 대한 디지털포렌식을 의뢰하였다.

(4) 피진정인 4 관련

진정인이 2017. 5. 12.경 피진정인의 1의 거짓말에 의하여 작성된 십지지문 날인 삭제를 지속적으로 요구하였으나, 이를 처리하지 않고 담당 수사관 교체 요구도 받아들이지 않는 등 의무를 다하지 아니하였다.

## 2. 당사자의 주장

### (1) 피진정인들

#### 1) 피진정인 1

① 2017. 2. 12. 이○○의 112신고로 수사 착수하였고 이○○은 피해자 1에게 알몸사진을 보냈다고 진술하여 피해자 1의 휴대폰을 확보할 필요성이 있었다. 2017. 3. 16. 12:06경 ○○광역시 소재 피해자 1의 주거지에서 신분을 밝히고 사건 관련 질문 및 설명을 하면서 휴대폰을 보여 달라고 하였더니 피해자 1이 휴대폰을 제출하며 비밀번호는 나중에 알려 주겠다고 하였다. 제1회 신문조사에서 피해자 1은 수사관이 공정한 판단을 하기를 바라는 마음이라면서 자신의 휴대폰을 먼저 열어 보여주기도 하

였다.

② 피해자 1에게 휴대폰을 제출받은 뒤 사건 관련 질문을 하였는데 피해자 1이 진술을 번복하며 소리를 지르고 신경질적인 반응을 보여, 피해자 1이 혐의에 대해 거짓말을 하고 있고 신병을 확보하지 않으면 증거인멸이나 도주의 염려가 있다고 판단하여 긴급체포하였다.

③ 피해자 1을 긴급체포하고 ○○로 압송하여 제1회 피의자 신문을 하던 중 경찰서를 방문한 진정인에게 이○○에 대해 설명하는 과정에서 순간 13세로 나이를 착각하여 초등학생이라 말하였다가 다시 정정하여 중학생이라고 설명하였다. 피의자신문조서 작성 후 전자수사자료표 작성이 필수이므로 위 조사 후 피해자 1의 십지지문을 등록하려고 하였는데 기계 오류로 등록되지 않아 제2회 신문조사 후 십지지문을 다시 받는 과정에서 진정인이 항의하여 지문등록의 목적을 설명하였다.

④ 이○○는 수사 진행 도중 처벌 불원 의사를 밝히지 않았다. 또한 본 사건은 친고죄가 아닌 성범죄이므로 수사는 처벌 불원 의사와 무관했다. 이○○에게 "지금 와서 그런 말을 하면 어떡하냐"는 말을 한 적은 있는데, 처벌 불원 의사를 밝혀서가 아니라, 성범죄 사건이므로 진정인의 연락을 따로 받지 말고 만약 연락이 오면 알려 달라고 했는데도 알려주지 않아 뒤늦게 이를 인지하였기 때문이었다. 또한 '강간미수'든 다른 죄명이든 형사사건의 피해자가 정할 문제가 아니며 사건을 담당한 사법경찰관이 수사진행에 따라 사건의 죄명을 정하는 것이다.

### 2) 피진정인 2

2017. 5. 15. 오전경 진정인이 ○○경찰서 4층 여성청소년수사팀 사무실로 찾아와 큰 소리로 떠들며 소란을 피우다 갑자기 자해하려고 하였다. 또한 진정인은 ○○경찰서장과 면담하겠다며 2층으로 내려가 닫혀 있는 출입구 자동문을 흔들고 발로 차 부수려하기에 말리며 수회 퇴거요청을 하였는데도 출입문 앞에서 30분간 누워 일어나지 않았다. 이에 여성청소년과장, 청문감사관, 여성청소년수사팀장 등이 긴급회의를 하여 진정인을 강제로 경찰서 정문 밖으로 내보내기로 결정하였다. 진정인의 팔과 다리를 붙잡아 경찰서 문밖으로 이동시켰으며,

에 따른다. 이 경우 그 기간은 해당 처분이 있거나 결정 또는 판결이 확정된 날부터 기산(起算)한다.

1. 법정형(法定刑)이 사형, 무기징역, 무기금고, 장기(長期) 10년 이상의 징역·금고에 해당하는 죄: 10년
2. 법정형이 장기 2년 이상의 징역·금고에 해당하는 죄: 5년
3. 법정형이 장기 2년 미만의 징역·금고, 자격상실, 자격정지, 벌금, 구류 또는 과료에 해당하는 죄: 즉시 삭제. 다만, 제1항 제1호의 기소유예 처분이나 제1항 제2호·제3호의 판결 또는 결정이 있는 경우는 5년간 보존한다.

③ 제2항에도 불구하고 제1항 각 호의 처분 당시 또는 판결·결정의 확정 당시 「소년법」 제2조에 따른 소년에 대한 수사경력자료의 보존기간은 다음 각 호의 구분에 따른다.

1. 제1항 제1호의 기소유예의 불기소처분: 그 처분일부터 3년
2. 제1항 제1호의 혐의없음, 공소권없음, 죄가안됨의 불기소처분: 그 처분 시까지
3. 제1항 제2호의 판결 또는 같은 항 제3호의 결정: 그 판결 또는 결정의 확정 시까지

④ 제1항에 따라 수사경력자료의 해당 사항을 삭제하는 방법은 대통령령으로 정한다.

## IV. 경찰의 부당수사 및 피의사실 공표 등에 의한 인권침해[7)]

### 1. 진정요지

진정인은 2017. 9. 14. 횡단보도를 건너다 교통사고를 당한 피해자인데, 피진정인이 이 사건을 수사하면서 아래와 같은 인권침해를 하였다.

1) 피진정인은 교통사고 가해자 차량의 블랙박스 영상 하나만을 가지고 진정인을 교통사고 보험 사기범으로 단정하고, 진정인이 보험사와 전화를 하거나 보험금을 청구한 사실이 없음에도 일방적으로 청구한 것으로 허위 기재하는 부당·편파수사를 하였다.

2) 피진정인은 2017. 10. 27. 검찰에 송치하기도 전에 SBS, KBS 등 언론사에 진정인의 나이, 직업 등과 함께 보험금을 청구한 사기 피의자로 단정하는 허

7) 17진정1087400.

위의 피의사실을 공개하였다.

## 2. 당사자의 주장

### (1) 피진정인

#### 1) 부당·편파수사

2017. 9. 14. 발생한 진정인의 피의사건은 서울○○경찰서 교통조사1팀에서 먼저 사고영상을 분석한 결과 보험사기 행위라고 판단해 인계한 것을 인수받아 사고차량 운전자 한○○을 상대로 먼저 사실관계를 확인하고, 같은 달 22. 진정인에 대한 참고인 진술조사를 실시하였고, 이후 참고인 이○○에 대한 전화조사, 사고차량 블랙박스 동영상 분석 등 증거조사를 통해 범죄사실을 특정하고, 2017. 10. 11. 진정인에 대한 피의자 조사를 종료한 다음 검찰에 기소의견으로 송치하였다. 수사 당시 진정인이 차량에 뛰어들어 운전자를 기망하고 진술조서를 작성하면서도 교통사고로 골절상을 당했다고 피해보상을 요구하므로 실행착수라고 판단되어 사기미수 기소의견으로 송치한 것이고, 범죄인지 및 의견서에 '보험사에 보험금 청구하였으나 지급 거절'이라는 내용을 기재한 것은 통상 보험 접수를 하면 진행되는 과정으로 판단해 그리하였던 것이다.

#### 2) 피의사실 공표

최근 여성운전자 등 사회적 약자를 상대로 지나가는 차량에 발을 넣고 차량 앞에 서서 일부러 넘어지는 행위 등을 가장하여 보험금 등 금품을 받는 행위가 많다고 하여 3개월간의 교통사고를 분석한 결과, 보험사기 사건 4건이 확인되어 모두 형사입건하게 되었는데, 이와 같은 범죄유형과 수법을 국민들에게 알려 유사한 범죄의 예방을 방지할 필요성이 있다고 판단하여, 「경찰 수사사건 등의 공보에 관한 규칙」에 따라 익명으로 언론사에 보도자료를 배포한 것이다.

## 3. 인정사실

진정인의 진정서, 피진정인의 진술서, 서울○○경찰서장이 제출한 112신고 사건처리표, 진정인의 피의사건 범죄인지보고서, 진술조서, 피의자진문조서, 수사보고서(블랙박스 영상분석), 의견서, 보도자료, 불기소결정서 등의 자료에 의하면, 인정사실은 다음과 같다.

1) 2017. 9. 14. 18:49경 접수된 112신고사건처리표에는, 사건개요 부분에 "○○역 다리 근처 사고가 났는데 남자애가 쓰러져 있다"라고 기재되어 있고, 종결사항 부분에 "보행자 강○○은 의식은 있으나 가슴이 답답하다고 하며 다른 의사소통이 되지 않았다. 목격자(일행) 이○○과 ○○의료원으로 후송 조치함. 차량운전자 한○○(62년생, 여)는 횡단보도를 통과하는 중 보행자가 차 위로 달려들어 굴렀다고 진술함. 블랙박스 장착되어 있었고 교통조사계 인계 조치함"이라고 기재되어 있다.

2) 2017. 9. 22. 피진정인은 진정인을 교통사고 피해자로 조사하고 진술조서를 작성하였다. 진정인은 고의사고 여부를 묻는 피진정인의 질문에 대해 "차량에 부딪쳐 넘어진 것은 확실하고 이로 인해 상해까지 입었으며 운전자 한○○이 보상을 하지 않겠다는 것은 면피용이다"라고 주장하는 등 고의사고에 의한 사기혐의를 부인하는 취지의 진술을 하였다. 그 외 별도로 진정인이 이 사건 사고로 인해 보험금을 청구하였는지 여부에 대한 질문은 없었다.

3) 2017. 9. 26. 피진정인은 범죄인지보고서를 작성하면서 "피의자(진정인)는 현재 대학원생인 자로 불상의 차량을 대상으로 사고를 유발하여 보험금을 청구할 맘을 먹고 그 대상을 물색하던 중 (중략) 갑자기 한○○(여, 55세)이 운전하다 횡단보도 전에서 정차를 하고 있는 차량을 발견하고 그 차량 앞 보닛 위로 피의자의 몸을 날려 부딪치고 바닥에 넘어져 병원치료를 받고 보험사에 보험금을 청구하였으나 보험사가 보험금 지급을 거절하므로 보험금을 편취하지 못하고 미수에 그친 것이다"라고 기재하였다.

4) 2017. 10. 11. 피진정인은 진정인에 대하여 피의자신문을 하였는바, 진정인은 거듭 보험사기 피의사실을 부인하는 취지의 진술을 하면서, 피진정인의 "이번 사고로 보험사에 보험금은 청구를 하였나요?"라는 질문에 "이 번 사고로 보험을 청구한 것은 없습니다"라고 답변하였다.

5) 2017. 10. 18. 피진정인은 "교통사고 뒤에 숨은 '보행자 보험사기' 꼼짝마!"라는 제목으로 보도자료를 작성하였는바, 보도자료는 A○○ 등 5명의 피의자의 범죄사실을 열거하는 구성으로, 진정인에 대한 부분은 "C○○(38세, 남, 대학원생)은 2017. 9. 14. 18:40경 강남구 수서동 수서역 부근 횡단보도를 서행하는

차량 보닛으로 몸을 던지는 고의사고 후 경찰서 사고 접수, 보험금 청구"라고 기재하였다. 피진정인은 작성한 보도자료와 관련 블랙박스 영상자료를 언론에 제공하였다.

6) SBS 등 총 16개 언론사는 2017. 10. 18. 저녁뉴스 시간에 "일부러 몸 던지고, 발 '슬쩍' …어설픈 보행자 보험사기"라는 제목으로 피진정인이 제공한 영상자료에 얼굴을 음영처리하여 방영하거나, "'사고가 이상한데…', 차에 몸 던지기 보험사기" 등으로 기사화하였다.

7) 피진정인은 위 진정인의 피의사건을 2017. 10. 31. 검찰에 송치하면서 작성한 의견서에, 진정인의 범죄사실 내용을 위 범죄인지보고서의 기재 내용과 동일하게 "병원치료를 받고 보험사에 보험금을 청구하였으나 보험사가 보험금 지급을 거절하므로 보험금을 편취하지 못하고 미수에 그친 것이다"라고 기재하였다.

8) 피진정인이 작성한 범죄인지보고서 및 의견서 외 경찰 수사기록에는 진정인의 보험금 청구에 관한 사실 및 객관적인 자료는 없다.

9) 2017. 11. 29. ○○중앙지방검찰청 검사 황○○은 고의사고 여부에 대한 영상분석 결과 "피의자의 행위는 교통사고를 가장하여 보험금을 편취하고자 한 행위로 판단된다"고 범죄의사를 인정하면서도, 피의자의 실행행위 착수 여부와 관련하여 "수사보고(검사지휘내용)와 같이, 피의자는 보험사에 보험접수를 하거나 보험금을 지급받은 사실이 없어, 실행행위 착수는 없었던 것으로 확인된다"고 하여, 결국 진정인의 사기미수 혐의에 대하여 혐의 없음의 불기소결정을 하였다(2017형제000000호).

## 4. 판 단

### (1) 진정요지 가항: 부당·편파수사

#### 1) 관련 규정

헌법 제11조는 모든 국민이 법 앞에 평등함을 규정하고 있고, 「형사소송법」 제198조(준수사항) 제2항은 "검사·사법경찰관리와 그 밖에 직무상 수사에 관계 있는 자는 피의자 또는 다른 사람의 인권을 존중하고 수사과정에서 취득한 비밀을 엄수하며 수사에 방해되는 일이 없도록 하여야 한다"고 규정하고 있으며,

「범죄수사규칙」 제3조(인권보호) 제1항은 "경찰관은 수사를 할 때에는 개인의 인권을 존중하고 신속·공정·성실하게 하여야 한다"고 규정하여, 공정한 수사를 할 의무를 부과하고 있다.

2) 부당·편파수사 여부

① 피의자 입건 등에 따른 부당수사 여부

위 인정사실에 의하면, 피진정인은 교통사고 발생자료, 사고차량 피해자 조사, 진정인 조사 및 동행하였던 참고인 이○○ 조사, 사고차량 블랙박스 영상자료 분석 등 내사과정을 거쳐 진정인을 고의사고 사기미수 혐의 피의자로 범죄인지하고 입건하여 수사하였는바, 내사 및 범죄인지 등 입건 과정은 범죄의 혐의가 있다고 합리적으로 의심되는 사안에 대하여 「형사소송법」 및 「범죄수사규칙」 등의 규정에 근거하여 사법경찰관의 수사재량의 범위 내에서 적법하게 수행한 것으로 보이고 달리 직권을 남용하거나 일탈하였다고 보기는 어렵다.

② 허위사실 적시 등 주의의무 소홀에 의한 부당·편파수사 여부

위 인정사실에 의하면, 피진정인은 범죄인지보고서를 작성하여 진정인을 입건하면서 범죄사실의 요지 중 사기미수죄의 구성요건인 금전의 편취 여부와 관련하여, 객관적인 증거와 사실에 근거하지 않고 진정인이 보험금을 청구하였을 것이라는 예단을 가지고 통상의 수사문구대로 "진정인이 보험금을 청구하였으나 보험사가 지급을 거부하므로 미수에 그쳤다"라고 기재하였다. 이와 같은 범죄인지보고서 보험청구 부분 허위사실의 기재가 설사 수사실무에서 활용하는 관행문구의 단순한 사용 및 착오에 의한 것이라고 하더라도, 이후 피진정인은 진정인에 대한 피의자신문을 실시하면서 진정인의 보험청구 사실에 관하여 질문하였고, 이에 진정인이 "이번 사고로 보험을 청구한 것은 없습니다"라고 부인하는 진술을 하였다면, 위 보험청구 기재사실을 수정하여 수사결과에 반영하거나 관계기관 등에 보험금 청구 여부를 확인하여 이를 명확히 하여야 하였다.

그러나 피진정인은 이와 같은 증거조사를 실시하지 않고 막연히 진정인의 주장을 배척한 채 수사결과 의견서에도 진정인이 마치 보험금을 청구하였으나 보험사의 거부로 미수에 그친 것으로 허위의 사실을 기재하여 검찰에 송치하였

고, 검찰은 송치된 사건 기록을 검토한 결과 진정인이 교통사고를 가장하여 보험금을 편취하고자 한 행위는 인정되지만 더 나아가 진정인이 보험사에 보험접수를 하거나 보험금을 지급받은 사실이 없어 실행행위 착수는 없었던 것으로 판단하고 '혐의없음'으로 불기소결정을 하였다.

이상의 내용을 종합해 볼 때, 피진정인은 피진정기관의 교통범죄수사팀장으로서 고의사고에 의한 사기미수 피의사건을 조사하면서 「형사소송법」 제198조(준수사항) 제2항 및 「범죄수사규칙」 제3조(인권보호) 제1항 등에 근거하여 객관적인 증거와 사실관계에 따라 수사하고 피의자에게 유리한 증거라도 공정하게 취급하는 등의 직무상의 주의의무가 있음에도 불구하고, 수사과정에서 진정인이 보험금을 청구한 사실이 없다는 점을 충분히 인지하고도 이를 수정하거나 보완함 없이 막연한 추정을 사실관계인 것처럼 적시하였는바, 이는 「헌법」 제11조에서 보장하는 형사절차상 평등하게 취급받을 진정인의 권리를 침해한 행위로 판단된다.

(2) 진정요지 나항: 피의사실 공표

**1) 관련 규정**

「헌법」 제17조는 모든 국민의 사생활의 비밀과 자유를 보장하고 있고, 「헌법」 제27조는 무죄추정의 원칙을 규정하고 있다. 「형법」 제126조는 "범죄수사에 관한 직무를 행하는 자가 그 직무를 행함에 당하여 지득한 피의사실을 공판청구 전에 공표한 때에는 3년 이하의 징역 또는 5년 이하의 자격정지에 처한다"고 규정하고 있으며, 「형사소송법」 제198조는 "검사, 사법경찰관리 기타 직무상 수사에 관계있는 자는 비밀을 엄수하며 피의자 또는 다른 사람의 인권을 존중하여야 한다"고 규정하여 수사기관의 피의사실 공표행위를 위법행위로 규정하고 있다. 한편, 대법원에서는 수사기관이 피의사실에 관하여 발표를 하는 것은 국민들의 알권리를 충족하기 위한 방법의 일환이라고 할 것이나, 수사기관의 피의사실 공표행위는 국민들에게 그 내용이 진실이라는 강한 신뢰를 부여함은 물론 그로 인하여 피의자나 피해자 나아가 그 주변 인물들에 대하여 치명적인 피해를 가할 수도 있다는 점을 고려할 때, 수사기관의 발표는 원칙적으로 일반 국민들의 정당한 관심의 대상이 되는 사항에 관하여 객관적이고도 충분한 증거나 자료를 바탕으로 한 사실 발표에 한정되어야 한다고 판시하고 있다(대법원 1999. 1. 26. 선고 97다10215 판결). 이에 따라 경찰청 훈령인 「인권보호를 위한 경찰관 직무규칙」 제83조 및 제84조는 수사사건에 대하여 언론공개를 하는 경우 객관적이고 정확한 증거 및 자료를 바탕으로 필요한 사항만 공개하고, 범죄와 직접 관련이 없는 명예·사생활에 관한 사항은 공개하지 않도록 규정하고 있다. 그리고 「경찰수사사건 등의 공보에 관한 규칙」 제10조 및 제11조는 수사사건 등을 공보하는 경우에 성명, 얼굴 등 사건관계자의 신원을 알 수 있는 정보나 범죄혐의와 직접 관련이 없는 개인의 신상 및 사생활에 관한 내용이 공개되지 않도록 하고, 공개되는 정보의 조합을 통해 신원이 특정되지 않도록 유의하여야 하며, "헌법상 무죄추정의 원칙에 의거하여, 유죄를 단정하는 표현 또는 추측이나 예단을 일으킬 우려가 있는 표현은 사용하여서는 아니 된다"고 하여 객관적인 사실 및 증거에 근거할 것을 강조하고 있으며, 특히 피의자가 혐의사실을 부인하는 사건에 관하여 공보하는 경우에는 피의자가 혐의를 부인하고 있다는 사실을 공보 내용에 포함하도록 규정하여 최소한의 공정성을 유지하도록 하고 있다.

**2) 피의사실 공표행위가 적법하였는지 여부**

피진정인은 위 인정사실과 같이 공판 청구 전에 피의사실을 공표하였는데, 피의사실 공표행위가 적법하였는지 살펴본다.

① 피의자 특정 여부

피진정인은 배포한 보도자료에서 A○○ 등 5명의 피의자의 범죄사실을 열거하면서, 이 중 "C○○(38세, 남, 대학원생)은 2017. 9. 14. 18:40경 강남구 수서동 수서역 부근 횡단보도를 서행하는 차량 보닛으로 몸을 던지는 고의사고 후 경찰서 사고접수, 보험금 청구"로 기재하고, 관련 블랙박스 영상자료를 언론에 제공하였고, SBS 등 언론사는 위와 같은 익명자료와 블랙박스 영상자료를 음영 처리하여 방송하였는데, 이와 같이 익명 처리된 내용만으로는 진정인의 가족을 넘어서서 거주지 주변사람이나 학교관계자 등이 피의사실의 당사자가 진정인임을 알 수 있는 정도로 진정인의 사생활의 비밀과 자유가 침해되었다고 볼 수는 없다.

② 공표된 피의사실의 객관성 및 정확성

그러나 피의사실의 공표는 개인의 인격권, 사생활의 비밀과 자유에 대한 침해 여부 및 그에 대한 공익과의 비교형량을 하는 것 외에도 무죄추정의 원칙에 반하여 부당하게 형사절차에 영향력이 행사되었는지 여부를 살펴볼 필요가 있다. 피진정인이 배포한 보도자료에는 위에서 살펴본 바와 같이 진정인이 보험금을 청구한 사실이 없음에도 "보험금 청구"로 사실과 달리 기재되어 있고, 또한 당시 진정인이 참고인 조사 및 피의자신문에서 혐의사실을 전면 부인하였음에도 "각 피의자 범죄사실 일부 부인하나"라고 혐의사실 부인의 정도가 부정확하게 기재되어 있으며, 더 나아가 피진정인이 이 사건 진정인에 대한 보험내역 등을 조사하지 아니하였음에도 "운전자 재조사, 각 피의자 보험내역 조회 등을 통해 범죄사실 입증 형사입건(송치예정)"이라고 기재되어 있다. 이는 「형법」 제126조와 「인권보호를 위한 경찰관 직무규칙」 제83 조 및 「경찰수사사건 등의 공보에 관한 규칙」 제11조를 위반하여 객관적인 사실 및 증거에 근거함 없이 유죄를 속단하게 할 우려가 있는 단정적인 표현을 사용하여 공표한 것이고, 이로 인해 형사사건의 피의자였던 진정인으로서는 당시 진행 중이던 형사절차에 있어서 자신에게 불리한 예단이 형성될 가능성이 높아졌음은 물론이거니와 「헌법」 제17조가 보장하고 있는 사생활의 비밀과 자유를 침해한 것으로 판단된다.

(3) 소 결

피진정인은 피진정기관의 교통범죄수사팀장이라는 중견간부로서, 수사업무에 있어 공정성과 객관성을 보장하여 피의자의 인권을 존중할 막중한 책임이 있는 지위에 있음에도 관련 주의의무를 소홀히 하였고, 또한 그 결과 공판청구 전 사실과 다른 내용을 공표한 책임이 작지 아니하다. 다만, 피진정인이 유사범죄 예방 등을 위하여 적극적으로 업무를 수행하는 과정에서 이 사건이 발생한 점을 고려하여 소속기관장으로 하여금 피진정인에 대하여 '주의' 조치하고, 재발 방지를 위하여 피진정인을 비롯한 소속 직원들 에 대하여 관련 직무교육을 실시할 필요가 있다.

# 제 3 절 인격권

**사례연구**

**Q 나주정이 음주운전을 한다는 신고를 받고 경찰이 출동하였으나 나주정은 계속하여 욕을 하면서 계속 거부하여 더 이상 욕설을 하지 말라는 취지로 "야 이 새끼야" 등의 욕설을 했다.**
**이 경우에 경찰관의 직무집행행위는 정당한 것인가?**

---

► 경찰은 나주정이 계속 욕설을 하여 더 이상 욕설을 하지 말라는 취지로 "야 이 새끼야" 등의 욕설을 했는데, 이와 같은 경찰의 언행은 인권보호를 위한 경찰관 직무규칙 제8조(폭행·가혹행위 등 금지) 제2항의 "경찰관은 직무수행 중 폭언, 강압적인 어투, 비하시키는 언어 등을 사용하거나 모욕감 또는 수치심을 유발하는 언행을 하여서는 아니된다"는 규정을 위반하여 헌법 제10조에서 보장하는 나주정의 인격권을 침해한 사례이다. 나주정도 경찰에게 욕설했으므로 경찰의 인격권을 침해했으며, 사람들이 보고 있는 상황에서 욕설한 경우 모욕죄가 성립될 수 있다.

## I. 법적 근거

**헌법 제10조** 모든 국민은 인간으로서의 존엄과 가치를 가지며, 행복을 추구할 권리를 가진다. 국가는 개인이 가지는 불가침의 기본적 인권을 확인하고 이를 보장할 의무를 진다.

**헌법 제12조** ① 모든 국민은 신체의 자유를 가진다. 누구든지 법률에 의하지 아니하고는 체포·구속·압수·수색 또는 심문을 받지 아니하며, 법률과 적법한 절차에 의하지 아니하고는 처벌·보안처분 또는 강제노역을 받지 아니한다.

② 모든 국민은 고문을 받지 아니하며, 형사상 자기에게 불리한 진술을 강요당하지 아니한다.

③ 체포·구속·압수 또는 수색을 할 때에는 적법한 절차에 따라 검사의 신청에 의하여 법관이 발부한 영장을 제시하여야 한다. 다만, 현행범인인 경우와 장기 3년 이상의 형에 해당하는 죄를 범하고 도피 또는 증거인멸의 염려가 있을 때에는 사후에 영장을 청구할 수 있다.

④ 누구든지 체포 또는 구속을 당한 때에는 즉시 변호인의 조력을 받을 권리를 가진다. 다만, 형사피고인이 스스로 변호인을 구할 수 없을 때에는 법률이 정하는 바에 의하여 국가가 변호인을 붙인다.

⑤ 누구든지 체포 또는 구속의 이유와 변호인의 조력을 받을 권리가 있음을 고지받지 아니하고는 체포 또는 구속을 당하지 아니한다. 체포 또는 구속을 당한 자의 가족 등 법률이 정하는 자에게는 그 이유와 일시·장소가 지체없이 통지되어야 한다.

⑥ 누구든지 체포 또는 구속을 당한 때에는 적부의 심사를 법원에 청구할 권리를 가진다.

⑦ 피고인의 자백이 고문·폭행·협박·구속의 부당한 장기화 또는 기망 기타의 방법에 의하여 자의로 진술된 것이 아니라고 인정될 때 또는 정식재판에 있어서 피고인의 자백이 그에게 불리한 유일한 증거일 때에는 이를 유죄의 증거로 삼거나 이를 이유로 처벌할 수 없다.

**헌법 제17조** 모든 국민은 사생활의 비밀과 자유를 침해받지 아니한다.

**헌법 제37조** ① 국민의 자유와 권리는 헌법에 열거되지 아니한 이유로 경시되지 아니한다.

② 국민의 모든 자유와 권리는 국가안전보장·질서유지 또는 공공복리를 위하여 필요한 경우에 한하여 법률로써 제한할 수 있으며, 제한하는 경우에도 자유와 권리의 본질적인 내용을 침해할 수 없다.

**민법 제750조(불법행위의 내용)** 고의 또는 과실로 인한 위법행위로 타인에게 손해를 가한 자는 그 손해를 배상할 책임이 있다.

인격권이란 일반적으로 자신과 분리할 수 없는 인격적 이익의 향유를 내용으로 하는 인격의 자유로운 발현에 관한 권리로서, 인격을 형성·유지 및 보호받을 수 있는 권리를 말한다. 헌법재판소는 헌법 제10조 인간의 존엄과 가치 및 행복추구권 조항이 인격권의 근거라고 판시하고 있다. 그러나 헌법 제10조 인간의 존엄과 가치, 헌법 제17조 사생활의 비밀과 자유, 제37조 제1항 열거되지 아니한 권리가 인격권의 근거라고 할 수 있다. 인격권의 침해가 있으면 불법행위로 인한 손해배상청구권이 인정된다(민법 제750조).

헌법재판소 전원합의부에 따르면, ① 차폐시설이 불충분하여 사용과정에서 신체부위가 다른 유치인들 및 경찰관들에게 관찰될 수 있고 냄새가 유출되는 유치실 내 화장실을 사용하도록 강제한 피청구인의 행위로 인하여 헌법 제10조의 인간의 존엄과 가치로부터 유래하는 인격권을 침해하는 정도에 이르렀다고 판단된다.8)

② 피청구인이 유치장 수용자인 청구인들로 하여금 경찰관에게 등을 보인 채 상의를 속옷과 함께 겨드랑이까지 올리고 하의를 속옷과 함께 무릎까지 내린 상태에서 3회에 걸쳐 앉았다 일어서게 하는 방법으로 실시한 정밀신체수색을 한 것은 헌법 제10조의 인간의 존엄과 가치로부터 유래하는 인격권 및 제12조의 신체의 자유를 침해하는 정도에 이르렀다고 판단된다.9)

## Ⅱ. 인격권의 내용

퍼블리시티권(Right of publicity) 또는 초상사용권 혹은 인격표지권은 본인의 이름이나 초상에 대한 독점적 권리를 말한다. '인격권으로서의 초상권'과는 다르게 상업적 이용에 초점을 맞추고 있기 때문에 '재산권으로서의 초상권'과 비슷하다. 그러나 완전히 같은 개념은 아니다. 좀 더 구체적으로 말하자면, 퍼블리시티권은 일반적으로 성명이나 초상 등이 갖는 경제적 가치를 '상업적'으로

8) 헌법재판소 2001. 7. 19. 선고 2000헌마546 전원재판부: 무죄가 추정되는 미결수용자의 자유와 권리에 대한 제한은 구금의 목적인 도망·증거인멸의 방지와 시설 내의 규율 및 안전 유지를 위한 필요최소한의 합리적인 범위를 벗어나서는 아니 된다. 또한 미결구금은 수사 및 재판 등의 절차확보를 위해 불가피한 것이기는 하나 실질적으로 형의 집행에 유사한 자유의 제한을 초래하는 폐단이 있다는 것은 널리 인식되어 있는 사실이다. 미결수용자들은 구금으로 인해 긴장, 불안, 초조감을 느끼는 등 심리적으로 불안정한 상태에 빠지고 위축되며, 육체적으로도 건강을 해치기 쉽고, 자칫 열악하고 불리한 환경의 영향으로 형사절차에서 보장되어야 할 적정한 방어권 행사에 제약을 받거나 나아가 기본적 인권이 유린되기 쉽다. 그러므로 구금 자체의 폐단을 최소화하고 필요 이상으로 자유와 권리가 제한되는 것을 피하기 위해서, 그리고 이들의 형사절차상 방어권의 실질적 보장을 위해서는 규율수단의 선택에 있어 충돌되는 이익들 간의 신중한 비교교량을 요하며, 통제의 효율성에만 비중이 두어져서는 아니 된다. 위와 같은 점들은 현행범으로 체포되었으나 아직 구속영장이 발부·집행되지 않은, 즉 구속 여부에 관한 종국적 판단조차 받지 않은 잠정적 지위에 있는 이 사건 청구인들에게도 당연히 적용되고, 이들에 대한 기본권 제한은 구속영장이 발부·집행된 미결수용자들의 경우와는 달리 더 완화되어야 할 것이며, 이들의 권리는 가능한 한 더욱 보호됨이 바람직하다.

9) 헌법재판소 2002. 7. 18. 2000헌마327 전원재판부.

이용하는 경우를 통제하는 권리라고 말할 수 있다. 따라서 연예계나 스포츠계 등의 유명 인사의 고유 코드를 상업적으로 무단 이용하게 된다면 얼마든지 법적으로 제재를 받을 수 있다는 것이 퍼블리시티권이 설명하는 내용이다.

인격권은 명예권, 성명권, 초상권 등을 포함한다. 인격권은 그 성질상 일단 침해된 후의 구제수단(금전배상이나 명예회복 처분 등)만으로는 그 피해의 완전한 회복이 어렵고 손해전보의 실효성을 기대하기 어려우므로 인격권 침해에 대하여는 사전(예방적) 구제수단으로 침해행위 정지, 방지 등의 금지청구권도 인정된다.[10)]

## 1. 명예권

**형법 제307조(명예훼손)** ① 공연히 사실을 적시하여 사람의 명예를 훼손한 자는 2년 이하의 징역이나 금고 또는 500만원 이하의 벌금에 처한다.
② 공연히 허위의 사실을 적시하여 사람의 명예를 훼손한 자는 5년 이하의 징역, 10년 이하의 자격정지 또는 1천만원 이하의 벌금에 처한다.

**형법 제309조(출판물 등에 의한 명예훼손)** ① 사람을 비방할 목적으로 신문, 잡지 또는 라디오 기타 출판물에 의하여 제307조 제1항의 죄를 범한 자는 3년 이하의 징역이나 금고 또는 700만원 이하의 벌금에 처한다.
② 제1항의 방법으로 제307조 제2항의 죄를 범한 자는 7년 이하의 징역, 10년 이하의 자격정지 또는 1천 500만원 이하의 벌금에 처한다.

**형법 제310조(위법성의 조각)** 제307조 제1항의 행위가 진실한 사실로서 오로지 공공의 이익에 관한 때에는 처벌하지 아니한다.

모든 국민은 사회적 명예를 침해당하지 않을 권리를 가지며, 명예에 대한 침해는 형사상 범죄를 구성하게 된다. 명예라 함은 그 과정과 결과물이 대중으로부터 선망의 대상이 될 수 있을 만큼 사회가 원하는 이상적인 방향으로 이루어졌을 때 그것을 명예라고 부른다. 명예는 후손이나 가문에 어떠한 형태로든

10) 대법원 1996. 4. 12. 선고 93다40614,40621 판결: 인격권은 그 성질상 일단 침해된 후의 구제수단(금전배상이나 명예회복 처분 등)만으로는 그 피해의 완전한 회복이 어렵고 손해전보의 실효성을 기대하기 어려우므로, 인격권 침해에 대하여는 사전(예방적) 구제수단으로 침해행위 정지·방지 등의 금지청구권도 인정된다는 이유로 광고 중지 청구를 인정한 원심판결을 수긍하였다.

보상이 반영구적으로 지속된다.

대법원은 "제307조 제1항의 행위가 진실한 사실로서 오로지 공공의 이익에 관한 때에는 처벌하지 아니한다"고 규정하고 있는 형법 제310조는 인격권으로서의 개인의 명예의 보호와 헌법 제21조에 의한 정당한 표현의 자유의 보장이라는 상충되는 두 법익의 조화를 꾀한 것이라고 하였다.[11]

## 2. 성명권

모든 국민은 성명권을 가지는데, 타인에 의하여 개인의 성명권이 남용된 경우에는 성명권의 침해로서, 이는 인격권의 침해가 된다.

이 관하여 지방법원의 판단을 보면, "유명 프로야구 선수들의 허락을 받지 아니하고 그 성명을 사용한 게임물을 제작하여 상업적으로 이동통신회사에 제공한 것은 위 프로야구 선수들의 성명권 및 퍼블리시티권을 침해한 것으로 불법행위에 해당한다"고 판시하였다.[12]

이와 달리 대법원 판례를 보면, "개인은 자신의 성명의 표시 여부에 관하여 스스로 결정할 권리를 가지나, 성명의 표시행위가 공공의 이해에 관한 사실과 밀접불가분한 관계에 있고 그 목적 달성에 필요한 한도에 있으며 그 표현내용·방법이 부당한 것이 아닌 경우에는 그 성명의 표시는 위법하다고 볼 수 없다. 따라서 범죄사실에 관한 보도 과정에서 대상자의 실명 공개에 대한 공공의 이익이 대상자의 명예나 사생활의 비밀에 관한 이익보다 우월하다고 인정되어 실명에 의한 보도가 허용되는 경우에는, 비록 대상자의 의사에 반하여 그의 실명이 공개되었다고 하더라도 그의 성명권이 위법하게 침해되었다고 할 수 없다"고 판시하였다.[13]

---

11) 대법원 1993. 6. 22. 선고 92도3160 판결: 형법 제310조의 규정은 인격권으로서의 개인의 명예의 보호와 헌법 제21조에 의한 정당한 표현의 자유의 보장이라는 상충되는 두 법익의 조화를 꾀한 것이라고 보아야 할 것이므로, 두 법익 간의 조화와 균형을 고려한다면 적시된 사실이 진실한 것이라는 증명이 없더라도 행위자가 진실한 것으로 믿었고 또 그렇게 믿을 만한 상당한 이유가 있는 경우에는 위법성이 없다.

12) 서울중앙지법 2006. 4. 19. 선고 2005가합80450 판결.

13) 대법원 2009. 9. 10. 선고 2007다71 판결.

## 3. 초상권

모든 국민은 초상권을 가지는데, 서울지방법원의 판례를 보면, "방송사가 행동장애를 가진 초등학생을 촬영한 방송자료를 폐기하기로 약정하였음에도 이에 위반하여 피촬영자 측의 동의 없이 뉴스 프로그램 등에서 촬영분을 다시 방송한 사안에서, 피촬영자의 초상권, 명예 및 프라이버시를 침해하였다고 하여 방송사의 위자료지급의무를 인정하였다"고 판시하였다.[14]

대법원은 "사람은 누구나 자신의 얼굴 기타 사회통념상 특정인임을 식별할 수 있는 신체적 특징에 관하여 함부로 촬영 또는 그림 묘사되거나 공표되지 아니하며 영리적으로 이용당하지 않을 권리를 가지는데, 이러한 초상권은 우리 헌법 제10조 제1문에 의하여 헌법적으로 보장되는 권리이다"고 하였다.[15] 따라서 당사자의 동의 없이 신문, 잡지, 선전팜플렛, 영화, TV 등이 초상사진을 게재하는 것은 인격권의 침해가 된다.

헌법 제10조 제1문, 제17조, 제21조 제4항, 형법 제316조, 제317조 등 여러 규정을 종합하여 보면, 사람은 자신의 사생활의 비밀에 관한 사항을 함부로 타인에게 공개당하지 아니할 법적 이익을 가진다고 할 것이므로, 개인의 사생활의 비밀에 관한 사항은 그것이 공공의 이해와 관련되어 공중의 정당한 관심의 대상이 되는 사항이 아닌 한, 비밀로서 보호되어야 한다. 또한 사람은 누구나 자신의 얼굴 기타 사회통념상 특정인임을 식별할 수 있는 신체적 특징에 관하여 함부로 촬영 또는 그림 묘사되거나 공표되지 아니하며 영리적으로 이용당하지 아니할 권리를 가지는데, 이러한 초상권도 헌법 제10조 제1문에 의하여 헌법적으로 보장되는 권리이다. 그러므로 사생활의 비밀과 자유 또는 초상권에 대한 부당한 침해는 불법행위를 구성하고, 그 침해는 그것이 공개된 장소에서 이루어졌다거나 민사소송의 증거를 수집할 목적으로 이루어졌다는 사유만으로는 정당화되지 아니한다.

---

14) 서울남부지법 2009. 5. 19. 선고 2009가합311 판결.

15) 대법원 2006. 10. 13. 선고 2004다16280 판결: 초상권 및 사생활의 비밀과 자유에 대한 부당한 침해는 불법행위를 구성하는데, 위 침해는 그것이 공개된 장소에서 이루어졌다거나 민사소송의 증거를 수집할 목적으로 이루어졌다는 사유만으로 정당화되지 아니한다(동지 판례, 대법원 2011. 5. 24.자 2011마319 결정).

## 제 4 절 ≫ 폭행, 가혹행위

**사례연구**

**Q 경찰관은 절도범 용의자 김철구를 발견하고 자백을 받아 내기 위해 호송차량에서 날개꺾기로 자백이라 진술을 받아 내는 행위는 정당한 경찰관의 직무행위에 해당하는가?**

▸ 호송차량에서 경찰관의 행동은 직무행위가 아니라 폭행, 가혹행위이다. 따라서 이 사안에서처럼 날개꺾기와 같은 비인도적인 방법으로 자백이나 진술을 강요하는 것은 형법 제125조의 폭행·가혹행위죄로 될 수 있다. 경찰관에 의한 고문 등의 행위는 폐쇄된 장소에서 비공개로 행해지는 것이 대부분이고 조사자와 피해자 사이에 엇갈린 주장으로 인해 사실 여부를 확인하는 것이 간단하지 않다.

그러나 피해자의 진술의 구체성과 일관성, 고문으로 인해 신체에 남는 흔적(진단서, 현인서, 의료기록부 등의 기재내용), 목격자의 진술, 고문 직후에 고문피해자 주변 사람 등에게 말한 고문 관련 진술, 기타 정황증거 등을 통해 판단하게 하고, 이러한 자료를 통해 판단한 결과 고문의 의심이 있는 경우에는 국제고문방지협약이나 헌법의 취지에 따라 엄격한 규제를 할 필요가 있다.

### I. 폭 행

**형법 제260조(폭행, 존속폭행)** ① 사람의 신체에 대하여 폭행을 가한 자는 2년 이하의 징역, 500만원 이하의 벌금, 구류 또는 과료에 처한다.

② 자기 또는 배우자의 직계존속에 대하여 제1항의 죄를 범한 때에는 5년 이하의 징역 또는 700만원 이하의 벌금에 처한다.

③ 제1항 및 제2항의 죄는 피해자의 명시한 의사에 반하여 공소를 제기할 수 없다.

**형법 제261조(특수폭행)** 단체 또는 다중의 위력을 보이거나 위험한 물건을 휴대하여 제260조 제1항 또는 제2항의 죄를 범한 때에는 5년 이하의 징역 또는 1천만원 이하의 벌금에 처한다.

> **형법 제262조(폭행치사상)** 제260조와 제261조의 죄를 지어 사람을 사망이나 상해에 이르게 한 경우에는 제257조부터 제259조까지의 예에 따른다.
>
> **형법 제264조(상습범)** 상습으로 제257조, 제258조, 제260조 또는 제261조의 죄를 범한 때에는 그 죄에 정한 형의 2분의 1까지 가중한다.
>
> **형법 제265조(자격정지의 병과)** 제257조 제2항, 제258조, 제258조의2, 제260조 제2항, 제261조 또는 전조의 경우에는 10년 이하의 자격정지를 병과할 수 있다.

## 1. 폭행에서 유형력

폭행죄는 사람의 신체에 대하여 유형력을 가하는 범죄로, 반의사불벌죄[16)]이며, 비친고죄이다. 여기서 유형력이란 '신체에 고통을 줄 수 있는 물리력의 작용'이나, 통증의 강도에는 상관없이 폭넓은 의미의 물리적인 마찰을 총칭한다. 꼭 피해자가 다쳐야만 폭행인 것은 아니며, 광의의 폭행을 인정하여 그 의사에 반해 유형력을 가하기만 했다면 폭행에 해당하는 것으로 보고 있다.

가령 손, 발 등의 인체 외에 다른 사물을 이용하여 가한 힘도 폭행죄에서 말하는 유형력에 포함된다. 실제 판례에 따르면 '손가락으로 툭툭 건드리는 행위', '멱살을 잡거나 밀치는 행위', '상대를 향해 컵의 물을 뿌린 행위', '상대의 의사에 반해 얼굴 쪽에 담배연기를 뿜은 행위'도 폭행죄의 기수로 인정받은 경우가 있다.

그 밖에 대법원은 '신체의 청각기관을 직접적으로 자극하는 음향' 등도 '유형력'에 포함될 가능성이 있다고 보았다. 음향을 이용한 폭행으로는 비슷한 사례가 있다. 이 사례는 군부대 이전에 대한 항의 표시로써 군부대를 향해 음악을 크게 틀었다가 공무집행방해와 공동상해로 기소된 사례인데, 위의 설명처럼 합

16) 피해자가 가해자의 처벌을 원하지 않는다는 의사를 표시하면 처벌할 수 없는 범죄로 '반의사불론죄'라고도 한다. 이에 반해 '친고죄'는 피해자의 고소가 없으면 공소를 할 수 없는 죄다. 주로 '죄질이 비교적 경미하거나 당사자끼리 해결해야 하는 범죄'가 많다. 피해자의 고소가 없어도 수사기관이 수사해서 재판을 받게 하는 등 처벌할 수 있는 죄지만, 그 과정에서 피해자가 처벌을 원치 않는다는 의사표시를 표명할 경우 처벌을 못하는 것을 말한다. 즉 처벌을 희망하는 의사표시가 없어도 공소를 제기할 수 있으나, 처벌을 희망하지 아니하는 의사표시가 있거나 처벌을 희망하는 의사표시를 철회하였을 때에는 공소를 제기할 수 없고, 공소를 제기한 때에는 공소기각의 판결을 선고해야 한다(형사소송법 제327조 6호).

리적인 의사전달 수단을 넘어 상대에게 고통을 줄 의도로 음악을 틀었다 하여(에너지의 일방적인 전달) 폭행으로 인정되었다.

신체에 대한 유형력이라는 것은 힘의 방향이 객체(피해자)를 향한다는 것으로, 피해자의 신체에 반드시 접촉되어야 한다는 의미는 아니다. 이를테면 물건을 상대 주변에 내리쳐서 부숴버린다든지 하는 행위 등이 있다. 위협운전 역시 특수폭행죄로 처벌된 대법원 판례가 있다. 다시 말해서 상대방을 직접적 대상으로 해서 유형력을 행사해야 한다. 예를 들어 경찰관들이 있는 경찰서 바닥에 인분을 뿌린 행위는 폭행죄의 폭행에는 해당되지 아니하나 공무집행방해죄의 폭행에는 해당한다. 공무집행방해죄의 폭행은 광의의 폭행에 해당한다.

이렇게 폭행의 범위가 너무 넓은 탓에, 흉기를 든 강도를 만난 피해자가 정당방위를 인정받기 위해서는 단순히 범인이 들고 있는 흉기를 쳐서 떨어뜨리는 정도만이 허용되고, 이를 넘어 위협에 저항하다 범인을 직접 때리게 되면 상황이 애매해지는 등의 부작용도 나타나고 있다.

폭행과 상해의 차이는 단순히 외력만 가해졌는가, 아니면 이로 인해 신체의 생리적 기능에 장애(상처 등)가 생겼는가의 차이다. 영화에서 보듯 마취제를 적신 수건을 코에 들이대서 마취를 시켜서 끌고 가는 것은 사람의 정신능력을 저해한 것으로 상해에 가깝다. 판례도 수면제를 사용해 일시적으로 상대를 기절시킨 경우 상해죄를 적용했다.

## 2. 폭행의 사례

**형법 제266조(과실치상)** ① 과실로 인하여 사람의 신체를 상해에 이르게 한 자는 500만원 이하의 벌금, 구류 또는 과료에 처한다.
② 제1항의 죄는 피해자의 명시한 의사에 반하여 공소를 제기할 수 없다.

**형법 제267조(과실치사)** 과실로 인하여 사람을 사망에 이르게 한 자는 2년 이하의 금고 또는 700만원 이하의 벌금에 처한다.

**형법 제268조(업무상과실·중과실 치사상)** 업무상 과실 또는 중대한 과실로 사람을 사망이나 상해에 이르게 한 자는 5년 이하의 금고 또는 2천만원 이하의 벌금에 처한다.

유형력의 행사 여부가 유·무죄의 기준이 되므로, 단순히 멱살을 잡는 것부터 물을 뿌리거나, 심지어는 상추를 던져도 폭행죄가 성립된다. 더구나 험악한 분위기에서 주먹만 들어도 폭행죄가 성립한다. 상대방의 의사에 반해 유형력을 행사하면 성립하는 범죄이기 때문에 상대방의 의사에 반한 살짝의 터치도 폭행범죄가 될 수 있는 것이다.

특이한 사례로 당해 사건은 '성적 수치심을 느꼈다'는 피해여성의 진술에 의해 강제추행죄로 처리되었지만 경찰측에서는 저걸 폭행죄로 올릴지 강제추행죄로 올릴지 고민을 했다고 한다. 폭행은 그 수단을 불문함으로 돌이든 심지어 물이라도 유형력이 행사됐다면 폭행이 된다.

폭행은 특히 사람의 신체에 대한 직접적 유형력의 행사를 말한다. 폭행죄가 성립하기 위하여는 폭행의 고의가 있어야 한다. 즉 고의가 아닌 과실로 인한 폭행은 폭행죄가 성립하지 않는다. 물론 상해 자체는 과실치상죄가 성립할 수 있다.

상해의 고의를 가지고 폭행에 그쳤을 경우에는 상해미수죄가 되므로 상해의 고의는 폭행죄의 고의에는 포함되지 않는다. 단순폭행은 반의사불벌죄로, 피해자가 처벌을 원치 않는다는 의사를 명확히 하면 공소를 제기하지 못한다. 단, 특수폭행이거나 폭행치사상인 경우는 피해자와 합의를 하더라도 법원은 가해자를 처벌할 수 있다. 단순폭행죄 및 일반적인 폭행죄로 처벌받게 되면 대체적으로 전치 1주 진단 당 벌금이 대략 50만원이 나오게 된다.

다만, 폭행치사상의 경우, 여러 사람이 한 사람을 폭행해 직접적으로 살해한 경우에도 살인죄보다 형량이 낮다. 가담자들 중 누가 피해자의 인명상실에 결정적인 영향을 미쳤는지 알기 어렵기 때문이기도 하고, 무죄추정의 원칙 중 "특별히 중한 죄가 되는 사정을 인지하지 못한 자는 중한 죄로 벌하지 아니한다"에 의해 이런 사건을 살인죄에 준해 처벌하려면 가담자들이 우발적인 감정을 주체하지 못해서 벌인 일이 아니라 처음부터 살인의 고의를 갖고 조리돌림을 했거나 제28보병사단 의무병 살인사건처럼 사망할 가능성이 거의 확실하다는 것을 알고도 계속 두들겨 팼다는 것을 입증해야 하기 때문이기도 하다. 이 때문에 조폭이나 양아치들은 이런 허점을 노려서 일회성으로, 일부러 표적 하나에 우르르 달려들어서 주먹과 발로 패죽이거나 병신을 만들어 놓는 방법을 선호한다. 물론 그렇다고 폭행치사상도 결코 가벼운 것만은 아니다. 게다가 사회로 복귀한 뒤 받는 대접은 진짜 우발적으로 한번 쳤다가 운 나쁘게 죽거나 하는 등 정상참작이 가능한 경우가 아닌 이상 살인범에 준하는 대접을 받게 되며, 이후 민사로 인생에서 벌어들이는 돈은 전부 피해자에게 배상해야 할 수도 있다.

폭행사건에 휘말리지 않으려면 자신의 힘을 과시하여 상대방을 괴롭히거나 상대방을 업신여기고 무시하거나 인격적으로 비하하는 말을 하거나 이유 없이 시비를 걸지 않으면 된다. 즉 말하자면 자신의 말과 행동을 조심하라는 얘기다. 사람들이 “말 조심해라”, “행동 조심해라” 하는 충고를 괜히 하는 것이 아니다. 폭력사건의 원인 중 하나가 상대방이 먼저 시비를 걸거나 인격적인 무시를 해서 벌어지는 경우다.

상대가 시비를 걸어도 무시하는 것도 답이다. 시비를 멈추고 뒷담화를 까거나 하면 그냥 무시해주고, 주먹 등이 오면 소리를 지르며 주위에 도움을 청하고 경찰서에 신고하도록 하자. 주의할 점은 상대가 칼이라도 들지 않은 이상 주위의 짱돌 등등 도구를 들고 맞서는 행위는 절대로 해서는 안된다는 것이다. 그냥 맞서 싸우는 경우도 쌍방폭행으로 처벌받는데 흉기 이용 폭행으로 분류되면 되려 당신이 가해자가 되는 수가 있다.

누군가가 폭행을 당하고 있을 때 여러 사람이 있는 경우가 아니라면 섣불리 말로 설득해서 말리려고 해서는 안된다. 폭행을 가하는 사람이 말리는 사람도 같이 폭행하게 되는 상황이 생길 수 있다. 주먹이 오가는 상황까지 치달았다면 상대방이 이성을 잃어서 말로 설득해서 말리는 단계를 이미 넘어서 버렸다는 얘기다. 대부분의 사람들이 이를 모르고 말리려 하다가 화를 당하는 경우도 있다. 혼자서 목격한 경우면 그냥 경찰서에 신고하는 편이 낫다. 운동실력이 좋지 않은 경우라면 섣불리 나서는 것도 위험하며, 여러 사람이 있어도 “다른 사람이 도와 주겠지” 하는 심리 때문에 잘 나서려는 사람이 없기 때문에 누군가 한 사람을 지목해서 도와 달라고 요청해야 한다.

근데 민사소송이 무조건 돈을 받기 편한 건 아니다. 일단 재판과정과 변호사 고용은 검찰이 알아서 해주는 것이 아니라 민간인 본인이 알아서 해야 하고, 만약 소득이나 재산을 가족이나 지인으로 명의를 변경하거나 다 주면 손해배상

청구권은 몇 년 정도 지나면 아예 받을 수 없게 된다.

(1) 사례 1(교사의 체벌)

교사에게 체벌권이 인정되는지 여부에 관하여 다양한 견해가 있으나 징계 행위의 일환으로 행하여지는 교육목적하의 체벌은 형법 제20조의 정당행위로서 위법성이 조각되어 처벌되지 않는다는 것이 일반적인 견해이다.

그러나 그 제반 사정에 비추어 그 정도가 지나칠 경우에는 이를 교육 목적하에 행하여진 것으로 볼 수 없고, 법적으로 폭행죄에 해당한다고 보아야 할 것이다. 물론 구체적인 경우 그 판단이 쉽지는 않으나, 대개 체벌결과가 심한 경우, 즉 폭행의 정도가 심할 경우나 상처가 중한 경우에는 정당행위로 인정될 수 없다고 생각하면 될 것이다. 게다가 교사가 각목이나 야구방망이 등 위험한 물건을 이용한 경우에는 흉기 휴대 폭행으로 가중 처벌을 받을 수 있다.

대법원 판례를 보면, "교정의 목적에서 나온 지도행위가 아니어서 학생에게 체벌, 훈계 등의 교육적 의미를 알리지도 않은 채 지도교사의 성격 또는 감정에서 비롯된 지도행위라든가, 다른 사람이 없는 곳에서 개별적으로 훈계, 훈육의 방법으로 지도·교정될 수 있는 상황이었음에도 낯모르는 사람들이 있는 데서 공개적으로 학생에게 체벌·모욕을 가하는 지도행위라든가, 학생의 신체나 정신건강에 위험한 물건 또는 지도교사의 신체를 이용하여 학생의 신체 중 부상의 위험성이 있는 부위를 때리거나 학생의 성별, 연령, 개인적 사정에서 견디기 어려운 모욕감을 주어 방법·정도가 지나치게 된 지도행위 등은 특별한 사정이 없는 한 사회통념상 객관적 타당성을 갖추었다고 보기 어렵다"고 판시하고 있다.[17]

(2) 사례 2(따돌림, 소위 왕따)

집단따돌림이란 학교 또는 학급 등 집단에서 복수의 학생들이 한 명 또는 소수의 학생들을 대상으로 의도와 적극성을 가지고, 지속적이면서도 반복적으로 관계에서 소외시키거나 괴롭히는 현상을 의미한다.

대법원 판례에 따르면, "중학교 3학년 여학생이 급우들 사이의 집단따돌림으로 인하여 자살한 사안에서, 따돌림의 정도와 행위의 태양, 피해 학생의 평소

---

17) 대법원 2004. 6. 10. 선고 2001도5380 판결.

행동 등에 비추어 담임교사에게 피해 학생의 자살에 대한 예견 가능성이 있었다고 인정하지 아니하여 자살의 결과에 대한 손해배상책임은 부정하면서, 다만 학생들 사이의 갈등에 대한 대처를 소홀히 한 과실을 인정하여 교사의 직무상 불법행위로 발생한 집단따돌림의 피해에 대하여 지방자치단체의 손해배상책임을 긍정한 사례"가 있다.[18]

소위 집단 따돌림의 경우는 일정한 유형력의 행사가 있지 않는 한 이를 법적으로 폭행죄에 해당한다고 보기는 어렵다. 그러나 신체에 대한 유형력의 행사가 가하여진 경우에는 물론 폭행죄에 해당된다고 할 것이다. 그리고 집단 따돌림에 의한 정신적 피해에 대하여 민사상 손해배상 청구 가능성 여부가 문제되나 원칙적으로 손해배상 청구가 가능하다고 볼 것이다. 그러나 현실적으로 집단 따돌림과 정신적 손해 사이의 인과관계의 입증이 어려울 것이다.

### (3) 사례 3(폭력 서클)

범죄단체의 구성이란 단체를 새로이 조직, 창설하는 것을 의미하므로, 기존의 범죄단체를 이용하여 새로운 범죄단체를 구성하는 경우는 기존의 범죄단체가 이미 해체 내지 와해된 상태에 있어 그 조직을 재건하는 경우, 기존의 범죄단체에서 분리되어 나와 별도의 범죄단체를 구성하는 경우, 현재 활동 중인 범죄단체가 다른 범죄단체를 흡수하거나 그와 통합하는 경우 등으로, 그 조직이 완전히 변경됨으로써 기존의 범죄단체와 동일성이 없는 별개의 단체로 인정될 수 있을 정도에 이른 경우를 말한다.[19]

원심[20] 기록에 의하면, ① 아직 범죄단체에까지는 이르지 아니한 소규모 폭력조직이거나 같은 지역 출신 선후배 건달들의 모임으로서 폭력패거리에 불과하던 목포새마을파, 청계파, 무안파, 지도파, 해제파 등이 통합됨으로써 구성원의 규모 면에서 기존의 목포새마을파나 무안파 등 개별 조직과는 비교가 되지 않는, 연합새마을파라는 거대한 조직이 결성되었고, ② 연합새마을파를 결성하면서 총두목, 두목, 고문, 부두목, 부두목급 참모, 행동대장, 행동대원 등으로 조직원 사이의 임무분담을 정하고, 아울러 5개 계파를 통틀어 나이 순으로 조직

18) 대법원 2007. 11. 15. 선고 2005다16034 판결.
19) 대법원 2005. 5. 13. 선고 2005도959 판결.
20) 서울고법 2005. 1. 18. 선고 2004노2858, 3277 판결.

의 서열을 새로 정하여 그 서열순으로 위계질서를 확립하였으며, ③ 연합새마을파 하위조직원들로 하여금 합숙소에서 생활하게 하면서 선배들로부터 조직의 행동강령과 조직생활을 익히도록 하였고, ④ 선배조직원들이 행동강령에 위반한 후배조직원들에 대하여 속칭 '줄빳다'라는 징벌을 가함으로써 조직의 위계와 질서를 유지하려고 하였으며, ⑤ 연합새마을파 결성 후 수차례에 걸쳐 조직원의 일부 또는 전체가 동원되어 폭력범죄를 저지른 사실 등을 인정할 수 있는바, 이러한 사정을 앞서 본 법리에 비추어 보면, 연합새마을파는 기존의 목포새마을파에 청계, 무안, 지도, 해제 등 출신지역별로 친하게 지내오던 폭력패거리들이 신규조직원으로 순차 또는 동시에 가입한 것에 불과하다거나 목포새마을파와 일명 청계파, 무안파, 지도파, 해제파 등 폭력패거리의 단순한 통합에 불과하다고 보기 어렵고 오히려 기존의 5개의 폭력조직 내지는 폭력패거리와는 전혀 다른 별개의 새로운 폭력범죄단체라고 보아야 하고, 가사 기존의 목포새마을파를 폭력행위등처벌에관한법률 제4조 제1항 소정의 범죄단체라고 보더라도 연합새마을파는, 기존의 목포새마을파의 조직과 인적구성이 완전히 변경된 것으로서, 그와는 동일성이 없는 별개의 범죄단체라고 보아야 한다.[21)]

폭력 서클의 구성원에 의한 폭행의 경우 단체 또는 다중의 위력에 의한 폭행 또는 2인 이상의 폭행, 흉기 휴대에 의한 폭행 등에 해당되어 대부분 특별법인 폭력행위 등 처벌에 관한 법률이 적용될 것이다. 특히 동법에서는 폭행 및 상해 등 동법에서 규정하고 있는 범죄를 목적으로 단체 또는 조직을 구성하는 경우 제4조에 의해 단체에 가입한 행위에 대해서도 벌하고 있다. 즉, 개개의 폭행이나 상해행위에 대해 처벌을 받지 않더라도 이러한 조직에 가입하여 활동하는 것 자체도 처벌의 대상이 된다. 그리고 폭력 서클의 구성원이라는 사실은 경찰, 검찰의 수사과정에서 불리한 자료로 판단될 수 있을 것이다.

#### (4) 사례 4(폭행치상)

피해자를 넘어뜨려 머리를 부딪치게 하거나 두부나 복부를 강타한 때에는 사망의 결과를 예견할 수 있어서 그 사상의 결과에 대하여도 책임이 있다고 해야 할 것이나, 피해자의 뺨을 한 대 살짝 때리거나 어깨를 잡고 약 7m 걸어가는

---

21) 대법원 2005. 9. 29. 선고 2005도4205 판결.

정도의 폭행을 하였는데 피해자가 특이체질 때문에 사망하였거나, 피해자를 떠밀어 주저앉게 하였는데 심장마비를 일으켜 사망한 경우 또는 피해자가 가해자의 삿대질을 피하려고 뒷걸음치다가 두개골 골절로 사망한 때에는 예견 가능성이 없다고 해야 할 것이고 따라서 단순폭행죄나 그 밖에 폭행죄의 책임만을 지게 될 뿐 그 사상의 결과에 대하여는 책임이 없게 된다.

### (5) 사례 5(폭력행위 등 처벌에 관한 법률상의 폭행)

#### 1) 야간 또는 2인 이상의 공동폭행

야간 또는 2인 이상의 공동으로 폭행죄를 범한 경우에는 특별법인 폭력행위 등 처벌에 관한 법률이 적용되어 형법보다 가중되어 처벌된다. 이 때 야간이란 일몰 후 일출 전의 시간을 의미하고, 2인 이상이 공동하는 경우는 반드시 2인이 각자 폭행을 하지 아니하더라도 그 중 1인이 폭행을 한 경우도 포함하는 개념이다.

2인 이상이 공동으로 가공하여 범죄를 행하는 공동정범에 있어서 공모나 모의는 반드시 직접, 명시적으로 이루어질 필요는 없고 순차적, 암묵적으로 상통하여 이루어질 수도 있으나 어느 경우에도 범죄에 공동 가공하여 이를 공동으로 실현하려는 의사의 결합이 있어야 할 것이고, 피고인이 공모의 점과 함께 범의를 부인하는 경우에는, 이러한 주관적 요소로 되는 사실은 사물의 성질상 범의와 상당한 관련성이 있는 간접사실 또는 정황사실을 증명하는 방법에 의하여 이를 입증할 수밖에 없다.[22]

#### 2) 상습폭행

상습이란 반복된 행위에 의하여 얻어진 행위자의 습벽으로 인하여 죄를 범하는 것을 말하며 행위자의 특성으로 인하여 가중 처벌되는 것이다. 이 때 상습성은 형법 각 본조의 상습성뿐만 아니라 이를 포괄한 폭력행위의 습벽도 포함한다고 해석하고 있는 바,[23] 상습으로 폭행과 상해죄를 범한 때에는 무거운 상해죄로 포괄일죄가 되게 된다. 포괄일죄라 하는 것은 여러 개의 폭행죄가 합쳐

---

22) 대법원 2013. 11. 28. 선고 2013도4430 판결; 대법원 2006. 2. 23. 선고 2005도8645 판결; 대법원 2003. 1. 24. 선고 2002도6103 판결.

23) 대법원 1976. 11. 23. 선고 76도3286 판결.

져서 하나의 상습폭행죄가 되어 일죄로 처벌되는 것을 말한다. 그러나 가중 처벌되므로 특혜나 이익이 되는 것은 아니다.

### 3) 단체 또는 다중의 위력

단체 또는 다중의 위력을 보이며 사람의 신체에 대하여 폭행을 가함으로써 성립하는 범죄이다. 먼저 단체란 공동목적을 가진 다수인의 계속적, 조직적인 결합체를 말하고 반드시 불법목적을 요하지 않는다. 따라서 범죄를 목적으로 하는 불법단체뿐만 아니라 법인, 노동조합, 정당 기타 사회단체도 여기에 포함된다. 단체의 구성원은 그 위력을 보일 정도로 다수여야 한다. 다중의 위력이란 단체를 이루지 못한 다수인의 집합이 사람의 의사를 제압함에 족한 세력을 말한다. 이 때 위력을 보인다 함은 사람의 의사를 제압할 세력을 상대방에게 인식시키는 것을 말한다. 다만, 단체 또는 다중은 실제로 존재하여야 하며 단순히 존재하지 않는 단체나 다중을 가장하는 것은 본죄에 해당하지 않는다.

업무방해죄의 '위력'이란 사람의 자유의사를 제압·혼란하게 할 만한 일체의 세력으로, 유형적이든 무형적이든 묻지 아니하고, 현실적으로 피해자의 자유의사가 제압되어야만 하는 것도 아니지만, 범인의 위세, 사람 수, 주위의 상황 등에 비추어 피해자의 자유의사를 제압하기 족한 정도가 되어야 하는 것으로서, 그러한 위력에 해당하는지는 범행의 일시·장소, 범행의 동기, 목적, 인원수, 세력의 태양, 업무의 종류, 피해자의 지위 등 제반 사정을 고려하여 객관적으로 판단하여야 한다.[24]

### 4) 위험한 물건의 휴대

위험한 물건을 휴대하여 사람의 신체에 대하여 폭행을 가함으로써 성립하는 범죄이다.

위험한 물건이란 그 물건의 객관적 성질과 사용방법에 따라서는 사람을 살상할 수 있는 물건을 말한다. 위험한 물건이냐의 여부를 결정함에 있어서는 물건의 성질과 그 사용방법을 종합하여 구체적인 경우에 사회통념에 따라 판단하여야 한다. 위험한 물건은 반드시 기계적으로 작용하는 물건임을 요하지 않고 화학물질이나 동물도 포함하는 개념이다. 휴대한다는 것은 몸에 지니는 것을

24) 대법원 2016. 10. 27. 선고 2016도10956 판결; 대법원 2009. 9. 10. 선고 2009도5732 판결.

의미한다. 범행 이전부터 몸에 지니고 있지 않더라도 범행현장에서 이를 소지하는 경우도 포함된다. 위험한 물건의 휴대를 상대방에게 인식케 할 필요는 없다고 해야 한다. 즉 과도를 주머니에 가지고 있는 상태에서 주먹으로 폭행을 하여도 본죄에 해당하여 가중 처벌된다. 그러나 범행과는 전혀 무관하게 우연히 이를 소지하는 경우는 여기에 포함되지 않는다.

사람을 살상하는 데 사용될 우려가 있는 흉기인 알루미늄 장검 1개를 보관하여 이를 휴대하였다고[25] 하더라도 폭력행위 등 처벌에 관한 법률 제7조에서 말하는 위험한 물건의 휴대라 함은 범행현장에서 사용할 의도 아래 위험한 물건을 몸 또는 몸 가까이에 소지하는 것을 말한다 할 것이므로, 같은 피고인이 위의 장검 1개를 피고인의 집에 보관하였다는 것만으로는 이를 위 본조에서 말하는 위험한 물건을 휴대한 것이라고 할 수 없다.[26]

## 3. 형사피해자의 구제

형사상 피해자는 검찰청 또는 경찰서에 가해자를 고소하여 형사상 처벌을 요구할 수 있다. 재판까지 진행될 경우에는 형사재판절차를 이용하여 재산상의 손해를 배상할 것을 요구할 수 있고, 그 재판결과를 이용하여 바로 강제집행을 할 수 있다. 이를 배상명령 제도라고 한다. 이 경우 반의사불벌죄에 해당하는 경우에는 피해자와 합의를 하게 되면 처벌불원의 의사를 표시한 것으로 보게 되므로 합의시 주의하여야 한다.

또한 민사상 피해자는 가해자를 피고로 하여 기왕의 치료비 및 직·간접 재산상의 손해와 나아가 정신적 손해(즉, 위자료)를 청구할 수 있다. 이 경우 민사재판은 형사재판과는 달리 피해자 자신(또는 그 변호사)이 가해자의 불법행위를 입증하여야 하는 바, 이 때 형사재판의 결과는 민사재판의 진행에 있어서 유력한 증거자료가 되므로 잘 활용하면 유리하게 될 수 있다.

---

25) 대법원 1990. 11. 13. 선고 90도2170 판결.

26) 대법원 1991. 4. 9. 선고 91도427 판결.

## Ⅱ. 가혹행위

**형법 제125조(폭행, 가혹행위)** 재판, 검찰, 경찰 그 밖에 인신구속에 관한 직무를 수행하는 자 또는 이를 보조하는 자가 그 직무를 수행함에 있어서 형사피의자나 그 밖의 사람에 대하여 폭행 또는 가혹행위를 한 경우에는 5년 이하의 징역과 10년 이하의 자격정지에 처한다.

**군형법 제62조(가혹행위)** ① 직권을 남용하여 학대 또는 가혹한 행위를 한 사람은 5년 이하의 징역에 처한다.

② 위력을 행사하여 학대 또는 가혹한 행위를 한 사람은 3년 이하의 징역 또는 700만원 이하의 벌금에 처한다.

### 1. 가혹행위의 의미

가혹행위란 비정상적인 방법으로 타인에게 육체적·정신적인 고통이나 인격적인 모독을 주는 일체의 행위를 말하며, 비정상적인 방법이란 법규에 어긋나는 방법이나 일반적인 상식을 벗어난 지나친 방법 등을 말한다. 다시 말하면, 타인으로 하여금 심히 수치·오욕 또는 고통을 받게 하는 행위를 말한다. 따라서 폭행·협박은 물론 정신적 또는 육체적 고통을 주는 행위도 포함한다.

보통 법원·검찰·경찰 그 밖에 인신구속에 관한 직무를 행하는 자 및 그 보조자가 직무집행 중 형사피고인·피구금자·피의자 기타 소송관계인 등 수사재판에 있어서 신문·조사의 대상으로 되는 사람에 대하여 폭행 또는 가혹한 행위를 하게 되면 본죄가 성립한다.

형사소송법에서 말하는 '피의자'는 수사기관에 의해 범죄혐의를 받아 수사의 대상으로 돼 있는 사람을 뜻하는 것으로, 피의자가 되는 시기는 수사기관이 범죄혐의를 인정해 수사를 개시한 때나 수사기관이 현행범인을 발견하거나 인도받은 때라고 봄이 타당하다. 따라서 이 사건에서 현행범인인 피해자의 경우에는 수사기관이 현행범체포보고서 등의 수사서류를 작성했는지 여부와는 관계없이 형법 제125조의 '형사피의자'에 해당한다.

대법원의 판례를 보면, 甲 등이 수사기관에 불법체포되어 가혹행위를 당하고, 고정간첩 범죄사실로 유죄판결을 받았는데, 이로 인해 甲의 가족인 乙 등이 다니던 회사를 사직하고 학력, 경력에 상응하는 수입을 얻지 못한 재산상 손해를 입었다는 이유로 국가를 상대로 손해배상을 구한 사안에서, 국가의 위 불법행위 당시 乙 등이 경력에 상응하는 통계소득을 기준으로 乙 등이 사직한 이후부터 가동연한까지의 일실수입을 산정한 후 그 기간 동안 乙 등이 얻은 실제 소득을 공제하거나 또는 그것이 분명치 않을 때에는 乙 등이 일용 노임조차 얻지 못하였다는 등의 특별한 사정이 없는 이상 일용 노임 상당 소득을 공제한 금액을 乙 등의 재산상 손해로 인정하였어야 하는데도, 국가의 위 불법행위와 乙 등의 재산상 손해 사이에 상당인과관계가 인정되지 않는다고 본 원심판단에 법리오해의 잘못이 있다고 한다.[27]

## 2. 가혹행위의 국내 사례

### (1) 인권위, 장애인 폭행한 경찰/검찰 수사 의뢰

집회 중 중증장애인의 얼굴을 방패로 가격해 광대뼈가 함몰되는 상해를 입힌 ○○경찰청 소속 경찰관 5명과 의경대원은 본조의 범죄에 해당할 수 있다.

장애인단체의 대표로 있는 진정인 박모씨(49)는 "장애인복지예산 확대를 위한 집회시위 중 휠체어를 탄 장애인 최모씨(29)를 전경대원이 방패로 가격해 광대뼈가 함몰되는 상해를 입었다"며 인권위에 진정을 제기했다. 인권위의 조사결과에 따르면 피해자의 상처가 얇고 각이 진 물건에 의해 충격을 받았을 개연성이 높고 집회 장소 이외에 다른 장소나 방법에 의해 이 같은 상해를 입었다고 볼 만한 객관적인 자료가 없었다. 이는 당시 현장에 있던 목격자들의 진술, 경찰의 현장채증자료, 피해자의 119호송 및 병원진료 기록 등을 종합한 결론이다. 해당 경찰관과 전경대원들은 모두 폭행한 사실이 없다고 부인했다. 인권위는 "시위 현장에서 사용되는 방패 및 곤봉 등은 필요한 최소한도로 사용돼야 한다"며 "얼굴 등 급소부위를 공격적으로 사용하는 것은 바람직하지 않다"고 주장했다. 이어 "경찰관들이 방패로 시위 중인 장애인을 폭행한 것은 '경찰의 장구사용에 관한 규정'을 위반한 것"이라며 "형법 제125조에 정한 폭행·가혹행위에 해당하는 범죄행위"라고 강조했다.

---

27) 대법원 2018. 7. 20. 선고 2016다220099 판결.

### (2) '국정원 심리고문' 인권위에 진정 사건

국정원이 피의자를 조사하면서 중증장애를 가진 아들에 대해 "아들의 병명이 뭐지요?", "아들이 어떻게 돼도 상관없다는 것인가요?", "아픈 아들에게 관심이 없어요?" 등 피의사실과 전혀 상관없는 아들의 중증장애에 관한 질문을 받음으로써 피의자의 가장 아픈 약점을 건드려 진술을 유도하는 심리적 고문을 하는 경우 본죄에 해당한다는 주장도 있다.

서울지방변호사회 인권위원장은 "통합진보당 내란음모 의혹 사건으로 국정원의 조사를 받던 송모(45)씨가 피의자 신문을 받으면서 피의사실과 전혀 상관없는 아들의 중증장애에 관한 질문을 받음으로써 사실상 심리적 고문을 받았다"고 주장했다.

변호사에 따르면 서울 내곡동에 있는 국정원 조사실에서 송씨를 신문하던 조사관은 진술을 거부하는 송씨에게 중증장애를 가진 아들에 대해 "아들의 병명이 뭐지요?", "압수수색 당시 아들을 옮긴 곳이 어디인가요?"라고 물었다.

조사관은 계속해서 진술을 거부하는 송씨에게 "아들이 어떻게 돼도 상관없다는 것인가요?", "아픈 아들에게 관심이 없어요?"라고 재차 질문했고, 이에 송씨는 "피의사실과 상관없는 아들에 대해 반복 질문하느냐? 이러한 조사방식은 피의자와 아들의 인권을 침해하고 모독하는 행위"라고 항의했다. 이날 송씨는 변호사를 만나 오후 조사를 거부하면서 국정원의 공식사과와 재발 방지를 요구하는 변호인 의견서를 제출했다.

변호사는 "수사관은 이미 주거지 압수절차에서 구급차를 동원할 만큼 사전에 피의자의 자녀의 장애 및 심신 상태를 알고 있었다"며 "그런데 조사내용 중 상당 시간 피의자에게 아들에 대한 질문이 이어진 것은 수사기관의 관심과 배려가 아니라, 오히려 헌법이 보장한 진술거부권을 행사하는 피의자의 가장 아픈 약점을 건드려 진술을 유도하는 심리적 고문에 해당된다"고 비판했다.

그러면서 "피의자가 진술을 거부한 것은 '모든 국민은 고문을 받지 아니하며, 형사상 자기에게 불리한 진술을 강요당하지 아니 한다'라는 헌법 제12조 제2항에 따른 것"이라며 "또 심리적 고문에 해당하는 피의자에 대한 국정원 수사관의 조사는 형법 제125조 '인신구속에 관한 직무를 행하는 자가 그 직무를 행함에 당하여 형사피의자 또는 기타 사람에 대하여 가혹한 행위를 가한 때'에 해당한다"고 지적했다.

"송씨의 아들은 내란사건과 아무런 관련이 없음에도 자신의 의사와 상관없이 수사대상이 돼 향후 재판과정에서 노출될 우려가 높으므로, 이로 인해 헌법이 보장한 인간으로서 존엄성, 사생활, 개인 인적정보에 대해 심각한 피해를 입었다"며 장애인 인권침해에도 해당한다고 설명했다.

송씨는 "조사를 받으면서 '아들이 어디가 아프냐' 이런 말을 들으면서 심적으로 두려웠다"며 "국정원장의 공식사과와 재발 방지 대책을 요구했지만, 아직 아무런 답변을 받지 못해 인권위에 진정을 내게 됐다"고 말했다. 이어 "앞으로 이와 같은 장애아동에 대한 인권유린은 없어야 한다"고 주장했다.

### (3) 화물연대 경찰수사 '원산폭격' 가혹행위

경찰이 피의자 주거지 압수·수색을 진행하며 집으로 들어서자마자 이씨에게 무릎을 꿇으라고 하고, 바닥에 머리를 박게 하는 이른바 원산폭격을 하게 한 경우 본죄에 해당한다고 주장할 수 있다.

울산경찰청과 울산지법은 화물차량 연쇄방화 사건에 화물연대가 개입했는지 여부를 입증하겠다며 노조 압수·수색과 조합원에 대한 구속영장 발부, 주거지 압수·수색 등의 수사를 벌였다.

이 과정에서 경찰이 주거지 압수·수색을 진행하며 가혹행위를 강요하는 등의 불법 강압수사 논란이 불거졌다. 압수·수색 절차 역시 지키지 않은 것으로 알려져 비난의 목소리가 커졌다.

민주노총과 공공운수노조, 인권단체연석회의, 민주사회를 위한 변호사 모임, 노동위원회 등 인권, 노동, 법률단체들은 화물연대 조합원 및 가족에 대한 인권유린, 불법 강압수사 책임자 처벌을 촉구했다.

민주노총 법률원 변호사는 "경찰이 구속된 피의자 지모씨의 조카인 이 모씨의 주거지를 압수·수색하는 과정에서, 집으로 들어서자마자 이씨에게 무릎을 꿇으라고 하고, 바닥에 머리를 박게 하는 이른바 원산폭격을 하게 했다"며 "또한 압수·수색 장면을 보지 말라며 욕설을 퍼부었다"고 설명했다.

또한 이 변호사는 "이씨의 체포과정에서 경찰은 체포를 통지한 바 없으며,

압수·수색시 집행참여권이 보장되지 않은 채 압수목록 역시 교부하지 않았고, 원산폭격 등의 가혹행위로 형법 제125조를 위반했다"고 비판했다.

이 씨를 체포한 이후에도 경찰은 이모 부인 지모씨를 잡으러 간다며 이 씨를 스타렉스 차에 태운 뒤 6시간 동안 지씨의 검거작전에 나선 것으로 알려졌다. 지씨의 부인 양모씨는 "경찰은 조카 이씨를 태우고 시속 200킬로 이상의 속도로 추격전을 벌였으며, 현재 이씨는 신경과 약을 복용하고 있다"며 "저 역시 2시간 조사를 받고 온 다음날, 경찰이 가게로 찾아와 범인도피죄는 가중처벌이 된다며 입을 열지 않으면 신랑이 전부 뒤집어쓴다고 이야기했다"고 밝혔다.

법률단체는 경찰이 체포 즉시 영장에 기재된 인치, 구금장소로 호송해야 한다는 형사소송법 규정을 무시했다고 비판하고 있다. 양씨의 압수수색 및 파출소 이동 과정에서도 압수·수색 목록을 교부하지 않았으며, 사실상 강제연행을 진행했다고 주장하고 있다.

이에 대해 ○○남부경찰서는 가혹행위 등의 주장은 사실이 아니라고 주장하고 있다. ○○남부경찰서는 "대응할 가치가 없으며, 브리핑 자료를 통해 공식 입장을 밝힐 것"이라고 설명했다.

한편 기자회견단은 "헌법과 형사법이 정한 적법 절차가 전혀 지켜지지 않는 일들이 2012년의 오늘에도 울산남부경찰서에서는 버젓이 이뤄지고 있다"며 "경찰당국이 즉각 과거 군사독재정권에서나 있었을 법한 불법강압수사와 인권유린 행위를 즉각 중단하고, 관련자들에 대한 엄중한 처벌을 촉구한다"고 밝혔다.

### (4) 인권위, 가혹행위 경찰관 검찰 수사 의뢰

경찰관이 피해자에게 '자백을 하라'며 모자로 조씨의 머리를 10여 차례 때리고 욕설을 하고 자백을 강요하기 위해 조씨를 회의실로 데리고 가 뺨을 3차례 때리고 철제의자를 들어 위협까지 한 후 회의실에서 조씨의 정강이를 발로 차고 또 구둣발로 조씨의 오른발을 밟아 발과 발톱이 손상되는 부상을 입힌 경우 본죄에 해당할 수 있다.

국가인권위원회(인권위)는 경찰관이 지구대로 연행된 피해자에게 자백을 강요하며 가혹행위를 한 것으로 판단하고 검찰에 수사를 의뢰했다.

형법 제125조에는 재판, 검찰, 경찰 기타 인신구속에 관한 직무를 행하는 자와 이를 보조하는 자가 그 직무를 행함에 있어 형사피의자, 기타 사람에 대해 폭행 또는 가혹행위시에는 5년 이하의 징역과 10년 이하의 자격정지에 처한다고 돼 있다.

인권위에 따르면 피해자 조모씨는 절도 혐의로 체포돼 부산의 한 경찰서 소속 지구대로 연행됐다.

경찰관 박모씨는 조사를 받기 위해 대기 중이던 조씨에게 '자백을 하라'며 모자로 조씨의 머리를 10여 차례 때리고 욕설을 했다. 이후 자백을 강요하기 위해 조씨를 회의실로 데리고 가 뺨을 3차례 때리고 철제의자를 들어 위협까지 했다.

박씨의 가혹행위는 여기서 끝나지 않았다. 그는 회의실에서 조씨의 정강이를 발로 찼다. 또 구둣발로 조씨의 오른발을 밟아 발과 발톱이 손상되는 부상을 입혔다. 박씨는 조씨의 주장이 사실과 다르다고 반박했다. 박씨는 "외근을 마치고 지구대로 돌아와 조씨를 보긴 했지만 때린 적은 없다"며 "조씨를 회의실로 데려가거나 그 곳에서 폭력을 행사하지도 않았다"고 설명했다. 그는 "사건 당일에는 지구대에서 상황근무를 담당했다"며 "상황근무인 관계로 다른 사건을 조사하거나 관여할 상황은 더더욱 아니었다"고 덧붙였다.

그러나 인권위는 조씨의 주장에 신빙성이 있다고 밝혔다. 참고인들의 진술서와 조씨에 대한 병원 진료기록 등이 근거라는 것이다. 실제로 조씨의 친구 김모씨는 지구대로 연행된 후 그 곳에서 박씨가 조씨를 모자로 때리고 회의실로 데리고 가는 것을 봤다고 말했다. 박씨는 자신에게도 욕설을 하고 뺨과 머리를 때렸다고 주장했다. 의사 유모씨는 조씨가 내원해 경찰에게 발로 밟혀서 상처가 났다고 하면서 치료를 의뢰했다고 기억했다. 유씨는 조씨의 오른쪽 새끼발가락의 발톱이 일어나 있어 이를 제거했고 발 부위에 타박상이 있었다고 전했다.

인권위는 "조씨가 폭행을 당했다고 주장하는 장소인 지구대 회의실 내부의 모습과 의자 등 집기들의 위치와 모양에 대해 상세히 진술하고 있다"며 "폭행을 당한 상황에 대한 진술이 상세하고 일관됐다"고 지적했다. 이어 "조씨가 박씨의 얼굴을 기억하고 지구대 인사기록부에서 이를 확인했다"며 "조씨의 진술이 박씨와 지구대 직원들의 진술과는 상이하나 병원 진료기록 등을 종합해 볼 때 조씨의 주장이 신빙성이 있다고 판단된다"고 강조했다.

### (5) 경찰의 고문수사

경찰서 강력팀 경찰관들은 절도 관련 피의자를 검거해 수사하는 과정에서 공범관계 및 여죄 자백을 목적으로 2009년 8월쯤부터 2010년 3월 말까지 총 22인의 피의자들을 연행하는 차량 안에서 일명 '날개꺾기' 고문(수갑을 뒤로 채운 뒤 피의자의 목을 다리에 끼워 조인 후 수갑이 채워진 팔을 꺾어 올림)을 가하고, 강력팀 사무실에서는 폐쇄회로 TV 사각지대에서 피의자의 입에 재갈을 물린 채 등을 밟고 머리를 눌러가며 동일한 고문을 가해 자백을 받은 경우 본죄에 해당할 수 있다.

인권위 조사 결과에 따르면 ○○경찰서 형사과 강력팀 경찰관들은 절도 관련 피의자를 검거해 수사하는 과정에서 공범관계 및 여죄 자백을 목적으로 2009년 8월쯤부터 2010년 3월 말까지 총 22인의 피의자들을 연행하는 차량 안에서 일명 '날개꺾기' 고문을 가하고, 강력팀 사무실에서는 폐쇄회로 TV 사각지대에서 피의자의 입에 재갈을 물린 채 등을 밟고 머리를 눌러가며 동일한 고문을 가해 자백을 받았다는 것이다.

이에 대해 해당 경찰서는 사실을 부인하고 있으나, 지난 4월부터 내사를 진행해 온 검찰은 최근에 이르러 해당 경찰관들을 독직폭행(형법 제125조, 5년 이하의 징역과 10년 이하의 자격정지형)으로 조사하고 있으며 처벌 계획을 시사했다. 수사기관의 고문과 가혹행위는 과거 군사권위주의 시절, 시국사건과 일반 형사사건의 수사과정에서 자백을 받아내는 수사기법으로 사용됐다.

경찰에 의해 자행된 박○○ 고문치사 사건, 권○○ 성고문 사건, 김○○ 고문사건 등을 잊지 않고 있다. 그런데 수십 년이 지난 지금도 이런 수사관행이 존재하고 있는 현실 앞에 온통 놀람과 충격뿐이다. 더구나 뒤이어 떠오르는 "과연 그 경찰관들만 그랬을까"라는 의심이 커져가고, 그 의심에 아니라고 확신을 갖지 못하는 현실이 절망스럽다. 경찰은 그동안 표현의 자유와 집회의 자유 등 국민의 기본권을 무시하고 과도한 불심검문과 임의동행 등으로 인권을 침해한다는 비판을 끊임없이 받아왔다.

### (6) 경찰, 쌍용차 농성장 과도한 봉쇄로 인권침해, 인권위 재발 방지 권고 거부

경찰이 농성 중인 공장에 진입 진압작전을 펼치면서 봉지 형태의 최루액과 전자충격기, 다목적발사기 등 안전성 논란이 있는 경찰장구를 사용하는 경우 본죄에 해당할 여지가 있다.

국가인권위원회는 쌍용차 평택공장에서 노조원들이 점거 농성을 벌이는 과정에서 경찰이 농성장을 과도하게 봉쇄해 인권을 침해했다며 재발방지 등을 권고했지만 거부됐다고 밝혔다. 쌍용차 노조원 600여명이 77일간 농성할 당시 회사의 용역 경비원과 임직원, 경찰 등의 농성장 봉쇄와 식수·식량·의약품 반입 차단, 폭력진압 등과 관련된 인권침해 진정 50여건이 인권위에 접수됐다.

인권위 조사결과, 경찰은 농성 조합원에 대한 식수·식량·의약품 반입, 의료진 출입 등을 회사 측과 공동으로 차단하거나 차단을 묵인한 것으로 확인됐다. 인권위는 이와 함께 봉지 형태의 최루액과 전자충격기, 다목적발사기 등 안전성 논란이 있는 경찰장구는 안전성이 입증될 때까지 사용을 최대한 자제해야 한다고 권고했다. 검찰총장에게는 형법 제125조 '폭행 및 가혹행위' 혐의로 해당 경찰관들에 대한 수사를 의뢰했다. 그러나 경기지방경찰청장은 단전·단수·식량 반입 차단 등은 경찰이 별도의 조처를 할 입장이 아니라는 취지의 답변을 인권위에 통보했다. 경찰청도 "단전·단수·식량 반입차단은 회사 측의 조치"라면서 "경찰장비는 안전성을 논할 사항이 아니라 법률이 정한 범위 내에서 적법하고 안전하게 사용해야 하는 사항"이라고 불수용 사유를 밝혔다. 다만, 수원지방검찰청은 해당 사건을 배당해 조사 중이라고 인권위에 통보했다.

### (7) 검사 성추문 사건[28]

#### 1) 개 요

2018년 1월 공론화된, 대한민국 검찰청 내부에서의 성추행과 성폭행 의혹 사건이다. 다른 누구도 아닌 현직에 있는 검사가 같은 검찰청 내부 인사에 의해 성희롱을 당했다고 공개적으로 주장을 한 초유의 사건이기도 하다.

---

28) http://namu.wiki/w/(2021. 7. 21. 검색).

### 2) 안○○ 성추행 의혹

2010년 10월 30일, 장례식장에서 안○○ 당시 법무부 정책기획단장이 술에 취한 상태로 피해자의 옆에 앉아 피해자의 허리와 엉덩이를 쓰다듬는 행위를 하였다고 한다. “당시 그 자리에 이○○ 법무부장관이 안○○의 옆자리에 있었고, 동료 검사들도 있었지만, 아무런 도움을 주지 않았다”고 피해자는 주장하였다.

○○○ 검사의 폭로에 관한 진상조사가 실시되는 과정에서, 그 전에 유야무야되었던 검사 성폭력 사건들에 대한 수사도 이루어졌다. 그런데 특기할 사실은, 피의자들의 이름이 언론지상에 전혀 공개되지 않고 있다는 것이다. 이는 대한민국의 미투 운동의 도화선이 된 주장이기도 하다.

### 3) 사건 은폐 의혹

○○○ 검사는 “○○○이 나서서 덮었다는 것을 알게 되었다”고 주장하고 있다. ○○○ 검사는 “당시 검찰국장이던 ○○○이 불러서 호통쳤다”고 밝혔고, 이에 ○○○은 “그런 적 없다”고 하고 있다.

### 4) 인사상 불이익

○○○ 검사는 “사무감사에서 다수 사건을 지적받고, 사무감사 지적을 이유로 검찰총장 경고를 받고, 검찰총장 경고를 이유로 전결권을 박탈당하고, 통상적이지 않은 인사 발령을 받았다”고 주장했다.

2010년 ○○북부지검에서 근무하던 ○ 검사는 2011년 ○○지청으로 발령받았는데, 이후 ○○지청장으로 ○○○ 검사가 좌천성 발령을 받은 후 함께 엮여서 보복성 조치들을 받았다는 것이다. 더욱이 2015년 8월에 ○○지청으로 발령을 받았는데, ○○지청의 규모로 볼 때 7년차 이상의 검사를 배치하는 게 일반적인 경력검사 자리에는 1명만 배치되고 이미 후배 검사가 경력검사로 근무하고 있음에도 불구하고, 이런 걸 무시하고 15년차의 ○○○ 검사가 추가 배치되어 사실상 좌천성 발령을 받았다는 것이다. 사건의 가해자로 지목된 ○○○이 당시 ○○○ 라인에 속해 무소불위의 권력을 휘두르던 시점이란 걸 생각하면, 충분히 가능성이 있는 이야기다.

또한 법률 대리인이었던 ○○○ 변호사는 ‘○ 검사의 명예를 회복하는 방법

## 3. 가혹행위의 외국 사례

### (1) 하디타 학살 사건(The Haditha massacre)

이 사건은 2005년 11월 19일 이라크 전쟁 중 미 해병대가 24명의 비무장한 이라크 민간인을 학살한 사건이다. 사건에 가담한 미 해병대 병력은 급조폭발물에 공격받아 사망한 해병 호송대 미구엘 테라자스(Miguel Terrazas) 일병에 대한 보복으로, 이라크 하디타에서 민간인을 대상으로 남녀노소 가리지 않고 근거리에서 수차례 총격을 가해 학살을 자행하였다. 본 사건은 아부그라이브 교도소 가혹행위 사건과 함께 이라크 전쟁 중 이뤄진 미군의 주요 전쟁범죄 중 하나이다.

### (2) 아부그라이브 교도소 가혹행위 사건

이 사건은 2004년에 아부그라이브 교도소에서 이루어진 대규모 학대 사건이다. 미국 국방부는 17명의 군인 및 직원을 해임했다. 2004년 5월부터 2005년 9월 사이에 7명의 군인들이 군법회의에서 유죄 판결을 받았다.

# 제5절 ≫ 편파수사, 수사미진

**사례연구**

**Q 교통사고 현장에 도착한 경찰관은 사진 및 스프레이 등 증거확보를 위해 사진을 찍어 달라는 일방의 주장에 대하여 현장조사를 요청하는 것을 거부하고 경미한 사건이므로 대충 처리하자고 하는 경찰관의 행동에 대하여 어떻게 생각하는가?**

---

► 교통경찰관으로서 당연히 지켜야 할 교통사고처리지침에서는 교통사고 발생시 현장증거확보조치로서 교통사고의 경중을 가리지 않고 또 사고당사자의 요청을 기다릴 것도 없이 필수적으로 스프레이 등을 이용하여 노면에서 사고표시를 하고 현장사진 촬영을 하도록 의무화하고 있다.

그러나 이 사안에서 경찰관이 관련 규정에 위반하여 증거확보조치를 소홀히 하고 더욱이 사고의 한쪽 당사자인의 증거확보조치 요구를 부당하게 묵살한 것

등은 수사미진, 편파수사에 해당한다. 수사미진이나 편파수사는 헌법 제10조가 보장하는 행복추구권 침해, 제11조의 평등권 침해, 제12조의 적법절차 위반 등에 해당한다.

편파수사와 수사미진은 다양한 원인으로 나타날 수 있다. 경찰관이 공정하고 중립적인 직무를 수행하는 데 장애가 되는 요인으로 상관의 부당한 지시나 요구 또는 사건관계인과의 개인적인 친분관계 등을 들 수 있으나 그러한 장애요인 없이도 법령이나 예규에 정해지 절차를 소홀히 함으로써 수사미진이나 편파수사의 의심을 받을 수 있다.

## I. 편파수사

### 1. 편파수사 논란

**성폭력범죄의 처벌 등에 관한 특례법 제13조(통신매체를 이용한 음란행위)** 자기 또는 다른 사람의 성적 욕망을 유발하거나 만족시킬 목적으로 전화, 우편, 컴퓨터, 그 밖의 통신매체를 통하여 성적 수치심이나 혐오감을 일으키는 말, 음향, 글, 그림, 영상 또는 물건을 상대방에게 도달하게 한 자는 2년 이하의 징역 또는 500만원 이하의 벌금에 처한다.

**성폭력범죄의 처벌 등에 관한 특례법 제14조(카메라 등을 이용한 촬영)** ① 카메라나 그 밖에 이와 유사한 기능을 갖춘 기계장치를 이용하여 성적 욕망 또는 수치심을 유발할 수 있는 다른 사람의 신체를 그 의사에 반하여 촬영한 자는 7년 이하의 징역 또는 5천만원 이하의 벌금에 처한다.

**정보통신망 이용촉진 및 정보보호 등에 관한 법률 제44조의7(불법정보의 유통금지 등)** ① 누구든지 정보통신망을 통하여 다음 각 호의 어느 하나에 해당하는 정보를 유통하여서는 아니 된다.

1. 음란한 부호·문언·음향·화상 또는 영상을 배포·판매·임대하거나 공공연하게 전시하는 내용의 정보

**정보통신망 이용촉진 및 정보보호 등에 관한 법률 제74조(벌칙)** ① 다음 각 호의 어느 하나에 해당하는 자는 1년 이하의 징역 또는 1천만원 이하의 벌금에 처한다.

2. 제44조의7 제1항 제1호를 위반하여 음란한 부호·문언·음향·화상 또는 영상을 배포·판매·임대하거나 공공연하게 전시한 자

### (1) 개 요

2018년 5월 1일에 남성혐오 사이트 워마드 회원인 여성 모델이 ○○대학교 미술대학 회화과에서 진행한 인체 크로키 수업 도중 동료인 남성 누드모델의 얼굴과 성기를 도촬하여 워마드에 게시, 다른 워마드 회원들과 피해자의 도촬 사진을 공유하며 성적으로 모욕하고 피해를 입힌 사건이다.

여타 도촬사건과 다르게 가해자를 특정하기 너무나도 쉬운 단서들이 많아 상당히 빠르게 검거한 사례다. 워마드 남탕 몰카 사건에 이어 두 번째로 공론화된 워마드발 남성 도촬 범죄 사건이다.

또한 워마드 아동 성범죄 사건에 이어 워마드가 저지른 사건 사고 중 세 번째로 나무위키에 별도 문서가 생성되었다.

### (2) 사건의 발생

2018년 5월 1일에 ○○대 회화과에서 남녀 각각 2명씩 4명의 누드모델을 대상으로 누드 스케치 실기 수업을 했다. 그런데 누드모델 중 25세 여성 안○○가(그녀의 주장에 의하면) 말다툼을 벌인 다른 남성 누드모델의 얼굴과 성기를 워마드에 올려놓자 워마드 회원들이 이를 성희롱하는 성범죄를 저질렀다.

이후 다음 날인 2018년 5월 2일에 리얼뉴스에서 박○○ 평론가가 이를 기사화했다. 사진에서 수업 중인 다른 학생의 모습은 블라인드 처리된 반면 모델 남성의 얼굴과 주요 부위가 그대로 노출됐다. 이런 상황에서 정작 ○○대 학생회는 MT 준비를 하고 있었고, 심지어 성범죄 사건이 발생했는데 경찰에 신고하지 않고 학생회에서 자체적으로 조사를 진행한다고 했다.

그러나 피해자는 같은 ○○대 학생이 아닌 에이전시를 통해 외부에서 불러온 모델이었기에, 결코 자체 조사로 끝날 사항이 아니라 사건에 대한 내부 은폐일 뿐이다. 논란은 더 커지고 있는데 ○○대 학생회에서 피해자에게 피해 사실을 통보하지도 않았다는 의혹이 제기되었다.

심지어 워마드 게시글의 댓글조차도 남자 모델을 성적으로 비하하고 조롱했으며, 이 과정에서 각종 성희롱적 언사가 들어갔다. 도촬만 해도 범죄인데 성희롱과 인격 모독까지 해버렸으니 더욱 큰 범죄임은 당연하다. 그리고 도촬과 2차 가해인 인격 모독보다 훨씬 더 중대한 범죄가 유포이다.

해당 글이 삭제되고 나서도 워마드에서는 피해 모델에 대한 2차 가해를 하였으며, 심지어 이를 보도한 박○○ 기자의 신상을 털고 모욕하는 모습까지 보였다. ○○대학교 커뮤니티에서 크게 이슈가 되었으며 이 사건으로 인해 피해자의 소속사(누드모델 에이전시)가 매출에 엄청난 타격을 입고, 여러 미대가 누드 수업을 폐지하여 누드모델들의 활동은 크게 위축되는 등 업계 하나가 쑥대밭이 되고 말았다.

### (3) 가해자 성별 논란

먼저 일부에서는 가해자를 여성으로 단정하지 말고 남성일 가능성도 고려하라는 식의 주장을 했다. 2018년 5월 8일 ○○○○ 기사에 문화비평가이자 ○○대 교수인 ○○○이 한 말이 대표적이다; 한겨레-"'홍대 누드모델 사진 유출' 워마드는 페미니즘이 아니다"

더 나아가 가해자를 남성이라고 단정하는 측도 있었는데, 워마드와 트페미가 대표적이다. 이들은 이 가해자가 남성이라는 주장을 여러 조작을 통해 퍼뜨렸는데, 아래 '워마드와 트페미 등의 조작 시도' 항목에 상술되어 있다.

가장 많은 여론은 가해자를 여성으로 보는 것이었다. 그 이유는 ○○대 회화과에 남학생 수가 적기도 하고, 무엇보다 워마드는 여성만 가입 가능하기에 최소한 워마드 업로드는 남성이 했을 가능성이 없다는 것이다.

결론은 최초 촬영, 유포자는 워마드 유저 여성 모델인 것으로 판명되었으나 ○○대생은 아니었다. 한편으로 성별 논란에서 1차 가해자가 아닌 2차 가해자에 주목한 여론도 있었다. 당시 1차 가해자의 성별이 밝혀지지 않은 상황에서 워마드에서 2차 가해를 한 자들은 여성들임이 확실했기 때문이다.

### (4) 가해자가 외부인 가능성

1차 가해자 신상에 대해 ○○대 회화과 학생인지 외부인인지도 논란이 있었다. 이에 2018년 5월 8일 ○○○의 리얼뉴스 기사에 나오는 모델 에이전시가 밝힌 몰카가 찍혔을 때로 추론한 상황, 2018년 5월 8일 CBS 김현정의 뉴스쇼 기사에서 누드모델협회장 ○○○의 주장 등을 볼 때 외부인일 가능성은 없다는 것이 중론이었다.

그러나 사건의 진상은 수업 중 외부인이 들어온 것은 아니었지만 같이 누드 크로키를 실시하던 중 쉬는 시간을 이용해 동료 여성 모델 ○○○가 저지른 단독범행이었다. 이에 따라 ○○○ 회장은 2018년 5월 11일 일요신문과의 대담에서 “○○대 학생들에게 죄송스러운 심경”이라며 사죄를 표했다.

결국 범행은 내부인(○○대생)이 아닌 외부인(여성 모델)이 한 것은 맞으나, 그 행위가 교실 내부에 있던 사람이 행한 것이었다. 즉 가해자는 신분상 외부인이나 공간상 내부인인 것이다.

### (5) 트위트 등 인터넷

처음 가해자의 성별이 밝혀지기 전에 워마드와 트페미 등 페미니스트들은 해당 사진을 찍은 사람이 남자라는 허위 사실을 유포하며 조작을 시도했다. 해당 사진은 워마드 회원이 찍은 게 아니라 디시 갤러리에서 먼저 올라온 출처라고 주장하고 있는데, 워마드의 해당 도촬사진을 구글 이미지 검색해 보면 워마드보다 더 먼저 일찍 올라온 사이트는 뜨지 않기 때문에 워마드가 출처임이 확실하다.

워마드가 이렇게 주장하는 것은 리얼뉴스에서 이 사건을 보도했을 때 <문제의 사진을 처음 다른 커뮤니티에 제보한 이들은 ‘트위터 마이너 갤러리’ 유저들이며>라는 문장을 왜곡한 것으로 추정되는데, 해당 내용은 트위터 마이너 갤러리에 도촬 사진이 최초로 올라왔다는 소리가 아니라, 트위터 마이너 갤러리가 워마드가 도촬 사진을 찍었다는 사실을 제보했다는 뜻이다.

워마드 남탕 몰카 사건도 자기들이 찍어서 유포한걸 남자가 찍었다고 선동하고, 워마드 호주국자 아동 성범죄 사건 때도 글쓴게 호주국자가 아니라 한국 남자가 호주국자인 척 쓴거라고 주장하는 등, 뭔 사건사고가 터질 때마다 남자 타령 하라는 전략 매뉴얼이라도 있는건가 싶다.

아래의 사진은 한 워마드 회원이 이번 사건에서 몰카를 찍은 사람이 게이이며, 몰카 찍어서 자기들끼리 구경하다 워마드로 올려서 공론화 시켰다는 허위사실 유포와 더불어, 해당 사건을 보도했던 기자를 노골적으로 비난한 글을 캡쳐한 것이다. 이쯤 되면, 워마드는 비상식을 넘어, 현실 인식 능력이 결여된 게 아닌지 생각이 들 정도다.

### (6) 네이버 등 기사 댓글 조작

성별 조작 외에도 여초 커뮤니티와 트페미 등에서는 여성이 몰카 피해자일 때는 수사를 하지 않는다든가, 이 사건의 피해자가 남성이라서 사람들이 더 주목한다든가 하는 성차별 논리를 퍼뜨렸다. 이쪽 부류 사람들은 해당 성범죄 사건을 해결을 촉구하는 댓글을 다는 것이 아니라, 계속해서 타 사건과의 비교, 타 사건 언급을 통해 여론을 분산시키려는 댓글을 많이 달아 여론 조작을 하고 있다.

여초 카페인 여성시대에서는 이 사건에 잘 모르는 사람들이 볼 수 있는 네이버 기사의 베스트 댓글을 자신들에게 유리한 의견으로 조작하고자 하는 정황이 포착되었다. 네이버 기사뿐만 아니라 인사이트나 위키트리 등 페이스북 인터넷 언론에 올라와 있는 기사들에서도 이들에 의해 댓글조작질이 광범위하게 이루어지고 있다.

2018년 5월 10일 18시경 최초 유포자를 검거했다는 최초 기사가 나왔을 때, 17:49에 올라온 최초 기사에는 범인의 성별을 표기하지 않았으며, 이후 18:11에 성별이 표기된 기사가 올라왔다. 그 짧은 시간 내에 좌표가 찍혔는지 최초 기사에는 범인이 남자라는 말은 한 마디도 없는 데도 불구하고 범인이 남자라고 댓글로 몰아가는 추태를 보였다.

댓글 조작이 실패한 이후로 여초에서는 고교 기숙사 몰카 캡처 사건을 내세워 수사를 촉구하라는 물타기를 벌이면서 이 사건이 남자가 피해자라 빨리 잡혔다는 망언 또한 서슴지 않고 있다.

## 2. 경찰의 수사

▸ 2018년 5월 4일

결국 경찰에 사건이 접수되었다고 한다. 서울 ○○경찰서에서 이날 오후 5시쯤 ○○대의 수사 의뢰를 받고 성폭력범죄처벌법(카메라 등을 이용한 촬영)을 위반했는지 내사에 착수했다고 밝혔다.

▸ 2018년 5월 5일

범인의 자수나 자백이 없기 때문에 내사가 들어갔다고 한다.

►2018년 5월 8일

기사에 의하면 사건을 수사 중인 서울 ○○경찰서는 2018년 5월 4일 오후 학교 측의 의뢰로 수사를 시작한 후 5월 5일에 사건이 발생한 강의실을 조사하고, 피해자인 남성 모델을 조사하고 관련 자료를 확보한 데 이어 당시 강의실에 있던 학생과 교수 등 관련자들을 상대로 참고인 자격 조사도 벌이고 있다고 한다.

또한 경찰은 관련자들의 휴대전화도 임의제출받아 디지털 포렌식을 실시할 방침인데, 휴대전화 제출을 거부하거나 범행을 자백한 사람은 아직 없는 것으로 전해졌다. 한편, 경찰은 피해자인 남성 모델이 여성이나 청소년은 아니지만, 성폭력 범죄의 처벌 등에 관한 특례법(제14조 '카메라 등을 이용한 촬영') 적용 사안인 만큼 관련 업무를 전담하는 여성·청소년과가 맡아 수사하도록 했다.

►2018년 5월 9일

기사에 따르면, 용의자 색출뿐만 아니라 2차 가해를 일삼던 워마드 이용자들을 대상으로한 수사를 검토하고 있음을 알려왔다. 2018년 5월 9일 네이버-뉴스1 '○○대 男모델 몰카 용의자' 검거 총력 … '워마드이용자' 수사도-'누드모델 사생대회' 열며 2차 가해 이용자도 수사대상 그러다가 같은 날인 2018년 5월 9일에 뉴스1 후속 기사에서 피해 남성 모델이 워마드 회원 2명을 경찰에 고소한 것을 계기로 경찰이 워마드에 대한 수사에 들어갔다고 밝혔다. 우선 일차적으로 워마드 회원 2명에 대한 수사가 시작되는 것이며, 2018년 5월 1일 워마드에 피해자의 나체사진이 유포된 이후 그를 성적으로 조롱하거나 비하하는 게시물과 댓글이 수백여건 게시된 만큼 가해자 규모는 더욱 늘어날 것이라고 한다.

경찰은 2차 가해를 한 워마드 회원 수사는 사이버수사팀에, 최초 유포자 검거는 여성청소년수사팀에 각각 사건을 배당하고 투트랙 수사를 벌이기로 했다. 관련 사건에 경찰 2개 수사팀이 투입된 데다, 워마드에는 현재까지도 피해자를 조롱하는 게시물이 잇달아 올라오고 있는 만큼 경찰 수사망은 '워마드 전체'로 확대될 것으로 보인다고 한다. 2018년 5월 9일 네이버-뉴스1 '○○대 몰카' 피해자, 워마드 회원 2명 고소 … 수사 확대-워마드 회원·용의자 검거에 경찰 2개 수사팀 투입했다.

이처럼 이번 사건은 성별에 따라 차별수사를 한 것이 아니고 법적으로도 그렇게 하는 것이 불가하다는 것을 조금만 생각해도 알 수 있음에도 불구하고 전혀 이해를 못 하는 일부 의견들 때문에 논란이 계속되자 2018년 5월 14일 월요일에 ○○○ 서울지방경찰청장이 기자간담회에서 이번 사건 수사와 관련한 발표를 한 것을 비롯해 경찰이 사건 해명을 했다.

## 3. 판 결

2018년 8월 13일 1심 재판에서 서울서부지법 형사6단독 재판부는 피고인에게 징역 10개월을 선고하고, 성폭력 치료 프로그램 40시간 이수를 명령했다.

결국 2019년 7월 19일, 피해자에게 2,500만원을 배상하라는 판결이 내려졌다. 피해자는 원래 1억원을 청구했으나 사진 유포에 대한 2차 책임을 피의자 한 사람에게만 전가할 수는 없다며 청구액의 25%을 지불하게 된 것이다.

## 4. 평 가

일단 이 사건의 가장 큰 핵심은 2018년 5월 8일 네이버-스포츠서울 단독 인터뷰에서 피해자가 호소했듯이 피해자가 겪고 있는 고통과 불행이다. 그런데 가해자 성별이 여성들이고, 피해자가 남성이라는 이유로 그간 여성 피해자들의 성범죄 등을 내세우며 이 사건을 합리화하는 자체가 피해자의 고통을 공감하지 못하는 행위다.

만약 이 사건을 역지사지로 생각해서 여성 누드모델의 사진을 남성들이 여성혐오 사이트에 올리고 성희롱적 발언을 한 사건이었다면 그 사진을 올린 남성은 형사처벌은 물론이고, 사회적으로 매장되며, 각종 매스컴에 도배가 될 정도로 대한민국이 발칵 뒤집어질 만큼 사회적으로 큰 이슈가 되었을 가능성이 크다.

성범죄의 주체와 객체는 남성과 여성을 가리지 않아 남성이나 여성 모두 성범죄 가해자와 피해자가 될 수 있다. 남성 가해자에 여성 피해자 사건에는 사회적으로 가해자를 매장시키는 등의 초법적인 권리를 남발했던 페미니스트들이, 여성 가해자에 남성 피해자인 이 사건의 경우에는 오히려 사건을 은폐하고 꼬리를 자르려는 이중잣대를 보이고 있다. 특히 사건을 가장 먼저 정리하고 형사 고발 및 피해자를 보호해야 할 주체인 ○○대 회화과 학생회(회장 ○○○)와 ○○대 총학생회(회장 ○○○)가 그 의무를 다하지 못해 더 큰 비판을 받고 있다.

이들은 되려 사건을 내부적으로 쉬쉬하고 넘어가려 했으며 형사 고발에 매우 소극적인 태도로 임했다. 또한 피해자 보호를 명분으로 가해자 색출을 늦추는 등 되려 피해자에게 2차 가해를 하는 태도를 보이고 있다. 이는 가해자를 옹호하고 은닉하려는 시도로 해석될 수도 있어 ○○○이 회장으로 있는 ○○대 회화과 학생회 임원진 중 일부가 공범이 아닐까 하는 의심을 불러일으키고 있다.

이런 성범죄 사건에 대해서 여성이 피해자였을 경우 불붙듯 끓어오르던 트위터의 래디컬 페미니스트 세력 등지에서는 이 사건에는 놀랍도록 조용할 뿐만 아니라 이 사건을 함부로 공론화시켜서는 안된다는 트윗도 올라왔다. 미투운동 때와는 정반대되는 행동에서 이중잣대를 보여주고 있다.[29)]

## Ⅱ. 수사미진

### 1. '수사미진' 검찰 기소유예 처분 취소(헌법재판소 결정)

(1) 헌법재판소가 검찰이 쌍방 폭행 사건과 택배 도난 사건을 처리하면서 내린 기소유예 처분에 수사미진의 잘못이 있다며 처분을 취소해야 한다고 결정했다.

헌재는 폭행죄 기소유예 처분을 받은 A씨가 행복추구권 등을 침해받았다며 낸 헌법소원(2017헌마882)을 재판관 8명 전원일치 의견으로 인용했다. A씨는 애완견 목줄을 하지 않은 견주와 다투다가 견주가 빰을 때리는 등 폭행을 하자 견주의 멱살을 잡고 실랑이를 벌인 혐의로 입건돼 검찰에서 기소유예 처분을 받았다. 기소유예는 죄가 인정되지만, 범행 후 정황이나 범행 동기·수단 등을 참작해 검사가 재판에 넘기지 않고 선처하는 처분이다. 형식상 불기소 처분에 해당하지만, 실질적으로는 유죄로 보는 것이어서 헌법소원을 통해 불복할 수 있다.

헌재는 "검찰이 유형력 행사의 증거로 제시하고 있는 CCTV 영상은 먼 곳에서 해충포집기에 의해 가려진 채 촬영됐고 화질도 좋지 않아 이를 통해 A씨가 멱살을 잡는 등 유형력을 행사했는지, 유형력을 행사했다면 어느 부위를 어

29) https://ko.wikipedia.org/wiki(2021. 7. 21. 검색).

떻게 때렸는지를 영상을 통해 식별하는 것이 불가능하다"며 "유형력 행사를 인정할 증거가 없는데도 검찰은 폭행이 인정된다는 점을 전제로 기소유예 처분을 했는데, 처분에 중대한 수사미진의 잘못이 있다"고 판단했다.

(2) 헌재는 특수절도죄 기소유예 처분을 받은 중국인 B씨 등이 기소유예 처분을 취소해 달라며 낸 헌법소원(2018헌마948)에서도 전원일치 의견으로 취소 결정했다. B씨 등은 채무 관계가 있는 다른 중국인의 여자친구에게 배달된 택배 상자를 무단으로 가져갔다가 6개월이 지난 뒤에 돌려준 혐의로 입건돼 기소유예 처분을 받았다.

헌재는 "피해자의 남자친구와 연락을 위한 수단으로 택배 상자를 가져온 것으로 보이고, 사건 발생 6개월 뒤 택배 상자를 배달된 상태 그대로 돌려준 점을 종합하면 절도의 고의 및 불법영득의사를 인정할 수 없다"며 기소유예 처분을 취소하라고 결정했다.

(3) 헌재 결정에 따라 검찰은 A·B씨의 사건을 재수사해 기소 여부를 다시 결정해야 한다.

## 2. 국민권익위원회 재수사 요구(수사과오)

### (1) 주 문

피신청인에게 2012. 8. 22. 신청인이 고소한 사건(사건번호 2012-01xxxx)에 대해 재수사할 것을 의견표명한다.

### (2) 신청취지

주문과 같다.

### (3) 신청원인

신청인은 2012. 7. 31. 최○○ 외 2명(이하 '피의자들'이라 한다)을 '강제집행면탈' 혐의로 피신청인에게 고소(이하 '신청인의 고소사건'이라 한다)하였고, 피신청인 소속 경장 임○○(이하 '경장 임○○'이라 한다)이 신청인의 고소사건을 담당하였는데, 경장 임○○은 피의자들의 진술만 믿고 관련 증거조사를 하지 않은 채 신청인의 고소사건을 증거불충분으로 인한 '혐의 없음'의 불기소 의견으로 ○○지방검찰청(이하 '검찰'이라 한다)으로 송치하였고, 신청인에게 사건처리 결과를 통지해 주어야 함에도 신청인의 고소사건이 불기소 처분이 날 때까지 통지해 주지 않았으며, ○○지방경찰청은 신청인의 고소사건에 대한 경장 임○○의 수사과오를 인정하였음에도 재수사 조치를 하지 않았고, 신청인이 다시 고소장을 제출하려고 해도 검사의 불기소 처분이 있다는 이유로 각하되거나 반려될 수 있어 고소장을 제출하지 못하고 있으니, 신청인의 고소사건이 재수사될 수 있도록 도와 달라는 신청인의 요청이 있음.

### (4) 피신청인의 주장

신청인이 고소한 피의자들 중 최○○(이하 '피의자 1'이라 한다)와 신○○(이하 '피의자 2'라 한다)는 부부관계이고, 다른 피의자 정○○(이하 '피의자 3'이라 한다)는 피의자 2와 투자관계에 있는 사람으로, 경장 임○○은 2012. 8. 22. 신청인의 고소사건을 배당받아 2012. 9. 3.부터 같은 해 9. 25.까지 피의자들을 조사하였으나, 피의자 3이 피의자 2에게 투자와 관련하여 받을 돈이 있다고 하면서 통장사본을 제출하는 등 혐의사실을 부인하고, 수사 도중 신청인이 추가 서류를 제출하여 피의자 2에 대해 추가조사를 하였으나, 피의자들에 대해 강제집행면탈 혐의를 인정하기 어렵다고 판단되어 신청인에게 구두로 불기소 의견으로 검찰로 송치할 예정이라고 설명하고, 신청인의 고소사건을 검찰로 송치하였다.

### (5) 사실관계

1) 신청인이 제출한 '고소장'(2012. 7. 31. 작성)에 따르면, 신청인은 2012. 8. 23. "피의자 1이 신청인에게 원금 및 이자로 20,160,000원의 채무를 지고 있는바, 피의자 1은 신청인에 대한 채무를 면하기 위해 모든 재산을 자신의 처인 피의자 2의 명의로 해 두고, 자신은 지인의 명의로 사업을 하면서 채무변제의 의지를 보이지 않아 ○○지방법원으로부터 지급명령을 받아 피의자 1의 유체동산을 압류하여 2011. 12. 21. 경매를 하였는데, 피의자 1, 2는 그 다음날 피의자 2의 지인인 피의자 3에게 부탁하여 차량가액이 넘는 13,000,000원의 근저당을 설정하는 방법으로 강제집행면탈행위를 하였다"라는 내용의 고소장을 피신청인에게 제출하였다.

2) 피신청인이 제출한 '기록목록'에 따르면, 경장 임○○은 신청인의 고소사건을 배당받아 2012. 9. 3.부터 같은 해 9. 7.까지 피의자들을 조사하면서 통장사

본을 제출받았고, 같은 해 9. 17. 신청인이 추가진술서와 내용증명 사본을 제출하자, 같은 해 9. 25. 피의자 2에 대해 제2회 피의자신문조서를 작성한 뒤, 같은 해 10. 23. 수사결과보고서와 사건처리결과 통지서(이 사건처리결과 통지서는 신청인에게 전달되지 않았다)를 작성하고, 같은 해 10. 24. 피의자들에 대해 증거불충분으로 인한 '혐의 없음'의 불기소 의견으로 검찰로 송치하였다.

3) 피신청인이 제출한 '의견서'에 따르면, 피의자 1은 "자신이 피의자 3에게 근저당설정을 해 준 것이 아니라, 자신의 인감과 도장을 처인 피의자 2가 가지고 있어 피의자 2가 피의자 3에게 근저당설정을 해 준 것이다"라고 진술하였고, 피의자 2는 "자신이 피의자 3, 참고인 구○○(이하 '참고인'이라 한다)과 함께 빌라 1채를 자기 명의로 구입하면서, 피의자 3이 투자했던 금액을 돌려주지 못하고 있던 중 신청인이 피의자 1의 유체동산에 강제집행을 하는 것을 보고 피의자 3이 불안해 하여 차량에 근저당설정을 해 준 것이며, 피의자 1이 자동차에 대해 99%의 지분을, 자신이 1%의 지분을 가지고 있어 피의자 1을 채무자로 하여 근저당설정을 해 준 것이다"라고 진술하였으며, 피의자 3도 피의자 1과 동일한 진술을 하였고, 참고인도 "피의자 3이 피의자 2로부터 돌려받지 못한 투자금이 있다"라는 취지로 진술하는 것으로 볼 때, 피의자 3이 피의자 1, 2의 부탁을 받고 신청인의 강제집행을 면하도록 하기 위해 허위의 채무를 부담했다고 보기 어렵다고 판단되어 '혐의 없음'의 불기소 의견이라고 기재되어 있다.

4) 신청인이 제출한 '불기소이유통지'에 따르면, ○○지방검찰청 검사 김○○(이하 '담당 검사'라 한다)는 신청인의 고소사건이 송치된 날로부터 5일이 지난 2012. 10. 29. '사법경찰관(경위 차○○)이 작성한 의견서에 기재된 내용과 같은 이유'로 피의자들에 대해 증거불충분으로 인한 '혐의 없음'의 불기소 처분을 하였다.

5) 신청인이 제출한 '항고사건처분통지'(○○고등검찰청, 2012. 12. 13), '재정신청 결정문'(○○고등법원 2013. 3. 29. 2013초재40 결정)에 따르면, 신청인은 담당 검사의 불기소 처분에 대하여 이의를 제기하였으나 기각되었다.

6) 신청인이 제출한 '진정사건 처리결과 통지'(2014. 6. 20)에 따르면, 신청인은 2014. 4. 18. ○○지방경찰청 수사이의조사팀에 진정서를 제출하였고, ○○지방경찰청 수사이의조사팀은 '수사이의심사위원회'를 개최하여 참가위원 9명

전원 찬성으로 경장 임○○에게 수사과오가 있다고 의결하였다.

7) ○○지방경찰청이 제출한 '수사이의심사위원회의 심사결과'에 따르면, 수사이의심사위원회의 의결내용은 다음과 같다.

경장 임○○은 신청인의 고소사건을 조사하면서 피의자 2와 피의자 3 사이에 채무가 실제로 존재하는지 여부에 대해 투자약정서나 부동산등기부등본, 송금내역 등을 토대로 수사를 하였어야 함에도 수사를 하지 않았고, 피의자들로부터 제출받은 통장내역서에 2008. 9. 10. 피의자 3이 참고인에게 2000만 원을, 2009. 1. 7. 참고인이 피의자 2에게 1,000만 원을, 같은 해 2. 23. 400만 원을, 같은 해 5. 15. 23만 원을, 같은 해 5. 18. 28만 원을, 같은 해 6. 2. 50만 원을, 같은 해 7. 9. 54만 원을 각각 송금한 내역 등 알 수 없는 금전거래가 있으나, 그 금전거래가 빌라를 구입한 금원이라고 인정할 만한 직접적인 증거가 되는지 여부에 대해 객관적인 수사를 하였어야 함에도 수사를 하지 않았으며, 최소한 등기부등본에 기재된 빌라의 구입시점을 토대로 통장거래 내역을 조사하는 등 실질적으로 투자관계가 있었는지 여부와 참고인은 투자금 중 얼마를 회수하였고, 피의자 3이 투자금을 회수하지 못한 것이 사실인지 여부 등에 대한 수사를 하여 허위채무 여부를 판단하였어야 함에도 피의자들의 변명과 참고인의 진술이 일치한다는 것만으로 허위채권으로 보지 않은 것은 수사미진이라고 볼 수 있다.

8) 또한 신청인이 경장 임○○에게 대질조사를 요청하였음에도 아무런 연락이 없어 경장 임○○에게 전화를 하였고, 그 과정에서 경장 임○○으로부터 사건을 검찰로 송치하였다는 이야기를 들었다고 하였으며, 그때는 이미 검찰에서 불기소 처분이 난 상태였으므로, 경장 임○○으로부터 사건처리결과를 통지받지 못했다는 신청인의 주장은 상당한 이유가 있다.

9) ○○지방경찰청이 제출한 '고충민원 답변서'에 따르면, ○○지방경찰청은 수사이의심사위원회의 경장 임○○에 대한 수사과오 의결에 따라 피신청인 소속 전 직원에 대해 재발방지 교양을 실시하였으나, 신청인의 고소사건이 담당검사로부터 불기소처분을 받았고, 항고 등으로 확정되었다는 이유로 재수사하지 않았다.

10) 경찰청에 대한 우리 위원회의 '질의'에 대해, 경찰청은 "신청인이 담당검사의 불기소 처분에 대해 항고, 재정신청으로 다투었으나 기각되었고, 그 후

○○지방경찰청 소속 수사이의심사위원회에서 담당 경찰관의 수사과오 의결이 난 신청인의 고소사건과 관련하여, 「검찰사건사무규칙」 제69조, 대법원 판례(2009도6614) 등에 따르면 검사의 불기소 처분(재항고 기각)이 있었다고 하더라도 원 처분 결과를 바꿀 수 있는 새로이 중요한 증거를 발견하여 그 사유를 소명하는 내용으로 수사기관에 다시 고소할 수 있다"라고 회신하였다.

### (6) 판 단

1) 관련 법령 등 「검찰사건사무규칙」(법무부령 제823호) 제69조 제3항은 "불기소 결정의 주문은 다음과 같이 한다. … 제5호 각하 : 고소 또는 고발이 있는 사건에 관하여 고소인 또는 고발인의 진술이나 고소장 또는 고발장에 의하여 제2호부터 제4호까지의 사유에 해당함이 명백한 경우, 동일사건에 관하여 검사의 불기소 처분이 있는 경우(다만, 새로이 중요한 증거가 발견된 경우에 고소인 또는 고발인이 그 사유를 소명한 때에는 그러하지 아니하다)…"라고 규정하고 있다.

「범죄수사규칙」(경찰청훈령 제750호) 제42조 제1항은 "경찰관은 고소·고발이 있는 때에는 이를 접수하되, 다음 각호의 하나에 해당되는 경우에는 수리하지 않고 반려할 수 있다. … 제3호 동일한 사안에 대하여 이미 법원의 판결이나 수사기관의 처분이 존재하여 다시 수사할 가치가 없다고 인정되는 사건. 다만 고소·고발인이 새로운 증거가 발견된 사실을 소명할 때에는 예외로 함…"이라고 규정하고 있다.

대법원은 "검사의 불기소 처분에는 확정재판에 있어서의 확정력과 같은 효력이 없어 일단 불기소 처분을 한 후에도 공소시효가 완성되기 전이면 언제라도 공소를 제기할 수 있으므로 세무공무원 등의 고발이 있어야 공소를 제기할 수 있는 조세범처벌법 위반죄에 관하여 불기소 처분이 있었더라도 세무공무원 등이 종전에 한 고발은 여전히 유효하다"라고 판시하였다.[30]

### (7) 판단 내용

피의자들에 대한 신청인의 고소사건이 경장 임○○의 수사과오로 불기소 처분되었으니 재수사할 수 있도록 도와 달라는 신청에 대해 살펴보면, 경장 임○○은 신청인에게 고소사건을 검찰로 송치한다는 통지 없이 송치하여 신청

30) 대법원 2009. 10. 29. 선고 2009도6614 판결.

인이 검찰수사단계에서 대질조사 등 보완수사를 요청할 기회를 가질 수 없었던 점, 담당 검사는 신청인의 고소사건을 송치받은 날로부터 5일만에 '의견서에 기재된 내용과 같은 이유'로 증거불충분으로 인한 '혐의 없음'의 불기소 처분을 한 점, 비록 신청인의 항고 및 재정신청은 기각되었으나, 그 후 ○○지방경찰청 수사이의심사위원회에서 구성원 9명 전원 찬성으로 경장 임○○의 수사과오를 인정한 점, ○○지방경찰청은 신청인의 고소사건에 대한 증거조사 여부에 대해 경장 임○○의 수사과오가 인정되었으나, 담당 검사의 불기소 처분이 있고, 새로운 증거가 발견된 경우가 아니어서 재수사하지 않았다고 주장하지만, 검사의 불기소 처분으로 인한 재수사의 제한은 정당하고 객관적인 수사가 이루어졌다는 것을 전제로 하는 것이고, 증거조사 시 담당 경찰관에게 수사과오가 있었던 경우에까지 제한하는 취지는 아니라고 판단되는 점, 증거조사에 대한 담당 경찰관의 수사과오는 넓은 의미에서 새로운 증거로 볼 수 있는 점, 특히 범죄의 공소시효가 도과하기 이전이라면 수사기관으로서는 담당 경찰관의 수사과오를 스스로 시정할 기회를 가짐으로써 실체적 진실을 발견하고, 범죄피해자의 피해를 회복시킬 필요성이 큰 점 등에 비추어 볼 때 신청인의 주장은 상당한 이유가 있다고 판단된다.

#### (8) 결 론

그러므로 피신청인 소속 경장 임○○의 수사과오로 불기소 처분된 신청인의 고소사건을 재수사해 달라는 신청인의 주장은 상당한 이유가 있으므로 부패방지 및 국민권익위원회의 설치와 운영에 관한 법률 제46조 제2항에 따라 피신청인에게 의견을 표명하기로 하여 주문과 같이 의결한다.

## 3. 경찰의 편파수사 및 수사미진 사건

최근 5년간(2014~2018) 전국 지방청에 총 6,833건의 수사이의 신청이 접수되었고, 이 중 263건이 수사과오로 인정된 것으로 나타났다. 수사이의제도란 '수사과정이나 수사결과에 이의가 있는 피해자, 피의자 등 사건관계자가 수사이의 신청을 하면, 각 지방경찰청 수사이의조사팀의 조사를 거쳐 외부전문가가 참여하는 수사이의심사위원회에서 수사과오의 인정 여부를 심사하는 제도'를 말한다.

수사가 잘못됐는지 여부의 판단 기준은 편파수사, 수사지연, 수사 결과 문제 등인데, 수사과오가 인정됐다는 것은 해당 수사가 부당하거나 잘못 이루어졌다는 것을 의미한다. 수사과오가 가장 많은 지방청은 서울청(97건)이었으며 경기청(32건), 인천청(19건), 대구청(18건), 강원청(16건)이 뒤를 이었다.

수사이의신청 접수 대비 과오가 인정된 비율로 보면 강원청이 91건 중 16건(17.6%)으로 가장 높았으며, 울산청(16.5%), 제주청(8%), 서울청(6.2%), 광주청(5.8%), 인천청(4.3%), 대구청(4.2%), 대전청(3.9%) 순으로 전국평균(3.8%)보다 높게 나타났다. 또한, 수사관 교체 요청 건수는 총 1만 209건(연평균 2,042건)으로 이 중 73.3%인 7,483건(연평균 1,497건)의 요청이 받아들여졌다. 수사관 교체 요청은 서울청(2,955건)이 가장 많았으며, 경기청(2,048건), 부산청(964건), 인천청(542건), 경남청(456건)이 뒤를 이었다.

수사관 교체 요청 제도란 대상사건의 고소인 등과 그 상대방(참고인 제외) 및 이들의 변호인, 법정대리인이 고소, 고발 등 사건 대상으로 수사관의 가혹행위·욕설 등 인권침해, 청탁·편파수사 등 공정성 침해, 금품수수, 기타 공정한 수사에 대한 의혹이 있을 경우 청문감사관실에 수사관 교체를 접수할 수 있는 제도로 2018년 2월부터는 수사관 기피신청제도로 명칭을 변경, 운영 중에 있다.

교체요청사유별로 보면 공정성 의심(4,452건 43.6%)이 가장 많았으며, 지방청별로는 서울청(1,350건), 경기남부/북부청(681건) 순이었고 서울청의 경우 최근 5년간 공정성 의심에 의한 교체 요청이 매년 증가하고 있다. 한편, 교체율이 가장 높았던 곳은 인천청(84.5%)이었다.

## 제 6 절 체포, 구속

**사례연구**

**Q 경찰이 피의자의 가족 등에 대해 피의자의 구속사실을 통지해 주지 않고 뒤늦게야 피의자 구속을 통지한 경우에 어떤 문제가 생길 수 있다고 생각하는가?**

▸ 형사소송법은 피의자의 가족 등에게 체포, 구속에 관한 통지의무를 규정하고 있고 이러한 통지의무를 24시간 이내에 신속하게 이행하도록 하고 있다. 특히 피의자가 미성년자인 경우에는 통지의무를 통해 피의자의 방어권이 실질적으로 보장되도록 해야 하는데 경찰이 피의자의 가족 등에게 체포 및 구속 사실을 통지해야 함에도 통지가 되지 않은 사실을 뒤늦게야 확인하고 통지서 발송을 지연한 행위는 헌법 제12조 제5항을 위반한 것으로 신체의 자유를 침해한 것이라 할 수 있다. 다만 이 사례에서 고의로 통지기간을 초과한 것이 아니라는 점이 고려사항이다.

## I. 체 포

### 1. 범죄용의자 체포

피의자의 신체를 구속하는 형법상의 강제처분으로 행동의 자유를 박탈하는 행위를 말한다. 경찰 등 공권력이 형법에 의거하여 피의자의 행동의 자유를 일시적으로 빼앗는 것이다. 현대에는 주로 수갑이 사용된다. 만약 이 행위를 불법적으로 할 경우 체포와 감금의 죄가 성립된다.

피의자를 체포 시에 미란다 원칙[31]을 고지해야 한다. 피의자가 도망 중이

---

31) 미란다 원칙(Miranda warning/Miranda rights)은 1966년 미국 연방대법원의 판결로 확립된 원칙이다. 1963년 3월, 미국 애리조나주 피닉스시 경찰은 당시 21세였던 멕시코계 미국인 에르네스토 미란다(Ernesto Miranda)를 납치·강간 혐의로 체포했다. 경찰서로 연행된 미란다는 피해자에 의해 범인으로 지목되었고, 변호사도 선임하지 않은 상태에서 2명의 경찰관에 의해 조사를 받았다. 미란다는 처음에는 무죄를 주장했으나 약 2시간가량의 심문과정 후 범행을 인정하는 구두 자백과 범행자백자술서를 제출했다. 그러나 재판이 시작되자 미란다는 자백을 번복하고, 진술서를 증거로 인정하는 것에 이의를 제기했다. 애리조나주 법원은 그의 주장을 받아들이지 않고 최저 20년, 최고 30년의 중형을 선고했다. 미란다는 애리조나주 대법원에 상고했지만 역시 유죄가 인정되었다. 그는 최후 수단으로 연방대법원에 상고를 청원했다. 상고청원서에서 미란다는 미국 수정헌법 제5조에 보장된 불리한 증언을 하지 않아도 될 권리와 제6조에 보장된 변호사의 조력을 받을 권리를 침해당했다고 주장했다.

연방대법원은 1966년, 5대 4의 표결로 미란다에게 무죄를 선고했다. 이유는 그가 진술거부권, 변호인선임권 등의 권리를 고지(告知)받지 못했기 때문이라는 것이다. '미란다 판결'이라고 부르게 된 이 판결은 보수적인 미국인들로부터 1960년대의 다른 인권 판결과 마찬가지로, 대법원이 범죄예방이나 범죄피해자의 권리보다는 범죄자의 권리를 더 존중하고 있다는 거센 비난을 받았다. 반발이 있기는 했지만 대부분의 주정부 경찰들은 미란다 판결 이후 연방대법원의 판결 취지에 따라 미란다 경고문을 만들어, 수사관들이 피의자

거나 여러 사정으로 체포 전에 미처 말하지 못하는 경우가 있을 수 있지만, 이 경우에도 체포 직후에는 반드시 고지하여야 한다. 심문시까지 가만히 고지를 하지 않는다면 불법체포가 될 수 있다.[32] 이는 진술거부권을 고지하지 않아 적법절차의 원칙을 위반하는 것과는 다른 문제이다. 이를 위반한 경우 이후 자백은 위법수집증거가 된다. 그러므로 체포 직후에라도 미란다 원칙을 반드시 고지해야 한다. 체포 이후에는, 그 48시간 이내에 구속 영장을 청구하거나 석방하여야 한다.

## 2. 영장에 의한 체포

기본적으로 사전영장주의에 따라 법원의 판사로부터 체포영장이 발부되어야 체포가 가능하다. 피의자가 범죄를 저질렀다고 의심할 만하며 수사를 위한 출석요구에 응하지 않았거나 응하지 않을 우려가 있다는 사유가 있으면 영장 발부가 가능하다.

## 3. 현행범의 체포

**형사소송법 제212조(현행범인의 체포)** 현행범인은 누구든지 영장 없이 체포할 수 있다.

**형사소송법 제214조(경미사건과 현행범인의 체포)** 다액 50만원 이하의 벌금, 구류 또는 과료에 해당하는 죄의 현행범인에 대하여는 범인의 주거가 분명하지 아니한 때에 한하여 제212조 내지 제213조의 규정을 적용한다.

---

를 체포하거나 신문할 때는 이 경고문을 미리 읽어 주도록 했다. 미란다 판결 이후 미란다 경고가 수사에 어떤 영향을 미쳤는지에 관해 많은 조사가 이루어졌는데, 그 결과는 미란다 판결로 인해 범죄자들이 무죄 석방되리라는 우려는 기우였다는 것이다. 한국 헌법과 형사소송법도 '체포 또는 구속의 이유'를 알려 주도록 규정하고 있는데, 미국의 미란다 원칙과 진술거부권의 고지 의무 여부 등의 차이는 있으나 근본정신은 같다. 대법원도 2000년 7월 4일 미란다 원칙을 무시한 체포는 정당한 공무집행이 아니라는 판결을 내렸다.

32) 대법원 2008. 11. 27. 선고 2008다60223 판결: 불법체포·구금으로 인한 손해가 현실적인 것으로 되었다고 볼 수 있는 불법행위의 종료일은 구속영장의 발부·집행에 의하여 불법상태가 종료된 그때부터 국가재정법 제96조에 기한 5년의 소멸시효기간도 진행한다고 할 것이다.

다만 범죄 사실이 거의 명백한 현행범의 경우 사전의 영장 없이도 누구나 그 현장에서 체포할 수 있다. 이 경우에도 정해진 시한 내에 경찰측에서 법원에 영장을 청구하여 발부받아야 한다. 사법경찰리가 현행범인으로 체포하는 경우에는 반드시 범죄사실의 요지, 구속의 이유와 변호인을 선임할 수 있음을 말하고 변명할 기회를 주어야 하며, 이러한 법리는 비단 현행범인을 체포하는 경우뿐만 아니라 긴급체포의 경우에도 마찬가지로 적용되는 것이다.[33]

대법원 판단을 보면, 여자 경찰관들이 미국산 쇠고기 수입 반대 촛불집회에 참석하였다가 현행범인으로 체포된 여자들인 甲 등에 대하여 유치장 입감을 위한 신체검사를 하면서 브래지어 탈의를 요구하여 제출받은 사안에서, 위 조치는 甲 등의 자살 예방을 위해 필요한 최소한도의 범위 내에서 이루어지거나 甲 등의 기본권이 부당하게 침해되는 일이 없도록 충분히 배려한 상당한 방법으로 이루어진 것이 아니므로 위법하다고 본 원심판단을 정당하다고 한 사례가 있다.[34]

## 4. 긴급체포

3년 이상의 징역·금고나 무기징역·금고, 사형에 해당하는 중범죄의 경우 피의자가 도주 또는 증거인멸을 할 가능성이 있다면 영장 없이도 긴급체포할 수 있다. 물론 체포 이후 계속 구속해야 하는 경우 구속영장을 발부받아야 한다.

긴급체포는 영장주의원칙에 대한 예외인 만큼 형사소송법 제200조의3 제1항의 요건을 모두 갖춘 경우에 한하여 예외적으로 허용되어야 하고, 요건을 갖추지 못한 긴급체포는 법적 근거에 의하지 아니한 영장 없는 체포로서 위법한 체포에 해당하는 것이고, 여기서 긴급체포의 요건을 갖추었는지 여부는 사후에 밝혀진 사정을 기초로 판단하는 것이 아니라 체포 당시의 상황을 기초로 판단하여야 하고, 이에 관한 검사나 사법경찰관 등 수사주체의 판단에는 상당한 재량의 여지가 있다고 할 것이다.[35]

---

33) 대법원 2010. 6. 24. 선고 2008도11226 판결.
34) 대법원 2013. 5. 9. 선고 2013다200438 판결.
35) 대법원 2008. 3. 27. 선고 2007도11400 판결.

긴급체포 당시의 상황으로 보아서도 그 요건의 충족 여부에 관한 검사나 사법경찰관의 판단이 경험칙에 비추어 현저히 합리성을 잃은 경우에는 그 체포는 위법한 체포라 할 것이고, 이러한 위법은 영장주의에 위배되는 중대한 것이니 그 체포에 의한 유치 중에 작성된 피의자신문조서는 위법하게 수집된 증거로서 특별한 사정이 없는 한 이를 유죄의 증거로 할 수 없다.[36)]

## 5. 체포의 제한

**헌법 제76조** ① 대통령은 내우·외환·천재·지변 또는 중대한 재정·경제상의 위기에 있어서 국가의 안전보장 또는 공공의 안녕질서를 유지하기 위하여 긴급한 조치가 필요하고 국회의 집회를 기다릴 여유가 없을 때에 한하여 최소한으로 필요한 재정·경제상의 처분을 하거나 이에 관하여 법률의 효력을 가지는 명령을 발할 수 있다.

② 대통령은 국가의 안위에 관계되는 중대한 교전상태에 있어서 국가를 보위하기 위하여 긴급한 조치가 필요하고 국회의 집회가 불가능한 때에 한하여 법률의 효력을 가지는 명령을 발할 수 있다.

③ 대통령은 제1항과 제2항의 처분 또는 명령을 한 때에는 지체없이 국회에 보고하여 그 승인을 얻어야 한다.

④ 제3항의 승인을 얻지 못한 때에는 그 처분 또는 명령은 그때부터 효력을 상실한다. 이 경우 그 명령에 의하여 개정 또는 폐지되었던 법률은 그 명령이 승인을 얻지 못한 때부터 당연히 효력을 회복한다.

⑤ 대통령은 제3항과 제4항의 사유를 지체없이 공포하여야 한다.

**헌법 제44조** ① 국회의원은 현행범인인 경우를 제외하고는 회기 중 국회의 동의 없이 체포 또는 구금되지 아니한다.

② 국회의원이 회기 전에 체포 또는 구금된 때에는 현행범인이 아닌 한 국회의 요구가 있으면 회기 중 석방된다.

대통령은 임기 중에 내란·외환죄 외에는 형사사건 소추의 대상이 되지 않기 때문에 내란, 외환을 제외하고는 체포할 수 없다. 단 임기가 끝나면 처벌이 가능하다.

---

36) 대법원 2002. 6. 11. 선고 2000도5701 판결.

국회의원은 회기 중에 현행범이 아닌 이상 체포되지 않는다. 현행범으로 체포돼도 국회의 요구가 있으면 석방해야 한다. 국회의원을 체포하기 위해서는 관할 법원 판사가 영장 발부 전에 체포동의요구서를 정부에 제출하고 국회에 동의 요청을 해야 한다. 체포동의요구서를 받은 정부는 국회에 체포동의를 요청하면 된다. 이때 통상 법무부장관이 체포사유를 연설하고 체포당사자가 방어하는 연설을 한 후 표결이 이뤄진다. 무기명 표결로 재적의원 과반수 참석에 과반수 찬성이 되면 법원은 영장을 발부한다.

교원은 현행범이 아닌 한 학교장의 동의 없이 학교 내에서 체포되지 않는다. 학교 내에서 체포하기 위해서는 체포영장이 있더라도 먼저 학교장의 동의를 얻고 체포해야 한다.

## Ⅱ. 구 속

**형사소송법 제69조(구속의 정의)** 본법에서 구속이라 함은 구인과 구금을 포함한다.

**형사소송법 제70조(구속의 사유)** ① 법원은 피고인이 죄를 범하였다고 의심할 만한 상당한 이유가 있고 다음 각 호의 1에 해당하는 사유가 있는 경우에는 피고인을 구속할 수 있다.

1. 피고인이 일정한 주거가 없는 때
2. 피고인이 증거를 인멸할 염려가 있는 때
3. 피고인이 도망하거나 도망할 염려가 있는 때

② 법원은 제1항의 구속사유를 심사함에 있어서 범죄의 중대성, 재범의 위험성, 피해자 및 중요 참고인 등에 대한 위해우려 등을 고려하여야 한다.

③ 다액 50만원 이하의 벌금, 구류 또는 과료에 해당하는 사건에 관하여는 제1항 제1호의 경우를 제한 외에는 구속할 수 없다.

**형사소송법 제88조(구속과 공소사실 등의 고지)** 피고인을 구속한 때에는 즉시 공소사실의 요지와 변호인을 선임할 수 있음을 알려야 한다.

**형사소송법 제198조(준수사항)** ① 피의자에 대한 수사는 불구속 상태에서 함을 원칙으로 한다.

② 검사·사법경찰관리와 그 밖에 직무상 수사에 관계있는 자는 피의자 또는 다른 사람의 인권을 존중하고 수사과정에서 취득한 비밀을 엄수하며 수사에 방해

되는 일이 없도록 하여야 한다.

③ 검사·사법경찰관리와 그 밖에 직무상 수사에 관계있는 자는 수사과정에서 수사와 관련하여 작성하거나 취득한 서류 또는 물건에 대한 목록을 빠짐 없이 작성하여야 한다.

**형사소송법 제201조(구속)** ① 피의자가 죄를 범하였다고 의심할 만한 상당한 이유가 있고 제70조 제1항 각 호의 1에 해당하는 사유가 있을 때에는 검사는 관할지방법원판사에게 청구하여 구속영장을 받아 피의자를 구속할 수 있고 사법경찰관은 검사에게 신청하여 검사의 청구로 관할지방법원판사의 구속영장을 받아 피의자를 구속할 수 있다. 다만, 다액 50만원 이하의 벌금, 구류 또는 과료에 해당하는 범죄에 관하여는 피의자가 일정한 주거가 없는 경우에 한한다.

② 구속영장의 청구에는 구속의 필요를 인정할 수 있는 자료를 제출하여야 한다.

③ 제1항의 청구를 받은 지방법원판사는 신속히 구속영장의 발부여부를 결정하여야 한다.

④ 제1항의 청구를 받은 지방법원판사는 상당하다고 인정할 때에는 구속영장을 발부한다. 이를 발부하지 아니할 때에는 청구서에 그 취지 및 이유를 기재하고 서명날인하여 청구한 검사에게 교부한다.

⑤ 검사가 제1항의 청구를 함에 있어서 동일한 범죄사실에 관하여 그 피의자에 대하여 전에 구속영장을 청구하거나 발부받은 사실이 있을 때에는 다시 구속영장을 청구하는 취지 및 이유를 기재하여야 한다.

**소년법 제55조(구속영장의 제한)** ① 소년에 대한 구속영장은 부득이한 경우가 아니면 발부하지 못한다.

② 소년을 구속하는 경우에는 특별한 사정이 없으면 다른 피의자나 피고인과 분리하여 수용하여야 한다.

## 1. 구속의 필요성

인신의 구속은 형사절차상 법원에 의한 강제처분의 한 종류로서 피의자나 피고인의 신체의 자유를 제한하는 것을 말한다. 한마디로 형사절차의 확보를 위해서 잡아두는 행위다. 피의자뿐만 아니라 피고인에게도 할 수 있다. 체포와 달리 사전영장주의의 예외가 없다. 즉, 무조건 영장이 있어야만 사람을 구속할 수 있다. 옛날에는 영장 없이 검사가 장기간 피의자를 구속하는 긴급구속제도도 있었으나 지금은 없어진 지 꽤 됐다.

경찰관서에서 구속된 피의자는 경찰서 유치장에 경찰단계의 수사절차가 끝날 때까지 수감되었다가 완료되면 검찰청으로 신병이 송치됨과 동시에 그 관할이 경찰에서 법무부로 넘어갔기 때문에 인근 구치소(교도소)로 압송된다. 검찰청에서 인지수사[37] 등으로 구속된 피의자는 영장발부 즉시 구치소(교도소)로 직행된다.

원칙적으론 ① 일정한 주거가 없을 때, ② 도주의 우려가 있을 때, ③ 증거인멸의 염려가 있을 때 사건담당 법관의 판단으로 구속영장을 발부할 수 있다. 간혹 죄질이 나쁜 피의자에 대하여 무조건 구속시켜라고 하는 사람들이 있는데, 구속은 아직 유죄가 확정되지 않은, 즉 몇 년형 살라고 법원에서 아직 판결이 안 나온 사람인, 형 확정 이전에 범죄혐의만 받는 피의자 혹은 피고인에 대해서 재판 및 수사절차의 원만한 진행을 담보하는 목적으로 법원 또는 수사기관에 출석을 확보하고 증거인멸의 위험을 막기 위해서 하는 것이다. 누가 봐도 연쇄살인범 등 죄가 확실하다고 하더라도 법원의 판결확정 이전까지는 무죄이기 때문에 도주 및 증거 인멸의 우려가 없다면 구속할 수 없다. 즉, 피의자나 피고인이 교도소 가기 싫다고 재판에도 안 나오고 도망가 버리거나 자기가 어떻게든 형을 줄여보려고 관련 증거를 없애면 원활한 재판이 이루어지지 않기 때문에 재판이 진행되는 동안 구속해야 한다는 개념으로 접근해야지 실제로 형을 살기 위해 감옥에 들어가는 자유형과는 엄연히 다른 개념이다.

그러나 구속은 형벌이 아니다. 구속영장이 기각됐다는 것은 죄가 없다고 판결을 내린 것이 절대 아니며, 단지 이 사람을 강제적으로 구금한 상태에서 재판을 진행할 필요까지는 없겠다는 판단일 뿐이다. 구속영장이 기각돼서 불구속 상태로 수사나 재판을 받아도 법원 판결 이후 법정구속되거나 형 확정 등으로 교도소에 가야 하는 경우도 분명히 많다. 반대로 구속영장이 발부되어서 구치소에 미결 수용된 상태에서 수사를 받거나 재판을 받아도 법원에서 무죄 혹은 집행유예 이하의 판결을 받으면 교도소에서 즉각 석방된다. 예를 들어보자면 사기죄 누명을 쓴 피의자가 있다고 할 때 나중에 무죄가 인정되어 석방되고 형사보

---

37) 인지수사란 수사기관이 그 직권으로 범죄의 사실을 체득하는 것을 말한다. 수사기관은 수사기관 자신의 인지로 알게 되었거나 범죄 사실을 인지한 다른 사람의 신고(자수, 고소, 고발)에 의해서 수사를 개시할 수 있다.

상 및 추후 민사소송을 진행한다고 해도 수사단계에서는 해당 피의자가 지속적으로 혐의를 부인하고 죄가 없다며 수사기관 조사에도 응하지 않을 수 있다.

재판은 피의자와 고소·고발인 쌍방 간의 진술을 들어야하는데 조사에 응하지 않으면 그럴 수 없으니 이 자체가 합법적인 수사절차에 응하지 않았다는 이유로 구속할 만하다고 검찰이 판단할 수 있다. 역으로 절도죄 사건으로 스스로 수사기관에 자수한 피의자가 있는데 모든 혐의에 대해서 인정하고 증거내용도 다 받아들이며 출석 요구할 때마다 성실히 나온다면 이후에 법원에서 형 확정되면 집행하면 될 뿐 강제적인 조치가 필요 없기 때문에 불구속재판이 진행될 수도 있다. 이처럼 구속이란 무조건 유죄여서 구속되는 게 아니라 검찰이나 법원에서 재판을 받거나 수사절차의 일환으로 강제적인 조치가 필요할 때 이루어지는 사항임을 알 수 있다.

사실 이는 일반인이 보기엔 구속과 징역이 별로 차이가 없어 보이기 때문인 것이 크다. 예외가 몇 가지 있긴 하지만, 원칙적으로 구속되면 구치소에 가는 것이고 징역형이 확정되어야 가는 곳이 교도소다. 하지만 일반인들이 보기에는 그냥 둘 다 죄수복 입고 들어가 있는 감옥 취급인 경우가 많다.

워낙 구속이 자주 발생하는 것처럼 보이기 때문에 구속이 원칙인 것 같지만 불구속 수사가 원칙이다(형사소송법 제198조 제1항). 그리고 구속이 되어도 유죄판결이 확정되기 이전에는 여전히 무죄로 추정된다는 것도 잊지 말아야 한다. 다만 무혐의로 판명날 경우 구속 기간에 대해서 보상을 하고 검사가 책임을 져야 하기 때문에 죄가 확실해야 구속을 하는 게 일반적인 것은 사실이다.

대신 집행유예가 나올 경우는 집행유예 자체 판결 대상자는 원래 징역형을 받은 것이고, 쉽게 말해 "원래 감옥에 살아야 되는데 반성의 가능성도 있을 거 같아 봐주는 것"이라는 개념이기 때문에 구속이 되었던 상태에서 판결이 나오더라도, 당연히 살아야 할 감옥에서 오히려 운 좋게 덜 살고 나오는 것에 불과하므로 아무런 보상이 없다. 심지어는 현실에서 거의 가능성이 없는 이야기이긴 하지만, 1년 6개월 동안 구속되어 있는 상태에서 대법원까지 가는 재판을 받았는데 대법원이 징역 6월에 집행유예 1년을 선고할 경우 대체 이 지경이 될 때까지 변호인은 뭘 했나, 형기보다 더 오래 구속당했던 것도 집행유예는 최종판결 이후부터 기산되므로 집행유예 1년을 그냥 앉아서 당하게 된다. 이는 벌금형의 경우도 마찬가지다.

단, 흔치 않게 무죄가 아닐 경우에도 보상 받는 경우가 있을 수 있는데, 이는 수사기관의 잘못된 형사절차 진행이 생기는 탓에 구속상태가 길어졌는데 최종판결이 구속기간보다 짧은 징역이 나온 경우, 혹은 1심에서 나온 징역보다 2심, 3심에서 나온 징역이 확고하게 줄어든 상황 중 특수한 경우 징역판결 나온 것보다 구속 기간이 길어 더 살게 되었다든가 하는 경우에는 소송으로 보상 받을 수 있는 경우도 있다.

대법원 판례는, 형사소송법 제72조의 "피고인에 대하여 범죄사실의 요지, 구속의 이유와 변호인을 선임할 수 있음을 말하고 변명할 기회를 준 후가 아니면 구속할 수 없다"는 규정은 피고인을 구속함에 있어서 법관에 의한 사전 청문절차를 규정한 것으로서, 법원이 사전에 위 규정에 따른 절차를 거치지 아니한 채 피고인에 대하여 구속영장을 발부하였다면 그 발부결정은 위법하다고 판시하였다.[38]

## 2. 구속의 종류

### (1) 사전구속영장에 의한 구속

보통 구속은 체포 이후 조사 단계에서 하는 것이 원칙이나 예외적으로 도망의 염려가 있고 증거인멸의 위험이 클 경우 체포 이전에 체포영장 대신 아예 사전구속영장을 발부받아서 체포와 동시에 구속시킬 수 있다.

### (2) 일반적인 구속

체포 이후 수사를 용이하게 하고 증거인멸이나 도주를 막기 위해 구속하는 것이다. 체포 이후 48시간 내에 구속영장을 청구해야 하며, 그 시간이 지나면 피의자를 석방해야 한다. 구속영장이 청구되면 구속영장실질심사를 받게 되는데 법원에서 심사를 받고, 근처 경찰서 유치장에서 대기하다가 영장이 발부되면 그 즉시 구치소로 이감되고, 구속영장이 기각되었다면 집에 가서 경찰서로 출퇴근하며 불구속수사를 받게 된다.

수사기관에서 구속영장을 신청(경찰이 검찰에) 혹은 청구(검찰이 법원에) 하

---

38) 대법원 2016. 6. 14.자 2015모1032 결정; 대법원 2000. 11. 10.자 2000모134 결정.

지 않았다면 당연히 불구속수사를 받게 된다. 불구속수사란 일단 집에 가고 날짜를 조정해서 수사기관에 출석해 조사를 받는 것이다.

### (3) 법정구속

말 그대로 법정에서 구속되는 것이다. 불구속기소가 되어 집에서 왔다 갔다 하면서 재판을 받던 피고인이 반성의 기미가 없고, 추가적인 범행의 정황이 있으며, 증거인멸 및 도주의 우려가 있는 경우 재판부에서 실형을 선고함과 동시에 구속시키는 것이다. 따라서 법정구속을 선고당한 피고인은 그 즉시 꽁꽁 묶여서 구치소로 이송된다.

법정구속은 헌법 제12조 제3항(모든 국민은 검사가 청구하고 법관이 발부한 영장을 통해서만 구속된다)을 근거로 하는 다른 구속과는 달리 법관이 지시하는 것이므로, 헌법 제12조 제1항(누구든지 법률에 의하지 아니하고는 구속되지 아니한다)을 근거로 한다.

이 외에도 형집행영장이라는 것이 있다. 이는 구속영장과는 좀 다른데, 불구속재판을 받다가 금고 혹은 징역형이 확정된 경우 형집행을 위해서 발부하는 것이다. 예를 들어서 1심에서 징역 1년이 선고되었는데 불구속상태였던 경우, 7일 이내에 항소를 할 수 있기 때문에 법정구속이 되지 않는 이상 일단 집에 갈 수는 있다. 하지만 7일 이내에 항소를 하지 않으면 형이 확정된다. 그러면 집에서 감옥으로 가야 하는데, 알아서 간다면 굳이 힘들일 필요가 없지만 피고인이 알아서 안 찾아가는 경우 검사는 형집행영장을 받아다가 신병을 확보해서 구치소나 교도소로 보낸다. 확정된 형을 집행하려는 목적이니 당연히 구속을 할 수 있다.

대법원의 판례를 보면, 변호인 없는 불구속 피고인에 대하여 국선변호인을 선정하지 않은 채 판결을 선고한 다음 법정구속한 것이 형사소송법 제33조 제1항 제1호를 위반한 것인지 여부에 대하여, 형사소송법 제33조 제1항 제1호 소정의 '피고인이 구속된 때'라고 함은 피고인이 당해 형사사건에서 이미 구속되어 재판을 받고 있는 경우를 의미하는 것이므로, 불구속 피고인에 대하여 판결을 선고한 다음 법정구속을 하더라도 구속되기 이전까지는 위 규정이 적용된다고 볼 수 없다고 판시하였다.[39]

---

39) 대법원 2011. 3. 10. 선고 2010도17353 판결.

## 3. 구속의 기간

**형사소송법 제202조(사법경찰관의 구속기간)** 사법경찰관이 피의자를 구속한 때에는 10일 이내에 피의자를 검사에게 인치하지 아니하면 석방하여야 한다.
**형사소송법 제203조(검사의 구속기간)** 검사가 피의자를 구속한 때 또는 사법경찰관으로부터 피의자의 인치를 받은 때에는 10일 이내에 공소를 제기하지 아니하면 석방하여야 한다.
**형사소송법 제203조의2(구속기간에의 산입)** 피의자가 제200조의2·제200조의3·제201조의2제2항 또는 제212조의 규정에 의하여 체포 또는 구인된 경우에는 제202조 또는 제203조의 구속기간은 피의자를 체포 또는 구인한 날부터 기산한다.

### (1) 경찰 단계

피의자를 구속하고 10일 이내에 검사에게 넘기지 않을 시에는 석방해야 한다.

### (2) 검찰 단계

검사가 구속하거나 경찰로부터 받은 때로부터 10일 이내에 공소를 제기하지 않으면 석방해야 한다. 이 단계에서는 계속 수사를 할 필요가 있다고 생각되면 지방법원의 허가를 받아서 10일을 초과하지 않는 한도에서 구속기간을 한 차례 연장할 수 있다(참고로 구속영장이 발부되기 전에 체포된 상태에 있던 기간(최대 48시간)도 구속기간에 포함한다).

### (3) 공소제기 이후

공소제기 이후 구속기간은 원칙적으로 2개월이다. 다만 구속을 계속할 필요가 있다면 심급마다 2개월 단위로 2번에 한해 갱신할 수 있다. 항소심이나 상고심에서는 3차 갱신도 할 수 있다. 이때는 공소제기 이전의 구속기간이 산입되지 않는다. 즉 1심 선고가 나오기 전까지 한 장의 구속영장으로 구속시킬 수 있는 최대 기간은 경찰에서 구속됐다면 6개월 30일, 검찰에서 구속됐다면 6개월 20일이다.

그러나 한 장의 구속영장으로 최대 6개월이란 뜻이지, 1심 선고 전 최대 구속 기간이 6개월이란 의미는 아니다. 예를 들어 박근혜 전 대통령의 경우 구속기간이 6개월이 넘어가기 전에 추가 구속영장이 발부되었는데, 형사소송법에 따르면 구속영장청구서에 적힌 혐의 수보다 기소할 때 공소장에 적힌 혐의가 더 많은 경우, 구속영장에 포함되지 않았던 혐의에 대해 추가 구속이 가능하다. 박 전 대통령의 1차 구속 당시 영장에는 '롯데·SK그룹 뇌물' 혐의가 적용되지 않아 검찰이 이 부분에 대해 추가 구속을 요청한 것이다.

### (4) 법정구속

처음부터 구속이 안 됐든 한 번 구속되었다가 풀려났든 피고인이 불구속 상태에서 재판을 받다가 법정구속이 됐을 때 구속기간도 피고인이 항소나 상고를 하지 않아 형이 확정되지 않는 이상 원칙적으로 2개월이다. 물론 선고된 형량이 충분히 길다는 전제가 붙는다. 상단의 공소제기 이후 란에 적혀 있는 것과 마찬가지로 2개월 단위로 2번에 한해, 항소심이나 상고심이라면 3번에 한해 갱신할 수 있다.

## 4. 기타 관련 문제

구속 시 중한 죄를 저지른 사람은 가벼운 죄를 저지른 사람보다 도주의 충동이 더 높을 것이라는 논리를 들어 구속 여부를 결정하기 때문에 실제 죄질이 어느 정도 반영된다고 봐도 무방하다.

반성의 기미가 보이지 않으면 재범의 우려가 높을 것이라는 논리로 피의자의 태도도 구속 여부에 영향을 미친다. 구속에 대한 불복수단은 구속영장실질심사(체포영장실질심사는 없다), 구속적부심, 보석 등이 있다. 구속적부심은 법원에 공소가 제기되기 전 수사단계에서 하는 것이고, 보석허가신청은 법원의 재판단계에서 하는 것이다. 가둔다는 것은 그 자체가 고통이다. 그래서 예전에는 변호사들이 위의 불복수단을 이용해서 구속된 피의자가 석방되면 그것만으로도 일정한 성공보수를 받을 수 있었으나 2015년 7월 24일 대법원 전원합의체 판결로 형사사건에서 성공보수를 받는 행위를 금지시켰다. 수사기관도 구속의 취소, 집행정지를 통해 구속된 피의자를 석방시킬 수 있다.

혐의가 확정되고 징역이나 금고형을 선고받으면 구속기간은 형량에 산입된다. 형량이 확정되면 재판이 끝날 때까지 구속되어 있던 기간만큼은 이미 형을 산 것으로 쳐 주고 나머지 기간을 집행하는 것이다. 이로 인해 형이 확정되고 구속기간 빼고 잔여기간이 한 달이 채 안 될 경우에는 교도소로 이감되지 않고 구치소에서 형을 마치기도 하며, 항소 진행 중 구속기간만으로 1심 형량을 채우게 되면 석방한 뒤 나머지 재판은 불구속으로 진행한다. 이것은 벌금형에도 적용돼서, 벌금을 선고받으면 구속기간만큼은 노역을 한 것으로 치고 일수와 일당을 계산해서 공제한 다음 나머지 액수에 대해 돈으로 납부와 노역 중 피형자가 원하는 방식을 선택해서 집행하게 된다. 다만 노역의 경우 대부분 구치소 내에서는 할 게 없어서 가둬놓는 것 자체로 벌금을 대신하는 경우가 많다. 구속되어 있었는데 무죄가 나온 경우 '해당 일수 × 금액'만큼을 보상받을 수 있다. 이를 형사보상청구권이라고 한다.

## 제7절 ≫ 압수·수색

**사례연구**

**Q 현행범으로 체포되었을 때 영장 없이 신체를 제압하고 신원을 확인하는 것에 대해 어떻게 생각하는가?**

---

► 현행범으로 체포된 사람이라도 그의 신체를 제압하여 신분증을 꺼내고 이를 확인하는 것은 체포행위와는 다른 별개의 것으로서, 원칙적으로 법관이 발부한 영장을 필요로 하는 압수 또는 수색이다. 형사소송법 제216조 제1항 제2호에 따라 체포현장에서의 압수·수색에 해당하는 경우에 한해 예외적으로 영장 없는 압수·수색이 가능하지만, 현행범으로 체포된 후 경찰관서로 이동하여 약 10여 시간이 경과한 후에 한 것은 적법절차에 반하는 것으로서 헌법이 보장하는 신체의 자유를 침해한 것이다.

**헌법 제12조 제3항** 체포·구속·압수 또는 수색을 할 때에는 적법한 절차에 따라 검사의 신청에 의하여 법관이 발부한 영장을 제시하여야 한다. 다만, 현행범인 경우와 장기 3년 이상의 형에 해당하는 죄를 범하고 도피 또는 증거인멸의 염려가 있을 때에는 사후에 영장을 청구 할 수 있다.

**형사소송법 제215조(압수, 수색, 검증)** ① 검사는 범죄수사에 필요한 때에는 피의자가 죄를 범하였다고 의심할 만한 정황이 있고 해당 사건과 관계가 있다고 인정할 수 있는 것에 한정하여 지방법원판사에게 청구하여 발부받은 영장에 의하여 압수, 수색 또는 검증을 할 수 있다.

② 사법경찰관이 범죄수사에 필요한 때에는 피의자가 죄를 범하였다고 의심할 만한 정황이 있고 해당 사건과 관계가 있다고 인정할 수 있는 것에 한정하여 검사에게 신청하여 검사의 청구로 지방법원판사가 발부한 영장에 의하여 압수, 수색 또는 검증을 할 수 있다.

## I. 압 수

압수·수색은 증거물 또는 몰수할 것으로 예상되는 물건의 점유를 취득하여 유지하는 처분인 압수와 사람의 신체, 물건, 주거 기타의 장소에서 압수할 물건이나 사람을 발견하기 위해 이를 찾는 처분인 수색을 말한다. 많은 국가에서 압수·수색을 위해 영장을 요구하고 있으며 불법적인 압수·수색으로부터 보호받을 헌법적 권리를 보장받고 있다.

영장주의가 원칙이며 당사자의 동의가 있을 경우 임의수사의 형태로 압수·수색이 가능하다. 압류, 영치 및 제출명령의 세 가지를 내용으로 한다. 현행범인 경우 동의 없이 압수·수색을 실시하고 사후영장을 청구할 수 있다. 공무원 또는 공무원이었던 자가 소지 또는 보관하는 물건에 관하여는 본인 또는 그 해당 공무소가 직무상의 비밀에 관한 것임을 신고한 때에는 그 소속공무소 또는 당해 감독관공서의 승낙 없이는 압수하지 못한다(형사소송법 제111조 제1항).

검사 또는 사법경찰관은 피의자가 발송한 것이나 피의자에게 대하여 발송된 우체물 또는 전신에 관한 것으로서 체신관서 기타가 소지 또는 보관하는 물건의 제출을 명하거나 압수를 할 수 있고(형사소송법 제107조 제1항, 제219조), 전항 이외의 우체물 또는 전신에 관한 것으로서 체신관서 기타가 소지 또는 보관하는 물건은 피의사건과 관계가 있다고 인정할 수 있는 것에 한하여 그 제출을 명하거나 압수를 할 수 있다(형사소송법 제107조 제2항, 제219조).

여자의 신체에 대하여 수색할 때에는 성년의 여자를 참여하게 하여야 한다(제124조). 한편, 압수·수색영장을 집행함에는 미리 집행의 일시와 장소를 제121조에 규정한 자에게 통지하여야 한다. 단 참여권자가 참여하지 아니한다는 의사를 명시한 때 또는 급속을 요하는 때에는 예외로 한다(형사소송법 제122조, 제219조). 공판정에서의 압수, 수색은 영장을 요하지 않는 반면, 공판정 외에서의 압수, 수색은 영장을 발부하여야 한다(형사소송법 제113조).

## Ⅱ. 압수거부

변호사, 변리사, 공증인, 공인회계사, 세무사, 대서업자, 의사, 한의사, 치과의사, 약사, 약종상, 조산사, 간호사, 종교의 직이 있는 자 또는 이러한 직에 있던 자가 그 업무상 위탁을 받아 소지 또는 보관하는 물건으로 타인의 비밀에 관한 것은 압수를 거부할 수 있다. 단, 그 타인의 승낙이 있거나 중대한 공익상 필요가 있는 때에는 예외로 한다.

### 1. 영장주의 위배한 압수·수색

영장 없는 위법수집 증거능력을 부인한다는 것이 다수의견이며 피의자가 사후에 동의하더라도 치유가 불가능하다.

그 사례를 보면. 甲이 乙의 집에 몰래 들어가서 경찰관에게 문을 열어주어 경찰이 乙 컴퓨터에 저장된 로그파일을 수집하도록 도왔다. 이 파일을 토대로 경찰은 乙이 위키백과에 대한 디도스 공격을 준비한 사실을 알아냈다. 이 로그파일은 위법수집증거로 증거능력이 부인된다.

### 2. 관련 판례

(1) 주취 상태에서의 운전은 도로교통법 제41조의 규정에 의하여 금지되어 있는 범죄행위임이 명백하고 그로 인하여 자기 또는 타인의 생명이나 신체에 위해를 미칠 위험이 큰 점을 감안하면, 주취운전을 적발한 경찰관이 주취운전

의 계속을 막기 위하여 취할 수 있는 조치로는, 단순히 주취운전의 계속을 금지하는 명령 이외에 다른 사람으로 하여금 대신하여 운전하게 하거나 당해 주취운전자가 임의로 제출한 차량열쇠를 일시 보관하면서 가족에게 연락하여 주취운전자와 자동차를 인수하게 하거나 또는 주취 상태에서 벗어난 후 다시 운전하게 하며 그 주취 정도가 심한 경우에 경찰관서에 일시 보호하는 것 등을 들 수 있고, 한편 주취운전이라는 범죄행위로 당해 음주운전자를 구속·체포하지 아니한 경우에도 필요하다면 그 차량열쇠는 범행 중 또는 범행 직후의 범죄장소에서의 압수로서 형사소송법 제216조 제3항에 의하여 영장 없이 이를 압수할 수 있다.[40]

(2) 압수물(피해품)은 피고인에 대한 범죄의 증명이 없게 된 경우에는 압수물의 존재만으로 그 유죄의 증거가 될 수 없다.

(3) 범인으로부터 압수한 물품에 대하여 몰수의 선고가 없어 그 압수가 해제된 것으로 간주된다고 하더라도 공범자에 대한 범죄수사를 위하여 여전히 그 물품의 압수가 필요하다거나 공범자에 대한 재판에서 그 물품이 몰수될 가능성이 있다면 검사는 그 압수해제된 물품을 다시 압수할 수도 있다.[41]

(4) 헌법과 형사소송법이 구현하고자 하는 적법절차와 영장주의의 정신에 비추어 볼 때, 법관이 압수, 수색영장을 발부하면서 '압수한 물건'을 특정하기 위하여 기재한 문언은 엄격하게 해석하여야 하고, 함부로 피압수자 등에게 불리한 내용으로 확장 또는 유추 해석하여서는 안 된다. 따라서 압수, 수색영장에서 압수한 물건을 '압수장소에 보관 중인 물건'이라고 기재하고 있는 것을 '압수장소에 현존하는 물건'으로 해석할 수 없다.[42]

(5) 지방법원 판사가 한 압수영장발부의 재판에 대하여 그와 같은 항고의 방법으로도 불복할 수 없다고 보아야 할 것이다. 다만 위와 같은 압수영장에 의하여 수사기관의 압수처분이 이루어진 경우에 그 처분에 대하여 같은 법 제417조에서 정한 준항고의 방법으로 불복할 수는 있을 것이다. 위와 같은 취지에서 이 사건 준항고를 기각한 원심의 조치는 정당하다.[43]

---

40) 대법원 1998. 5. 8. 선고 97다54482 판결
41) 대법원 1997. 1. 9.자 96모34 결정.
42) 대법원 2009. 3. 12. 선고 2008도763 판결.
43) 대법원 1997. 9. 29. 선고 97모66 판결.

(6) 집행현장 사정상 위와 같은 방식에 의한 집행이 불가능하거나 현저히 곤란한 부득이한 사정이 존재하더라도 저장매체 자체를 직접 혹은 하드카피나 이미징 등 형태로 수사기관 사무실 등 외부로 반출하여 해당 파일을 압수, 수색할 수 있도록 영장에 기재되어 있고 실제 그와 같은 사정이 발생한 때에 한하여 위 방법이 예외적으로 허용될 수 있다.[44]

(7) 현행의 불법감금상태를 제거하고 범인을 체포할 긴급한 필요가 있다고 보여지므로, 경찰이 압수·수색영장 없이 도서관 건물에 진입한 것은 적법한 공무원의 직무집행이다.[45]

공무원이 그 권한에 의하여 작성한 문서는 그 내용의 일부에 허위기재된 부분이 있다 하더라도 그 문서 자체는 공무소의 소유에 속하는 것이라고 해석함이 상당할 것이다. 따라서 피고인이 작성한 위 월간판매실적보고서는 비록 그 내용에 일부 허위기재된 부분이 있다 하여도 소관육군부대의 소유에 속한다 할 것인즉 원심이 이 사건 월간 판매실적보고서를 범인 이외의 자의 소유에 속하지 아니한 것으로 보아 몰수하였음은 형법 제48조 제1항 제1호를 잘못 적용한 것이다.[46]

(8) 뇌물을 받은 자가 그 뇌물을 증뢰자에게 반환한 때에는 증뢰자로부터 이를 몰수 또는 추징하여야 한다.[47]

(9) 제3자 소유의 물건에 대한 몰수판결은 제3자의 소유권에 영향을 미치지 아니한다.[48]

(10) 특별한 이유 없이 호흡측정기에 의한 측정에 불응하는 운전자에게 경찰공무원이 혈액채취에 의한 측정방법이 있음을 고지하고 그 선택 여부를 물어야 할 의무가 있다고 할 수 없다.[49]

(11) 의료인이 진료 목적으로 채혈한 환자의 혈액을 임의로 제출하였다면 특별한 사정이 없는 한 반드시 그 환자의 동의를 받아야 하는 것이 아니므로,

---

44) 대법원 2011. 5. 26. 선고 2009모1190 판결.
45) 대법원 1983. 6. 14. 선고 90도763 판결.
46) 대법원 1983. 6. 14. 선고 83도808 판결.
47) 대법원 1984. 2. 28. 선고 83도2783 판결.
48) 대법원 1974. 7. 16. 선고 73다1519 판결.
49) 대법원 2002. 10. 25. 선고 2002도4220 판결.

압수절차가 피고인이나 가족의 동의 및 영장 없이 행하여졌어도 적법절차를 위반한 위반은 없다.[50]

(12) 수사기관에 대하여 형사소송법상의 환부청구권을 포기한다는 의사표시를 하더라도 그 효력이 없어 그에 의하여 수사기관의 필요적 환부의무가 면제된다고 볼 수 없으므로, 압수물의 소유권이나 그 환부청구권을 포기하는 의사표시로 인하여 위 환부의무에 대응하는 압수물에 대한 환부청구권이 소멸하는 것은 아니다.[51]

(13) 甲 정당의 당원들인 피고인 등이 甲 정당 당원명부 등을 관리하는 서버에 대한 수사기관의 압수·수색을 저지함으로써 그 직무집행을 방해하였다고 하여 특수공무집행방해로 기소된 사안에서, 수사기관이 법원으로부터 발부받은 압수·수색영장에 기하여 위 서버를 압수한 공무집행은 적법하게 이루어졌다고 보아 피고인에게 유죄를 인정한 원심판단을 수긍한 사례[52] 등이 있다.

## 제 8 절 ≫ 불심검문

**사례연구**

**Q 불심검문할 때 지켜야 할 절차는 어떠한 것들이 있는가?**

► 경찰관신분증을 제시하여 경찰관이라는 신분을 밝혀야 한다. 불심검문 사유를 설명하고 대상자를 확인하는 데 필요한 만큼만 정지시키며 상대방의 의사에 반해 답변이나 동행을 강요해서는 안된다. 정지하지 않는 경우에 실력행사는 원칙적으로 금지되며, 동행하는 경우에는 동행을 거부할 자유가 있다는 사실과 동행 후에 언제든지 경찰관서로부터 퇴거할 자유가 있음을 고지하고 동행장소를 밝혀야 한다. 경찰관서로 동행한 경우 그 가족 등에게 동행에 대해 알려야 하며 변호인의 조력을 받을 권리 등을 고지해야 한다. 소지품 검사는 상대방의 동의를 받아야 한다.

50) 대법원 1999. 9. 3. 선고 98도968 판결.
51) 대법원 1996. 8. 16.자 94모51 전원합의체 결정.
52) 대법원 2014. 5. 29. 선고 2013도2285 판결.

**경찰관직무집행법 제3조(불심검문)** ① 경찰관은 다음 각 호의 어느 하나에 해당하는 사람을 정지시켜 질문할 수 있다.

1. 수상한 행동이나 그 밖의 주위 사정을 합리적으로 판단하여 볼 때 어떠한 죄를 범하였거나 범하려 하고 있다고 의심할 만한 상당한 이유가 있는 사람
2. 이미 행하여진 범죄나 행하여지려고 하는 범죄행위에 관한 사실을 안다고 인정되는 사람

② 경찰관은 제1항에 따라 같은 항 각 호의 사람을 정지시킨 장소에서 질문을 하는 것이 그 사람에게 불리하거나 교통에 방해가 된다고 인정될 때에는 질문을 하기 위하여 가까운 경찰서·지구대·파출소 또는 출장소(지방해양경찰관서를 포함하며, 이하 "경찰관서"라 한다)로 동행할 것을 요구할 수 있다. 이 경우 동행을 요구받은 사람은 그 요구를 거절할 수 있다.

③ 경찰관은 제1항 각 호의 어느 하나에 해당하는 사람에게 질문을 할 때에 그 사람이 흉기를 가지고 있는지를 조사할 수 있다.

④ 경찰관은 제1항이나 제2항에 따라 질문을 하거나 동행을 요구할 경우 자신의 신분을 표시하는 증표를 제시하면서 소속과 성명을 밝히고 질문이나 동행의 목적과 이유를 설명하여야 하며, 동행을 요구하는 경우에는 동행 장소를 밝혀야 한다.

⑤ 경찰관은 제2항에 따라 동행한 사람의 가족이나 친지 등에게 동행한 경찰관의 신분, 동행 장소, 동행 목적과 이유를 알리거나 본인으로 하여금 즉시 연락할 수 있는 기회를 주어야 하며, 변호인의 도움을 받을 권리가 있음을 알려야 한다.

⑥ 경찰관은 제2항에 따라 동행한 사람을 6시간을 초과하여 경찰관서에 머물게 할 수 없다.

⑦ 제1항부터 제3항까지의 규정에 따라 질문을 받거나 동행을 요구받은 사람은 형사소송에 관한 법률에 따르지 아니하고는 신체를 구속당하지 아니하며, 그 의사에 반하여 답변을 강요당하지 아니한다.

**주민등록법 제26조(주민등록증의 제시요구)** ① 사법경찰관리가 범인을 체포하는 등 그 직무를 수행할 때에 17세 이상인 주민의 신원이나 거주 관계를 확인할 필요가 있으면 주민등록증의 제시를 요구할 수 있다. 이 경우 사법경찰관리는 주민등록증을 제시하지 아니하는 자로서 신원을 증명하는 증표나 그 밖의 방법에 따라 신원이나 거주 관계가 확인되지 아니하는 자에게는 범죄의 혐의가 있다고 인정되는 상당한 이유가 있을 때에 한정하여 인근 관계 관서에서 신원이나 거주 관계를 밝힐 것을 요구할 수 있다.

② 사법경찰관리는 제1항에 따라 신원 등을 확인할 때 친절과 예의를 지켜야 하며, 정복근무 중인 경우 외에는 미리 신원을 표시하는 증표를 지니고 이를 관계인에게 내보여야 한다.

**도로교통법 제47조(위험방지를 위한 조치)** ① 경찰공무원은 자동차등의 운전자가 제43조부터 제45조까지의 규정을 위반하여 자동차등을 운전(무면허운전, 음주운전, 졸음운전－註)하고 있다고 인정되는 경우에는 차를 일시정지시키고 그 운전자에게 자동차 운전면허증(이하 "운전면허증"이라 한다)을 제시할 것을 요구할 수 있다.

**제주특별자치도 설치 및 국제자유도시 조성을 위한 특별법 제96조(경찰관직무집행법 준용)** 제주특별자치도 자치경찰공무원도 자치경찰사무를 수행함에 불심검문을 할 수 있으며, 따라서 이 경우에 자치경찰단 사무소로의 임의동행을 요구할 수 있다.

## I. 불심검문의 대상

불심검문이란 경찰관이 행동이 수상한 사람을 대상으로 행동을 멈추게 하고 질문하는 것을 말한다. 경찰관직무집행법에 명시된 행정작용의 일부이다. 다만, 수사의 단서가 될 수 있으므로 형사소송법과도 무관하지 않다. 일명 '거수자'라고 불리는 '행동이 수상한 사람'이다. 경찰관이 봤을 때 범죄를 저질렀거나 저지르려고 한다는 합리적 의심(reasonable doubt)이 있는 사람이 주된 대상이다. 거기에 범죄에 대해 뭔가 아는 것 같아 보이는 사람도 불심검문의 대상에 포함된다.

국가 주요 시설의 경우 대개 테러리스트로 의심되는 사람이 불심검문 대상이다. 식별법은 모자를 눌러쓰고 걸음걸이가 구부정하며 귀에 손을 대고 무언가 중얼거리는 사람, 혹은 여름인데 혼자 두꺼운 롱코트 등 외투를 걸친 사람이다. 걸음걸이가 구부정하거나 외투를 걸친 이유는 품속에 은닉이 쉬운 무기를 갖고 다니기 때문이다. 국가 주요시설에서는 일반 경찰이 아닌 최소 K2 소총을 보유한 경찰기동대 및 경찰특공대가 경계근무를 서기 때문에 검문에 불응하고 도주 및 저항 시 제압이 가능하다.

그리고 일상에서는 마약 상습복용자나 성범죄자, 강도 등으로 의심되는 사람이다. 예를 들면 한밤중 인적이 드문 골목을 젊은 남자가 배회하거나, 은행 등 근처를 배회하며 품 속에서 무언가 만지작거리거나 하는 등의 행동을 할 경우를 말한다.

집회시위 시에는 폭력시위를 벌일 것으로 의심될 경우 경찰관직무집행법에 의거 불심검문이 가능하다. 그렇다면 그 '행동 수상'의 판단 기준은 무엇일까? 딱 떨어지는 기준은 없다. 누군가가 수상한 행동을 한다는 사실에 덧붙여 경찰관 개인의 정보·지식·관찰 등 주관적 요소를 토대로 합리적 판단하라는 것이 판단의 근거이다. 그래서 일상에서 많은 문제가 일어나는 일이기도 하다.

## Ⅱ. 불심검문의 방법

경찰관은 행동이 수상한 사람의 행동을 멈추게 하고 자신의 신분이 명시된 증표를 제시하며 소속과 이름을 밝힌 뒤, 질문을 한다. 그 사람이 어디를 왜 가는 것인지, 몇 살이고 어디에 사느냐 등의 내용을 물어볼 수 있다. 신분증을 보여 달라고 할 수도 있다.

무엇보다 중요한 것은 답변을 꼭 해야 할 의무는 없다. 불심검문은 강제절차가 아닌 임의절차이며, 법률에도 "답변을 강요당하지 않는다"고 분명히 명시돼 있다. 행동을 멈추게 하는 것도 강제수단을 동원하는 것은 허용되지 않는다. 하지만 상황에 따라서 "길을 막거나 몸에 손을 대는 정도"의 힘을 동원하는 것은 허용된다는 것이 학계의 다수설이다.

### 1. 임의동행

불심검문을 한다고 멈추긴 멈췄는데, 그 장소가 도로 한복판이라는 등 '당해인에게 불리하거나 교통에 방해된다고 인정'될 때도 있다. 경찰관은 이럴 때 불심검문 당사자에게 근처 경찰서 등에 "같이 좀 가자"고 요구할 수도 있다. 물론 당사자는 그때도 경찰관의 요구를 거절할 수 있다. 경찰관이 임의동행 요구에 응하지 않는다 하여 강제연행하려고 대상자의 양팔을 잡아 끈 행위는 적법한 공무집행이라고 할 수 없으므로 그 대상자가 이러한 불법연행으로부터 벗어나기 위하여 저항한 행위는 정당한 행위라고 할 것이고 이러한 행위에 무슨 과실이 있다고 할 수 없다.[53)]

임의동행으로 같이 갔다고 하더라도, 그 사람을 6시간 이상 잡아둘 수 없다. 6시간을 넘기면 안 된다는 것이지 꼭 채워야 할 필요는 없어서, 임의동행 후 언제든지 경찰관서에서 퇴거할 자유가 있다. 임의동행으로 파출소에 간 뒤 조사받기를 거부하고 파출소를 나가려다가 이를 막으려 하는 경찰관을 때린 사람에게, 적법한 공무집행이 아니라는 이유로 폭력행위 등 처벌에 관한 법률 위반만 유죄로 인정하고 공무집행방해는 무죄를 최종 선고한 사례도 있다.[54)]

경찰관이 임의동행을 요구하며 손목을 잡고 뒤로 꺾어 올리는 등으로 제압하자 거기에서 벗어나려고 몸싸움을 하는 과정에서 경찰관에게 경미한 상해를 입힌 경우, 위법성이 결여된 행위라고 본 사례도 있다.[55)]

## 2. 소지품 검사

경찰관은 불심검문 당사자가 흉기 등을 가졌는지 확인하기 위해 소지품을 검사할 수 있다. 법률에 명시돼 있듯이, 검사 목적은 어디까지나 흉기 등 위험한 물건의 소지 여부 확인이다. 소지품 검사의 방법은 일명 “Stop and Frisk”[56)]로도 알려져 있다. 상대방을 정지시키고, 손으로 옷이나 휴대한 물건의 겉을 손으로 만져서 확인하는 방법이다. 주머니나 가방 속 물건에 대해서는 강요적 언동에 의하지 않는 한 허용된다. 흉기나 폭탄 등 위험한 물건이 있다고 의심된다면 폭력을 사용하지 않는 범위 내에서 조사가 가능하지만, 그 외에는 실력을 행사해서 조사하는 것은 허용되지 않는다.

---

53) 대법원 1992. 5. 26. 선고 91다38334 판결.

54) 대법원 1997. 8. 22. 선고 97도1240 판결.

55) 대법원 1999. 12. 28. 선고 98도138 판결.

56) The stop－question－and－frisk program, or stop－and－frisk, in New York City, is a New York City Police Department practice of temporarily detaining, questioning, and at times searching civilians and suspects on the street for weapons and other contraband. This is what is known in other places in the United States as the Terry stop. The rules for stop, question, and frisk are found in the state’s criminal procedure law section 140.50, and are based on the decision of the US Supreme Court in the case of Terry v. Ohio.

### (1) 상황 1

경찰관 A는 길을 지나가는 행인 B에게 소지품 검사를 하겠다며 소지품을 꺼내 주라고 요구했다. 경찰관 A의 요구를 받은 행인 B는 보여주기 싫음에도 불구하고 법적인 불이익이 올까 무서워서 경찰관 A의 요구대로 자신의 가방에서 물건을 꺼내 보여줬다.

이런 경우 임의제출이 성립되어 경찰에게 보여주기 싫어도 내가 직접 손으로 꺼낸 것이기 때문에 위법한 공무집행이라고 할 수 없다. 전술된 설명 중 "주머니나 가방 속 물건에 대해서는 '강요적 언동에 의하지 않는 한 허용'된다"라고 써 놓았는데 아마 이 방법을 얘기하는 듯하다.

### (2) 상황 2

법률상 위 불법적 행위를 어떤 곳에서도 한 적이 없는 평범한 학생 A는 등교를 하기 위해 걸어가고 있었다. 마침 그 근처에서 순찰을 하고 있던 경찰관 B는 학생 A가 긴급체포 대상자가 아니며, 학생 A가 저지르는 위법한 행동을 목격하지 않았고, 학생 A에 대한 수색영장 또한 발부되어 있지 않은 상태임을 인지하고 있었음에도 불구하고, 단순히 '학생 A의 가방과 주머니가 수상해 보인다'는 자신의 판단을 근거로 학생 A로 하여금 가방과 주머니에 있는 물건들을 꺼내 보여 달라고 요구했다.

학생 A는 경찰관 B의 요구에 대해 공손하고 상식에 어긋나지 않은 자세로 "지금은 수업에 늦어 빨리 가보아야 하기 때문에 보여드릴 수 없습니다. 정말 죄송합니다"라고 말하며 경찰관 B의 요구를 거부했다. 그러자 경찰관 B는 학생 A에게 "관할 파출소로 함께 가자", "안 보여주면 불법이다", "공무집행방해죄로 체포하겠다" 등 불이익을 주겠다는 식으로 학생 A를 협박했고 학생 A는 끝까지 자신의 가방과 주머니를 안 보여주며 저항했다. 결국 학생 A는 경찰관 B에게 공무집행방해 혐의로 체포되었고 재판에 넘겨진다.

이런 경우 수사법에는 크게 임의수사와 강제수사가 있는데 강제수사는 압수·수색영장, 구속영장이 있거나, 현행범이거나, 긴급체포요건을 충족했을 시 용의자를 체포한 뒤 영장 청구를 할 수 있는 헌법적 가치이다.

그런데 경찰관이 지나가는 시민을 불러 세워 소지품 검사를 하겠다거나,

어떠한 사건에 대해 물어보거나, 주민등록증을 제시하라고 요구하는 경우는 임의수사 중 불심검문 행위이며 이러한 불심검문은 불심검문을 받는 시민의 의사에 반해서 어떤 것도 묻지도 조사할 수 없다. 다만 음주운전에 관한 음주측정은 다르다.

또한 법에서는 요구할 수 있다고 나와 있지만 그 요구는 '협조해 주시면 감사하겠습니다'라는 요구이지 <상황 2>의 경찰관 B처럼 요구를 거부하고 응하지 않는 학생 A에게 "당신 이러면 곤란해. 잡아갈 거야" 혹은 "이거 불법행위이다. 잠시 서로 같이 가주시죠"라는 식으로 협박이나 강요한다면 학생 A는 직권남용, 불법체포 및 감금, 강요 등을 근거로 경찰관 B를 형사고발을 하거나 따져 물을 수 있다.

**형법 제123조(직권남용)** 공무원이 직권을 남용하여 사람으로 하여금 의무 없는 일을 하게 하거나 사람의 권리행사를 방해한 때에는 5년 이하의 징역, 10년 이하의 자격정지 또는 1천만원 이하의 벌금에 처한다.

**형법 제124조(불법체포, 불법감금)** ① 재판, 검찰, 경찰 기타 인신구속에 관한 직무를 행하는 자 또는 이를 보조하는 자가 그 직권을 남용하여 사람을 체포 또는 감금한 때에는 7년 이하의 징역과 10년 이하의 자격정지에 처한다.
② 전항의 미수범은 처벌한다.

**형법 제324조(강요)** ① 폭행 또는 협박으로 사람의 권리행사를 방해하거나 의무 없는 일을 하게 한 자는 5년 이하의 징역 또는 3천만원 이하의 벌금에 처한다.

위의 상황에서 법령에 근거한다면, <상황 2>의 경찰관 B는 소지품 검사를 거부한 학생 A를 체포하기 위한 법적인 절차 및 정당성을 충족하기 어려워 보일뿐더러 학생 A를 체포한 경찰관 B의 행위 자체가 위법한 행위일 수 있다.

현행범인 체포의 요건을 갖추었는지에 관한 검사나 사법경찰관 등의 판단에는 상당한 재량의 여지가 있으나, 체포 당시 상황으로 보아도 요건 충족 여부에 관한 검사나 사법경찰관 등의 판단이 경험칙에 비추어 현저히 합리성을 잃은 경우 그 체포는 위법하다. 그리고 범죄의 고의는 확정적 고의뿐만 아니라 결과 발생에 대한 인식이 있고 이를 용인하는 의사인 이른바 미필적 고의도 포함하므로, 피고인이 인신구속에 관한 직무를 집행하는 사법경찰관으로서 체포 당시 상황을 고려하여 경험칙에 비추어 현저하게 합리성을 잃지 않은 채 판단하면 체포 요건이 충족되지 아니함을 충분히 알 수 있었는데도, 자신의 재량 범위를 벗어난다는 사실을 인식하고 그와 같은 결과를 용인한 채 사람을 체포하여 권리행사를 방해하였다면, 직권남용체포죄와 직권남용권리행사방해죄가 성립한다.[57]

결과적으로 경찰공무원인 피고인이 현행범인 체포의 요건을 갖추지 못한 채 피해자를 체포한 행위는, 비록 외형상으로는 경찰의 직무집행 범위에 속한다고 하더라도 실질은 직무집행의 법령상 요건과 필요성 및 상당성을 결여한 것이어서 적법한 공무집행이 아니다.

또한 경찰관 B의 요구에 학생 A가 거부할 수 있다는 판단근거와 법적 근거는 경찰관직무집행법에서 규정하고 있으며 그 내용은 다음과 같다.

**경찰관직무집행법 제3조(불심검문)** ② 경찰관은 제1항에 따라 같은 항 각 호의 사람을 정지시킨 장소에서 질문을 하는 것이 그 사람에게 불리하거나 교통에 방해가 된다고 인정될 때에는 질문을 하기 위하여 가까운 경찰서·지구대·파출소 또는 출장소(지방해양경찰관서를 포함하며, 이하 "경찰관서"라 한다)로 동행할 것을 요구할 수 있다. 이 경우 동행을 요구받은 사람은 그 요구를 거절할 수 있다.

④ 경찰관은 제1항이나 제2항에 따라 질문을 하거나 동행을 요구할 경우 자신의 신분을 표시하는 증표를 제시하면서 소속과 성명을 밝히고 질문이나 동행의 목적과 이유를 설명하여야 하며, 동행을 요구하는 경우에는 동행 장소를 밝혀야 한다.

⑦ 제1항부터 제3항까지의 규정에 따라 질문을 받거나 동행을 요구받은 사람은 형사소송에 관한 법률에 따르지 아니하고는 신체를 구속당하지 아니하며, 그 의사에 반하여 답변을 강요당하지 아니한다.

그러나 거부한다고 도망치듯 뛰어간다면 현행범으로 체포당할 수 있으니 그러지 말고 정말 경찰관의 요구가 불합리하다고 느껴지고 자신의 이익이 침해

57) 대법원 2017. 3. 9. 선고 2013도16162 판결.

된다는 느낌이 든다면 그 자리에서 핸드폰으로 상황을 녹화하며 거부의 요지를 차근히 설명해야 한다. 만약 경찰관의 요구가 너무 어이없고 화난다고 욕을 하거나 경찰관을 폭행한다면 오히려 모욕죄나 공무집행방해, 폭행 혐의 등으로 현행범 체포가 될 수 있으므로 경찰관을 향해 폭력이나 욕설은 하지 않는 게 좋다.

그러나 만약 주위에 사람이 없고 혼잣말 같은 작은 소리로 "… 아 ㅈ같네 …"라고 해서 경찰관이 모욕죄로 체포한다면 그것은 위법한 체포일 수 있다. 왜냐하면 이 경우 상황에 따라서는 공연성 결여의 이유로 인한 위법성조각으로 모욕죄가 성립되지 않아서 무죄가 될 수 있기 때문이다. 심지어 위법한 체포 상황에서 경찰관에게 욕설을 하고 상해를 입혔는데도 공무집행방해가 무죄가 된 판례가 있다.

피고인의 이 사건 모욕 범행은 불심검문에 항의하는 과정에서 저지른 일시적, 우발적인 행위로서 사안 자체가 경미할 뿐 아니라, 고소를 통하여 검사 등 수사 주체의 객관적 판단을 받지도 아니한 채 피해자인 경찰관이 범행현장에서 즉시 범인을 체포할 급박한 사정이 있다고 보기도 어렵다. 경찰관이 현행범인 체포 요건을 갖추지 못하였는데도 실력으로 현행범인을 체포하려고 하였다면 적법한 공무집행이라고 할 수 없고, 현행범인 체포행위가 적법한 공무집행을 벗어나 불법인 것으로 볼 수밖에 없다면, 현행범이 체포를 면하려고 반항하는 과정에서 경찰관에게 상해를 가한 것은 불법체포로 인한 신체에 대한 현재의 부당한 침해에서 벗어나기 위한 행위로서 정당방위에 해당하여 위법성이 조각된다.[58]

불심검문에서의 소지품 검사는 무엇보다 당해인의 의사를 반하여서 할 수 없는 임의수사이므로 경찰관이 검사하자고 할지라도 이에 응할 의무는 없고 거부할 수 있다. 설령 가방이나 짐의 겉면을 만지거나 관찰하는 행위 정도에서 끝내야 하며 직접 손을 넣어 물건을 빼거나 뒤집어서 들추는 행위는 영장에 의하지 아니한 위법한 공무집행으로 거기에 대해 협조할 이유도 없을 뿐더러 민원 사유가 된다. 위법한 공무집행을 한 경찰관이 소속된 관할 경찰서에 촬영한 것을 토대로 민원 넣고 지방검찰청에 형사고발을 할 수도 있다.

---

58) 대법원 2011. 5. 26. 선고 2011도3682 판결.

### 3. 자동차 검문

범죄 예방과 검거를 목적으로 길을 가는 자동차를 멈추게 해서 운전자나 동승자에게 질문하는 것을 말한다. 교통검문(도로교통법 위반 단속), 경계검문(일반적 범죄 예방과 검거 목적), 긴급수배검문(범죄 발생시 범인 검거 및 수사정보 수집 목적) 등으로 나눌 수 있다. 자동차 검문에서도 강제수단은 허용되지 않는다.

## Ⅲ. 불심검문과 인권

> **헌법 제12조** ① 모든 국민은 신체의 자유를 가진다. 누구든지 법률에 의하지 아니하고는 체포·구속·압수·수색 또는 심문을 받지 아니하며, 법률과 적법한 절차에 의하지 아니하고는 처벌·보안처분 또는 강제노역을 받지 아니한다.

불심검문은 외부로는 공권력과 개인 인권의 충돌이고 내부적으로는 범죄 예방과 적법절차라는 가치의 마찰이기 때문에 인권 문제와 자주 연결된다. 성질상 행정작용의 일부로 이론이 없는 상태이나 실무상으론 불심검문, 체포로 이어지는 경우가 꽤 있기 때문에 사법작용과 잘 구분되지 않는다. 이런 사정으로 학계에서도 지속적으로 비판과 개선안이 제기되고 있고, 언론에서도 자주 등장하는 주제이다.

이는 외국이라고 크게 다르지 않아서 뉴욕 지법은 흑인을 상대로 한 불심검문에 대해 위헌 판결을 내린 적도 있다. 거기다 백인보다 흑인을 더 많이 검문한다는 인종 문제까지 있다.

우리나라에서도 우선 불심검문이 수사의 단서로서 도움이 된다는 점은 사실로 보인다. 경찰은 신원확인을 강제하는 규정을 입법하려고 시도한 적이 있으나 불발되었다. 법원도 비교형량상 대상자가 얻는 주관적 불쾌감이나 약간의 시간 손실보다는 미래의 범죄 예방이 중요하다고 하며 어느 정도 인정하고는 있으나 경찰이 강압적이었던 역사가 있는데다 현대에도 불심검문 원칙이 잘 지켜지지 않는 경우가 많아서(경찰, 노란 리본 달았다고 불심검문) 시민들이 손쉽게 믿지 못하는 상태이다. 이로 인해 신원확인을 의무화하더라도 부정적인 인식 개선을 선결해야 한다는 의견이나 경찰의 신분증 제시를 의무화하거나 영국처럼 기록으로 남겨두자는 의견들이 나오고 있다.

## IV. 국가인권위원회 진정 사건

### 1. 경찰의 적법절차 위반 등에 의한 인권침해

(1) 피진정인 ○○○은 2007. 7. 3. 06:00경 창신동에서 외국인이라는 이유로 피해자를 불심검문하고 임의 동행하였으며, 그 과정에서 적법절차를 준수하지 않았다.

(2) 「경찰직무집행법」 제3조에서 불심검문이나 임의동행의 요건과 절차 등을 규정하고 있고, 이러한 경찰력의 행사는 모든 사람의 신체의 자유를 침해할 가능성이 큰 영역이어서 「헌법」상 적법절차의 원리에 의한 규제가 필요한 것이므로 절차의 적법성과 적정성이 요구됨에도 피진정인의 불심검문이 요건에 부합하지 않았던 점, 불심검문 시 신분증을 제시하지 않았던 점, 임의동행 시 거부권을 고지하지 않았던 점은 피해자에 대한 인권침해 행위로 인정된다.

iii) 피진정인 ○○○이 피해자를 불심검문하면서 불심검문의 요건과 절차를 준수하지 않았고, 임의동행 시 거부권을 고지하지 않은 것은 「헌법」 제12조 신체의 자유 「경찰직무집행법」 제3조 제4항을 위반하여 피해자의 인권을 침해한 것으로 판단된다.

### 2. 경찰의 부당한 불심검문 등에 의한 인권침해

(1) 피진정인들의 불심검문 시 피검문 대상자 선정 행위에 대하여 「헌법」 제12조 제1항은 누구든지 법률과 적법한 절차에 의하지 아니하고는 불이익한 일체의 제재를 받지 아니하도록 신체의 자유를 보장하고 있고, 여기서 말하는 적법절차란 입법·집행·사법 등 모든 국가작용에 있어 그 절차가 법률로써 규정되어야 한다는 절차적 적법절차뿐만 아니라 국가작용의 발동의 근거가 되는 법률의 실체적 내용도 공정성·합리성·정당성을 갖추어야 한다는 실체적 적법

절차까지 포함된다고 할 것이다.

(2) 경찰관직무집행법 제3조 제1항은 경찰관은 수상한 거동 기타 주위의 사정을 합리적으로 판단하여 어떠한 죄를 범하였거나 범하려 하고 있다고 의심할 만한 상당한 이유가 있는 자 또는 이미 행하여진 범죄나 행하여지려고 하는 범죄행위에 관하여 그 사실을 안다고 인정되는 사람을 정지시켜 질문할 수 있고, 「대통령 등 경호에 관한 법률」 제5조 제3항에서도 경호업무를 지원하는 사람은 경호 목적상 불가피하다고 인정되는 상당한 이유가 있는 경우에만 경호구역에서 검문·검색 등의 위해방지에 필요한 안전 활동을 할 수 있도록 규정하고 있다. 이와 같이 경찰관은 본인이 원하기만 하면 누구나 불심검문을 하거나 위해방지에 필요한 안전 활동을 할 수 있는 것이 아니라 법률에 규정된 요건을 충족하는 대상에만 제한적으로 불심검문 또는 안전 활동을 할 수 있도록 한 것은 경찰관의 무분별한 불심검문활동으로 인하여 다수의 사람이 잠재적 범죄자로 취급당하지 않도록 하기 위함이라 할 것이다.[59)]

(3) 그러나 피진정인들은 청와대 인근에서 일상적으로 통행하는 진정인 등 시민들에 대해 불심검문 또는 안전 활동을 수행하면서 당시 진정인들이 어떠한 범죄를 저질렀거나 저질렀다고 의심을 살 만한 구체적인 상황과 정보에 기초하여 검문의 대상자인지를 객관적·합리적 기준에서 판단하지 않은 채 업무관행에 따라 자의적으로 길을 안내한다는 명목으로 정지시킨 후 행선지를 질문하는 방법으로 검문을 실시하였다. 이와 같은 피진정인들의 행위는 경찰관직무집행법 제3조 제1항 및 「대통령 등 경호에 관한 법률」 제5조 제3항에서 규정한 검문대상자의 요건을 일탈하여 권한을 남용함으로써 「헌법」 제12조에서 보장하고 있는 진정인 등의 신체의 자유를 침해한 행위라고 판단된다.

(4) 불심검문 시 경찰관 신분증 제시 및 목적 설명 의무에 대하여 경찰관직무집행법 제4항은 "제1항 또는 제2항의 규정에 의하여 질문하거나 동행을 요구할 경우 경찰관은 당해인에게 자신의 신분을 표시하는 증표를 제시하면서 소속과 성명을 밝히고 그 목적과 이유를 설명하여야 하며, 동행의 경우에는 동행 장소를 밝혀야 한다"라고 규정하고 있다. 또한 같은 법 제5조는 "법 제3조 제4항 및 법 제7조 제4항의 신분을 표시하는 증표는 국가경찰공무원의 공무원증으로

59) 대법원 2014. 2. 27. 선고 2011도13000 판결.

한다"라고 규정하고 있다.

(5) 위 규정들의 취지는 경찰관에게는 자신의 검문행위가 정당한 경찰활동임을 피검문자에게 알리기 위한 행위인 한편, 경찰관 자신의 행위가 불법일 경우 피검문자에게 이후 책임을 물을 대상을 명확히 밝히는 것이며, 검문의 목적과 이유를 고지함으로써 피검문자가 질문 내용을 이해하고 방어할 수 있도록 준비하게 해주는 데 그 목적이 있다 할 것이다. 특히 검문을 행하는 경찰관의 소속과 성명은 신분증 제시를 함으로써 확인이 가능하고, 검문절차의 준수 여부에 대한 오해나 시비를 없애기 위해서라도 검문 전 신분증 제시는 필수적인 절차라 할 것이다.

(6) 따라서 위 규정에 따라 피진정인들은 비록 정복을 입고 신분증을 착용하고 있었더라도 불심검문 시 자신의 소속과 성명은 물론 신분증을 제시하고 검문의 목적을 밝혀야 했음에도 불구하고, 위 인정사실과 같이 피진정인들을 비롯한 소속 경비경찰관들은 명확히 자신의 신분을 표시할 수 있는 증표를 제시하지도 않았고, 검문의 목적을 설명하지 않고 정지시켜 행선지를 묻는 질문을 하였다. 이는 경찰관직무집행법상 불심검문의 절차를 이행하지 않은 것으로 헌법 제12조에서 규정하고 있는 적법절차의 원칙을 준수하지 않았다고 판단된다.

(7) 결과적으로 피진정인들의 행위는 경찰관직무집행법 제3조 제1항 및 「대통령 등 경호에 관한 법률」 제5조 제3항에서 규정한 검문 대상자의 요건을 일탈하여 권한을 남용함으로써 「헌법」 제12조에서 보장하고 있는 진정인 등의 신체의 자유를 침해한 행위라 할 것이다.

## 제 9 절 ≫ 경찰장비의 사용

**사례연구**

**Q 경찰관은 가스분사기를 어떠한 경우에 사용해야 하는가?**

▸ 경찰관은 경찰장구를 직무수행에 필요한 최소한도 내에서 사용하여야 하고, 경찰

장비 관리규칙상의 안전수칙에 따라 상대방에게 위험한 행위를 중지하도록 미리 경고를 하고, 그러한 경고에도 불구하고 상대방이 위험한 행동을 중지하지 않았을 때에는 위험예방을 위하여 경찰장비의 사용이 가능하다.

위험예방 차원의 경고를 하지 못할 정도의 급박한 상황이 아니었는데도 불구하고, 경고절차 고지 없이 가스분사기를 바로 발사한 행위는 경찰장비 관리규칙 제133조 제2호의 안전수칙과 적법절차를 위반하여 헌법 제12조에서 보장하는 신체의 자유를 침해한 행위가 된다. 가스분사기는 범인 검거 및 제압 등 유사시 정당한 공무수행 목적에 한해 필요한 최소한도로 사용해야 한다. 사용에 관해서는 미리 경고한 후 분사해야 하며, 밀폐된 공간에서의 사용을 자제해야 한다.

**경찰관직무집행법 제10조(경찰장비의 사용 등)** ① 경찰관은 직무수행 중 경찰장비를 사용할 수 있다. 다만, 사람의 생명이나 신체에 위해를 끼칠 수 있는 경찰장비를 사용할 때에는 필요한 안전교육과 안전검사를 받은 후 사용하여야 한다.

② 제1항 본문에서 "경찰장비"란 무기, 경찰장구, 최루제와 그 발사장치, 살수차, 감식기구, 해안 감시기구, 통신기기, 차량·선박·항공기 등 경찰이 직무를 수행할 때 필요한 장치와 기구를 말한다.

③ 경찰관은 경찰장비를 함부로 개조하거나 경찰장비에 임의의 장비를 부착하여 일반적인 사용법과 달리 사용함으로써 다른 사람의 생명·신체에 위해를 끼쳐서는 아니 된다.

④ 위해성 경찰장비는 필요한 최소한도에서 사용하여야 한다.

⑤ 경찰청장은 위해성 경찰장비를 새로 도입하려는 경우에는 대통령령으로 정하는 바에 따라 안전성 검사를 실시하여 그 안전성 검사의 결과보고서를 국회 소관 상임위원회에 제출하여야 한다. 이 경우 안전성 검사에는 외부 전문가를 참여시켜야 한다.

⑥ 위해성 경찰장비의 종류 및 그 사용기준, 안전교육·안전검사의 기준 등은 대통령령으로 정한다.

**경찰관직무집행법 제10조의2(경찰장구의 사용)** ① 경찰관은 다음 각 호의 직무를 수행하기 위하여 필요하다고 인정되는 상당한 이유가 있을 때에는 그 사태를 합리적으로 판단하여 필요한 한도에서 경찰장구를 사용할 수 있다.

1. 현행범이나 사형·무기 또는 장기 3년 이상의 징역이나 금고에 해당하는 죄를 범한 범인의 체포 또는 도주 방지
2. 자신이나 다른 사람의 생명·신체의 방어 및 보호

3. 공무집행에 대한 항거 제지

② 제1항에서 "경찰장구"란 경찰관이 휴대하여 범인 검거와 범죄 진압 등의 직무 수행에 사용하는 수갑, 포승, 경찰봉, 방패 등을 말한다.

**경찰관직무집행법 제10조의3(분사기 등의 사용)** 경찰관은 다음 각 호의 직무를 수행하기 위하여 부득이한 경우에는 현장책임자가 판단하여 필요한 최소한의 범위에서 분사기(「총포·도검·화약류 등의 안전관리에 관한 법률」에 따른 분사기를 말하며, 그에 사용하는 최루 등의 작용제를 포함한다. 이하 같다) 또는 최루탄을 사용할 수 있다.

1. 범인의 체포 또는 범인의 도주 방지
2. 불법집회·시위로 인한 자신이나 다른 사람의 생명·신체와 재산 및 공공시설 안전에 대한 현저한 위해의 발생 억제

**경찰관직무집행법 제10조의4(무기의 사용)** ① 경찰관은 범인의 체포, 범인의 도주 방지, 자신이나 다른 사람의 생명·신체의 방어 및 보호, 공무집행에 대한 항거의 제지를 위하여 필요하다고 인정되는 상당한 이유가 있을 때에는 그 사태를 합리적으로 판단하여 필요한 한도에서 무기를 사용할 수 있다. 다만, 다음 각 호의 어느 하나에 해당할 때를 제외하고는 사람에게 위해를 끼쳐서는 아니 된다.

1. 「형법」에 규정된 정당방위와 긴급피난에 해당할 때
2. 다음 각 목의 어느 하나에 해당하는 때에 그 행위를 방지하거나 그 행위자를 체포하기 위하여 무기를 사용하지 아니하고는 다른 수단이 없다고 인정되는 상당한 이유가 있을 때
   가. 사형·무기 또는 장기 3년 이상의 징역이나 금고에 해당하는 죄를 범하거나 범하였다고 의심할 만한 충분한 이유가 있는 사람이 경찰관의 직무집행에 항거하거나 도주하려고 할 때
   나. 체포·구속영장과 압수·수색영장을 집행하는 과정에서 경찰관의 직무집행에 항거하거나 도주하려고 할 때
   다. 제3자가 가목 또는 나목에 해당하는 사람을 도주시키려고 경찰관에게 항거할 때
   라. 범인이나 소요를 일으킨 사람이 무기·흉기 등 위험한 물건을 지니고 경찰관으로부터 3회 이상 물건을 버리라는 명령이나 항복하라는 명령을 받고도 따르지 아니하면서 계속 항거할 때
3. 대간첩 작전 수행 과정에서 무장간첩이 항복하라는 경찰관의 명령을 받고도 따르지 아니할 때

② 제1항에서 "무기"란 사람의 생명이나 신체에 위해를 끼칠 수 있도록 제작된

권총·소총·도검 등을 말한다.
③ 대간첩·대테러 작전 등 국가안전에 관련되는 작전을 수행할 때에는 개인화기 외에 공용화기를 사용할 수 있다.

## I. 경찰관 총기 사용의 법률적 근거

현재 경찰관의 총기 사용에 관하여는 경찰관직무집행법 제10조의4와 경찰장비의 사용기준 등에 관한 규정(대통령령) 제9조와 제10조 등에서 규정하고 있다.

### 1. 경찰관직무집행법

경찰관직무집행법은 제10조의4에서 경찰관의 무기사용에 관해 규정하고 있는데, 특히 형법에 의한 정당방위와 긴급피난에 해당하는 때를 제외한 사람에게 위해를 주는 무기사용 요건을 규정하고 있다.

이를 크게 나눠보면, 먼저 긴급체포 요건에 해당하는 중범죄자의 항거나 도주에 있어 무기를 사용하지 아니하고는 다른 수단이 없는 경우, 영장집행에 있어 본인이나 본인을 위한 제3자가 항거하거나 도주하는 경우, 범인 또는 소요행위자가 무기 등 위험한 물건을 소지하고 경찰관의 투기·투항 명령에도 이에 불응하고 항거하여 무기를 사용 외에 다른 수단이 없는 경우, 그리고 무장간첩이 경찰관의 투항명령을 받고 이에 불응하는 경우이다.

### 2. 경찰장비사용기준등에관한규정(대통령령)

경찰장비사용기준등에관한규정은 제9조와 제10조에서 경찰관직무집행법 제10조의4에 의해 권총 또는 소총을 사용할 경우에 대해 규정하고 있다.

**제9조(총기사용의 경고)** 경찰관은 경찰관직무집행법 제10조의4의 규정에 의하여 사람을 향하여 권총 또는 소총을 발사하고자 하는 때에는 미리 구두 또는 공포탄에 의한 사격으로 상대방에게 경고하여야 한다. 다만, 다음 각호의 1에 해당

하는 경우로서 부득이한 때에는 경고하지 아니할 수 있다.

1. 경찰관을 급습하거나 타인의 생명·신체에 대한 중대한 위험을 야기하는 범행이 목전에 실행되고 있는 등 상황이 급박하여 특히 경고할 시간적 여유가 없는 경우
2. 인질·간첩 또는 테러사건에 있어서 은밀히 작전을 수행하는 경우

**제10조(권총 또는 소총의 사용제한)** ① 경찰관은 법 제10조의4의 규정에 의하여 권총 또는 소총을 사용하는 경우에 있어서 범죄와 무관한 다중의 생명·신체에 위해를 가할 우려가 있는 때에는 이를 사용하여서는 아니된다. 다만, 권총 또는 소총을 사용하지 아니하고는 타인 또는 경찰관의 생명·신체에 대한 중대한 위험을 방지할 수 없다고 인정되는 때에는 필요한 최소한의 범위 안에서 이를 사용할 수 있다.

② 경찰관은 총기 또는 폭발물을 가지고 대항하는 경우를 제외하고는 14세 미만의 자 또는 임산부에 대하여 권총 또는 소총을 발사하여서는 아니된다.

경찰관직무집행법 제9조는 총기 사용 전에 미리 구두 또는 공포 사격으로 상대방에게 경고해야 함을 요구하고 있으며, 다만 경찰관을 급습하거나 상황이 급박한 경우, 인질·간첩 또는 테러사건에 있어 은밀히 작전을 수행하는 경우에 한해 예외를 규정하고 있다.

경찰관직무집행법 제10조는 범죄와 무관한 다중의 생명·신체에 위해를 가할 우려가 있는 때에는 총기를 사용할 수 없음을 규정하고 있으며, 14세 미만의 자 또는 임산부에 대하여는 총기 또는 폭발물을 가지고 대항하는 경우를 제외하고 총기사용을 금지하고 있다.

## Ⅱ. 한국 경찰관의 총기 사용 실태

실제로 한국 경찰관들은 총기 사용에 소극적인가? 경찰관의 총기 사용은 조직 내부 자료이기 때문에 직접적으로 구하기가 어려워 가장 최신의 자료를 찾기는 어렵지만, 2007년 경찰청에서 국회에 제출한 자료를 보면 다음과 같다.

〈표 2-1〉 각 지방청별 총기 사용 현황 (단위 : 건)

| 지방청 / 년도 | 계 | 서울 | 부산 | 대구 | 인천 | 울산 | 경기 | 강원 | 충북 | 충남 | 전북 | 전남 | 경북 | 경남 | 제주 |
|---|---|---|---|---|---|---|---|---|---|---|---|---|---|---|---|
| 2002년 | **125건** | 8 | 5 | 3 | 6 | 2 | 41 | 10 | 6 | 14 | 3 | 2 | 18 | 7 | – |
| 2003년 | **100건** | 14 | 11 | 5 | 1 | – | 20 | 1 | 8 | 14 | – | 3 | 17 | 6 | – |
| 2004년 | **63건** | 6 | 4 | 3 | 2 | 1 | 10 | 5 | 1 | 12 | 1 | 5 | 9 | 4 | – |
| 2005년 | **47건** | 8 | 4 | 5 | 1 | – | 6 | 2 | 1 | 7 | 2 | 3 | 4 | 4 | – |
| 2006년 | **48건** | 2 | 1 | 1 | 2 | 4 | 14 | 5 | – | 4 | 1 | 4 | 5 | 5 | – |

자료: 2010 경찰백서.

<표 2-1>에서 보면 2002년을 제외하고 총기사용 건수는 100건을 넘지 못하고 있으며, 그 중 경기지방경찰청이 발생 현황의 대부분을 차지하고 있음을 알 수 있다. 2005년과 2006년의 경우 각각 47건과 48건으로 총기사용 건수가 50건이 채 되지 않았다. 우리나라 경찰관의 수가 10만 여명을 넘는다는 것을 고려해보면, 통계적으로 극히 작은 수치라고 할 수 있다.

그렇다면 국내에서 일어나는 범죄 발생 수가 적거나, 범죄 유형이 총기 사용 등의 물리력을 수반할 필요가 없는 것인지 살펴봐야 한다. 2010 경찰백서에 나온 지난 4년간의 범죄 발생 건수는 다음과 같다.

〈표 2-2〉 연도에 따른 범죄 발생 건수와 증감 추이

| 구분 | 2006년 | 2007년 | 2008년 | 2009년 |
|---|---|---|---|---|
| 총범죄<br>(증감률) | 1,719,075 | 1,836,496<br>(+6.8%) | 2,064,646<br>(+12.4%) | 2,020,553<br>(−2.1%) |
| 5대 범죄<br>(증감률) | 489,575 | 522,084<br>(+6.6%) | 544,762<br>(+4.3%) | 590,366<br>(8.4%) |
| 사이버범죄<br>(증감률) | 82,186 | 88,847<br>(+8.1%) | 136,819<br>(+54.0%) | 164,536<br>(+20.3%) |

자료: 2010 경찰백서.

<표 2-2>를 보면 2009년은 전년도에 비해 총 범죄건수가 줄어들었으나,

그 내용을 살펴보면 음주운전·무면허 등 도로교통법 위반건수의 감소로 인한 것이며 5대 범죄를 비롯한 강력범죄와 사이버범죄는 여전히 증가 추세를 보이고 있다. 5대 범죄란 살인, 강도, 강간, 절도, 폭력을 말하는 것으로, 이들 중 살인, 강도, 폭력의 경우 경찰관에 대한 위해의 가능성이 상존하고 있다. 2006년 이래 살인, 강도, 폭력 범죄의 발생 건수는 다음과 같다.

〈표 2-3〉 살인·강도·폭력[60] 범죄 발생 건수

| 년도 \ 분류 | 살인 | 강도 | 폭력 |
|---|---|---|---|
| 2006년 | 1,073 | 4,838 | 281,969 |
| 2007년 | 1,111 | 4,439 | 295,156 |
| 2008년 | 1,109 | 4,811 | 305,508 |
| 2009년 | 1,374 | 6,315 | 315,747 |

자료: 2010 경찰백서.

위의 <표 2-1>과 <표 2-3>에서 볼 수 있듯이 2006년 살인·강도·폭력 범죄가 287,880건 발생한 반면 경찰관 업무 수행 중 총기 사용 사례는 단지 48건밖에 되지 않았다. 물론 살인·강도·폭력범죄라고 해서 항상 총기를 사용해야 할 만큼 위험한 상황을 유발하는 것은 아니지만, 반대로 반드시 이러한 유형의 범죄가 아니더라도 경찰관이 위험한 상황에 빠질 수 있음을 고려해보면, 약 28만 여건에 이르는 범죄에 대처하면서 총기 사용은 단지 48건에 그쳤다는 사실은 한국 경찰관이 총기 사용에 소극적인 자세를 보이고 있음을 유추할 수 있게 한다.

## Ⅲ. 경찰관 총기 사용을 제약하는 요인

### 1. 총기 사용의 법률적 한계와 그에 따른 문제점

경찰관직무집행법 제10조의4는 경찰관이 무기를 사용하는 경우의 요건 및

60) 형법상 폭행, 상해, 체포·감금, 약취·유인, 공갈, 손괴 및 폭력행위등처벌에관한법률 위반 포함.

한계를 정한 규정으로, 행정 및 사법상의 목적을 달성하기 위한 실력행사의 수단으로서 무기를 사용하는 경우를 예상하고 있다. 무기사용은 사람의 생명·신체에 대한 치명적인 침해를 수반하는 실력행사라는 점에서 위험방지를 위한 경찰의 수단 중 최후의 수단이라고 볼 수 있으며, 총기 사용을 포함한 경찰강제를 위해서는 당연히 수권규범에 의한 법적 근거가 있어야 한다.

따라서 현행법상 이를 엄격하게 통제하는 것은 일면 당연한 듯하지만, 자세히 살펴보면 현행 경직법상 무기 사용 요건은 지나치게 까다롭고 모호하거나 일관성이 없다.

먼저 경찰관직무집행법은 "상당한 이유가 있을 때에는 그 사태를 합리적으로 판단하여 필요한 한도 내에서 무기를 사용"할 수 있다고 규정하고 있다. 그러나 상당한 이유, 또는 합리적 판단이라는 표현은 지나치게 애매모호하다. 성문법의 특성상 모든 상황을 예상하고 법을 제정할 수 없기 때문에 개괄적 수권규범의 차원에서 이렇게 표현했으리라 예상은 할 수 있으나, 이어지는 논의에서 볼 수 있듯이 우리나라 법원이 총기사용에 있어 대부분의 경우를 '상당성'을 벗어난 것으로 판단함을 고려해 보면 경찰관이 위급 상황에서 총기 사용 여부의 신속한 판단을 내리기가 어렵게 된다.

반대로 정당방위와 긴급피난의 경우, 무기사용에 대해 정당방위나 긴급피난을 형법상 위법성조각사유로 무비판적으로 인정하는 것은 제한된 요건 하에서만 무기사용을 허용하고 있는 경직법의 취지와 헌법상 비례성의 원칙의 의미를 퇴색시킨다.

'중범죄 혐의자의 체포'와 '경찰관의 직무집행에 항거하는 경우'는 그 대상 범죄가 지나치게 포괄적이며, 무기를 사용해야 하는 급박한 상황에서 경찰관이 사형·무기 또는 3년 이상의 징역이나 금고에 해당하는 범죄에 해당하는지를 명확하게 판단하는 것은 사실상 어렵다는 점을 감안할 때 그 범위를 제한하고 구체화할 필요가 있다.

경찰장비의사용기준등에관한규정 제9조에서는 사전 경고의 예외로서 "경찰관을 급습하거나 타인의 생명·신체에 대한 중대한 위험을 야기하는 범행이 목전에 실행되고 있는 등 상황이 급박하여 특히 경고할 시간적 여유가 없는 경우"를 규정하고 있다. 그러나 여기에서 '중대한 위험'과 '상황의 급박성' 역시 범인과 대치상황이나 격투·추적 상황에서 객관적으로 범위를 확정하기가 어렵다.

## 2. 판례의 모호하고 비현실적인 판단 기준

경찰관의 총기사용과 관련하여 대법원의 판례는 대부분 '과잉방어로서 위법' 또는 '필요한 한도를 넘은 것'이라고 판시하여 국가배상책임을 인정하고 있으며,[61] 실제로 거의 모든 국가배상 청구소송에서 국가가 패소하여 왔다.[62] 경찰관직무집행법에 의한 정당행위의 평가와 관련하여 가스총, 경찰봉 등 다른 경찰 장구류의 사용에 의한 체포, 제압 가능성이나 공포 사격 여부 등을 고려하여 '상당한 이유'를 판단하되, 단순히 도주자의 주력이 우월하거나 추적 중인 경찰관 등이 장비휴대 등을 이유로 더 이상의 추적이 어려운 경우라도 이는 총기사용의 상당한 이유가 될 수 없다는 태도를 취하고 있다.

물론 민사상 불법행위를 인정함에 있어서 과실의 대소는 배상책임의 대소로 연결될 뿐이며 민사상 책임을 진다고 하여 반드시 형사상 가해자라고 할 수는 없다. 그러나 수많은 국가배상 청구소송에서 공무 수행을 위해 총기를 사용한 경찰관에게 법원이 불법행위자의 낙인을 찍어왔다는 점에서, 도대체 한계를 위반하지 않고 총기를 사용하는 경우란 어떤 경우인가에 대해 의문이 제기될 수밖에 없고, 이에 대한 명확한 해답이 없는 상황에서 이는 곧 경찰관의 총기휴대 및 사용에 대한 거부감으로 이어져 왔다.

---

61) 대법원 1991. 5. 28. 선고 91다10084 판결: 타인의 집대문 앞에 은신하고 있다가 경찰관의 명령에 따라 순순히 손을 들고 나오면서 그대로 도주하는 범인을 경찰관이 뒤따라 추격하면서 등부위에 권총을 발사하여 사망케 한 경우, 위와 같은 총기사용은 현재의 부당한 침해를 방지하거나 현재의 위난을 피하기 위한 상당성있는 행위라고 볼 수 없는 것으로서 범인의 체포를 위하여 필요한 한도를 넘어 무기를 사용한 것이라고 하여 국가의 손해배상책임을 인정한 사례.

62) 대법원 1991. 9. 10. 선고 91다19913 판결: 야간에 술이 취한 상태에서 병원에 있던 과도로 대형 유리창문을 쳐 깨뜨리고 자신의 복부에 칼을 대고 할복자살하겠다고 난동을 부린 피해자가 출동한 2명의 경찰관들에게 칼을 들고 항거하였다고 하여도 위 경찰관 등이 공포를 발사하거나 소지한 가스총과 경찰봉을 사용하여 위 망인의 항거를 억제할 시간적 여유와 보충적 수단이 있었다고 보여지고, 또 부득이 총을 발사할 수밖에 없었다고 하더라도 하체부위를 향하여 발사함으로써 그 위해를 최소한도로 줄일 여지가 있었다고 보여지므로, 칼빈소총을 1회 발사하여 피해자의 왼쪽 가슴 아래 부위를 관통하여 사망케 한 경찰관의 총기사용행위는 경찰관직무집행법 제11조 소정의 총기사용 한계를 벗어난 것이라고 한 사례.

국가배상 청구소송에서뿐만 아니라 일부 판례는 총기를 사용한 경찰관의 형사책임까지 묻고 있다. 국가배상과 달리 형사책임의 경우 총기를 사용한 경찰관 개인에게 과실치사의 책임을 묻게 되어 징역형에 처해지거나 경찰직을 그만두는 등 직접적인 불이익을 가져다 준다. 선행연구에 의하면 총기사용에 따른 신상 불이익의 부담감이 총기 사용 태도에 가장 부정적인 영향을 끼치는 것으로 나타났다. 실제로 창원지법 진주지원 판결은 총기를 사용한 경찰관에게 1심에서 업무상 과실치사의 책임을 물었으며, 전주지법 판결 역시 경찰관에게 업무상 과실치사의 책임을 물었다.

그런데 이들 판례는 총기사용의 한계를 해석함에 있어 현실적으로 부적절한 기준을 제시하고 있다. 진주지원 판결의 경우 권총을 든 경찰관에게 몸싸움을 요구하고 있으며, 피의자가 경찰관을 깔고 앉은 상태에서는 동료 경찰관의 피격 위험이 있음에도 피의자의 대퇴부를 조준할 것을 요구하고 있다. 게다가 경찰관이 이미 총기를 빼앗길 위기에 처했음에도 '좀 더 기다려야' 했다고 판시하고 있다.

그러나 이 사안에서 상대방은 일반부 씨름대회에서 우승할 정도로 악력이 센 사람으로 벌써 세 사람을 차례로 쓰러뜨리고 있으므로 몸싸움으로 제압하기가 쉽지 않은 상대임을 알 수 있으며, 집총 상태에서 몸싸움을 벌일 경우 총기를 탈취당하지 않기 위해 일종의 핸디캡을 안고 싸워야 한다. 그렇다고 이미 집총 상태에 있는 경찰관이 범인과 대치상황에서 다시 권총을 집어넣고 덮개를 닫는 것도 쉽지 않은 일이다. 또한 반드시 집총 상태가 아니더라도 권총을 휴대한 경찰관이 제압 가능성이 확실하지 않은 한 몸싸움을 허용하는 것은 위험한 일이다. 몸싸움에서 밀릴 경우 총기 탈취 가능성이 있으며 이는 바로 생명의 위협으로 직결되기 때문이다. 즉 판결문과 같이 권총을 집총한 경찰관에게 몸싸움을 먼저 요구하는 것은 경찰관에게 크나큰 위험을 불러일으킬 뿐만 아니라 총기 휴대로써 공권력의 우위를 확보하려는 입법 취지에 반하며, 특히 상대방이 이미 경찰관 한 명을 눌러 제압하고 있는 상황에서 좀 더 기다렸어야 한다고 판결한 것은 상황의 급박함을 고려하지 않고 마침내 당사자가 제압당한 결과만을 지나치게 중시한 것이다.

실제로 판례의 요구처럼 경찰관이 총을 차고 나가 발포를 자제하고 몸싸움을 벌이다 오히려 총기를 탈취당해 현장에서 사망한 사건이 1999년 상주경찰서와 2001년 경주경찰서에서 발생한 사실이 있다.

또한 이 판례는 대퇴부 이하를 조준하지 않은 것에 대하여 비례원칙 위반의 과실 책임을 묻고 있다. 그러나 이 사안의 경우, 사건 당시 범인이 다른 경찰관을 눕혀 제압하고 있는 상황이었으므로 정당방위를 위한 사격을 하려면 상체를 조준하는 것이 불가피했다고 보인다. 대퇴부를 겨냥하는 것은 동료 경찰관의 목숨까지도 위협할 가능성이 있기 때문이다.

전주지법 판결에서는 가까운 거리에서 도주하는 피의자의 등 부위에 발포하여 피의자가 사망하였는데, 총기 사용에 있어서는 일정 거리를 벗어나면 오히려 그 결과를 통제하기가 어려울 뿐만 아니라, 도주하는 피의자는 자연히 등을 보이고 도망가기 마련임에도 대퇴부를 조준하였으나 등에 맞았다는 이유로 경찰관이 검토의무를 다하지 않았다고 판단함은 납득하기 어렵다고 본다. 즉 일단 총기사용을 결정한 이상 결과를 통제하기 위해서는 일정 거리 이상이 되기 전에 쏘아야 오히려 안전하다는 점에서 한계 위반이라고 보기 어려우며, 경찰관이 각종 장비를 착용하고 쫓고 있었던 상황이라면 체력적으로 검거할 가능성이 없다고 판단한 것에는 정당한 이유가 있다고 볼 수 있다.

결국 판례 사안을 종합해보면, 총기 사용의 경우는 경찰권 행사를 위한 다른 물리력의 사용에 비해 '상당한 이유' 또는 '한계'로 표현되는 보충성의 요건을 엄격히 적용하여 총기 사용을 규제하는 것으로 보인다. 그러나 상황의 급박성과 전후 사정을 고려하기보다는 법률의 해석에 근거하여 경찰관에게 '합리적으로 판단'할 것을 지나치게 요구하고 있어, 사실상 판례의 태도는 경찰관 총기 사용에 있어 제약요인이 되고 있다.

## IV. 총기 사용을 둘러싼 언론의 보도

언론의 경찰 총기 사용에 대한 기사를 정리해보면 그 내용에 있어 크게 세 가지로 나눌 수 있다. 첫째는 총기를 사용할 필요가 없는 상황에서 총기를 사용하여 범죄자를 부상 또는 사망케 함으로써 경찰이 과잉대응을 하였거나 총기를 남용하였다는 기사이다. 총기사용에 대한 기사 중에서 가장 많은 비중을 차지하는 것이 바로 이러한 내용의 기사이다. 둘째는 총기를 사용해야 할 상황이었음에도 사용하지 않음으로 범인을 놓치거나 최악의 상황을 불러온 사례이다. 이는 2001년 8월 발생한 세 모녀 인질사건 등이 대표적인데, 경찰이 총기를 사용하여 범죄자에게 대응했어야 함에도 불구하고 소극적으로 대처하여 인질을 죽게 하였다는 비난이 일었다. 마지막으로 세 번째는 적절한 상황에서 경찰이 총기를 사용하여 범인을 검거한 경우이다.

경찰의 총기사용에 관련한 기사를 검색해보면 대부분의 기사는 첫 번째나 두 번째의 유형에 속하는 기사임을 알 수 있다. 세 번째에 속하는 내용의 기사는 찾아보기 어렵거나, 있다 해도 사실만 표현하는 아주 짧은 기사로 보도된다. 이러한 경향은 아마도 범죄보도에 있어서 기사가치와 맞물린 결과라고 볼 수 있다. 발생한 모든 사건들을 보도할 수 없는 상황에서 언론은 당연히 기사가치가 높은 것을 선택하게 된다. 기사가치란 특정 사건이 내용적인 측면에서 흥미를 유발할 수 있어야 할 뿐만 아니라 형식적인 측면에서도 기존의 기사작성의 틀에 부합해야 한다는 점을 들 수 있다. 기사가치라는 측면에서 살펴볼 때 경찰이 정당하게 총기를 사용해서 범인을 체포하였다는 것은 상대적으로 기사로의 가치가 떨어질 수 있고, 보도의 빈도나 비중에 있어서도 다른 형태의 기사에 비해서 밀리게 된다.

문제는 주로 보도되는 첫 번째와 두 번째 유형에 속하는 기사는 대부분 경찰을 비판하거나 비난하는 내용을 담고 있다는 점이다. 총기남용과 관련한 언론보도에서는 경찰이 범죄자에게 지나치게 과잉 대응하여 총기를 사용함으로써 피해를 증가시켰다는 보도와 더불어 이러한 경찰관들에 대한 처벌이 지나치게 약하다는 비난이 주류를 이루고 있다.

이러한 현실의 이유는 취재원으로서의 형사사법 기관과 기자의 관계에서 살펴볼 수 있다. 언론이 취재원으로서 경찰을 취재하는 방법은 공식자료 또는 브리핑을 이용하는 방법과 개인적으로 취재하는 방법이 있다. 그런데 기자들은 공식적인 취재원에 대해서는 그다지 비중을 두지 않고 있으며 신뢰하고 있지도 않다. 희소성이 떨어질 뿐만 아니라 기관 홍보에 치우치는 내용이 주가 되기 때문이다. 또한 경찰이 비공개로 하는 내용이 수사진행상 보도해서는 안 되는 것인지, 적당히 수사해서 덮고 감추기 위해서인지 분명치 않기 때문에 더욱 불신을 키우게 된다. 이러한 관계가 경찰의 총기사용에 대한 언론의 보도에서도 나타날 수 있는데, 경찰에 대한 불신으로 경찰이 잘못된 총기의 사용을 감추려 한다고 기자들이 인식할 수 있기 때문이다.

한편 경찰과 언론기관의 권력관계에서도 이유를 찾아볼 수 있다. 외국의 경우 형사사법 기관은 언론기관에 비해 우위에 서 있다. 범죄 정보를 기자에게 제공할 것인지 여부를 결정함으로써 기자에 대한 관계의 우위를 유지한다. 이러한 점에서 기자들은 형사사법 기관과의 우호적인 관계를 위하여 노력하며, 이러한 노력은 때로 형사사법 기관의 견해를 그대로 반영하는 보도를 하거나 형사사법 기관에 비판적인 보도를 자제하는 형태로 나타나기도 한다.

그러나 우리나라는 사정이 다르다. 우리나라의 기자들은 형사사법 기관으로부터 정보를 얻지 못할까 우려하는 정도가 극히 낮다. 형사사법 기관의 비위를 맞추기 위해서 그들의 견해를 그대로 반영하는 관행도 발견되지 않으며 비판적 기사를 쓰는데도 주저함이 없다. 이를 가능케 하는 요인 중의 하나가 출입처 관행인데, 이것이 기자들의 단결을 가능하게 하며 출입처의 약점을 쉽게 알 수 있게 하는 조건으로 작용한다.

여기에서 기관에 대한 비판적 기사는 이러한 관계구조를 형성하기 위한 수단으로 기능하기도 하는데, 상대방에 대하여 자신이 권력관계상의 우위에 있다는 사실을 지속적으로 보여줌으로써 그 관계를 재확인하도록 하는 데 비판적 기사가 이용된다. 이 때 경찰의 잘못된 총기사용은 언론의 입장에서 좋은 소재가 될 수 있으며, 이러한 경찰과 언론의 관계 및 역학구조는 경찰의 총기사용에 대한 언론의 보도에 있어 객관성과 균형성의 상실을 가져올 가능성이 크다.

## V. 총기 지급과 사격 훈련의 문제

올바른 총기사용과 임무수행을 위해서는 무엇보다 사격능력 향상이 필수적이다. 사격능력은 기본적으로 훈련을 통해 향상될 수 있지만, 기타 부수적인 요건에 의해서도 향상될 수 있는데 그 중 하나가 바로 자기 총기에 대한 숙달 정도이다.

현재 우리나라 경찰관에게는 개인별 총기가 지급되지 않고 있으며 일선 근무자들도 권총 1정을 외근 경찰관 3~4인이 사용하도록 되어있다. 정례사격 및 특별사격 시에도 사격장에서 무작위로 총기를 선정해 사격하고 있다. 이는 자기 총기에 대한 숙달 정도를 떨어뜨려 사격 능력의 향상을 방해하고 실제 총기 사용 시 위험을 불러일으킬 수 있다. 즉 꼭 총기를 사용해야 할 상황에서도 손에 익숙하지 않은 총기 때문에 사용을 주저하게 되고, 총기를 사용했을 경우에도 엉뚱한 피해를 볼 수 있는 것이다. 같은 총기라 할지라도 저마다 가지는 특성이 상이하며 총기 사용자에 따라 탄착점이 상이하게 나타난다. 그러므로 오조준이 아닌 정확한 조준사격을 하기 위해서는 평소 개인의 휴대 총기로 훈련과 평가를 실시해야 실제 상황에서 자신감 있는 총기 사용을 할 수 있을 것이다.

또한 경찰교육기관과 일선 경찰관서에서 이루어지는 사격교육 역시 개인적이고 체계적인 교육보다는 획일적이고 형식적인 교육에 그치고 있다. 현재 경찰관 총기관리지침 중 사격훈련에 관한 부분을 살펴보면 정기정례사격 2회, 외근 6회, K2 1회 등 연 9회(약 300발) 사격하도록 규정되어 있다.

현재의 사격훈련 및 사격수준으로는 앞으로 부딪히게 될 강력범죄자 및 테러범들과의 총격전 등 각종 상황에서 경찰 자신의 생명이 위태롭다는 것을 알아야 한다. 따라서 현재의 교육과정에서 사격훈련의 비중을 좀 더 늘리고, 전문교육기관과의 협력을 통해 실질적인 사격 훈련을 실시해야 할 것이다. 고정 표적에 사격을 하는 현행 사격 방식뿐만 아니라 시뮬레이션 장비 등을 통한 상황대처 훈련 등이 급박한 상황에서 총기 사용 여부를 결정하는 데 도움을 줄 수 있을 것이다.

한편 총기 오남용과 관련하여 제기되는 문제점 중 하나는 자질이 부족한 경찰관에게 총기를 지급함으로써 발생하는 사건들이 있을 수 있다는 것이다. 이러한 총기 오남용 사건이 발생하는 이유는 무기탄약관리규정이 충실히 지켜지지 않고 있으며 경찰관 개개인의 상황적 변수들을 통제할 수 있는 제도적 장치가 없기 때문이다. 따라서 모든 경찰관에게 총기를 지급하기보다는 개인의 사격능력과 인성에 대한 객관적인 판단을 거쳐 총기사용 자격증을 주고, 이 자격증이 있는 경찰관에게만 총기를 지급하는 방안을 고려해 볼 수 있다.

# VI. 외국의 총기 사용 규정과 사용 사례

앞에서 살펴본 총기사용을 둘러싼 경찰관의 소극적인 태도가 우리나라의 고유한 현상인지, 혹은 경찰관의 직무에 내재된 본질적인 성격인지 의문이 생길 수 있다. 경찰관은 법을 준수하고 국민의 생명과 재산을 보호하는 동시에 국민들의 권리를 침해할 수 있는 위치에 있기 때문에, 본질적으로 국민의 권리 보호와 강제력 행사를 통한 법률 집행(위법상황 제거) 사이에서 아슬아슬한 줄타기를 하고 있다.

이러한 경찰관 직무에 내재된 성격 이외에도 각 국가마다 사회적·문화적 배경이 다르고 경찰관과 민간인의 총기 사용에 관한 법률도 상이할 수밖에 없다. 따라서 아래에서는 경찰관의 총기사용에 관련된 외국의 사례, 특히 우리나라와 환경이 비슷한 일본의 경우와 일반인의 총기 소지가 가능한 미국의 사례를 검토하여 우리 경찰과의 차이점과 개선점에 대해 알아본다.

## 1. 일 본

### (1) 총기 사용 규정

가까운 일본의 경우, 2001년 '경찰관 등 권총사용 및 취급규범'을 통해 추상적이었던 권총의 사용 기준을 케이스별로 구체적으로 예시, 명문화하여 각 경찰본부에 하달하였다. 새 규범에서는 다른 수단의 우선 사용에 얽매이지 않고 권총을 1차 무기로 사용할 수 있도록 규정하고 있으며, 그 사용형태를 꺼내드는 단계, 자세 취하는 단계, 위협사격 단계, 상대를 향해 쏘는 단계 등의 4단계로 구분하였다. 이를 기초로 현장 임장, 직무 질문, 강제 수사, 교통 단속 등의 구체적 케이스마다 어느 사용 형태로 대처해야 할 것인가를 예시하고 있으며, 흉기를 가진 폭주족의 집합장소에 임장하는 경우나 칼을 소지한 것으로 의심되는 자에게 직무질문을 할 경우 미리 권총을 꺼내둘 수 있도록 명기하고 있다.

권총사용규범 개정 다음해인 2002년도에 경찰관의 권총사용건수는 전년도의 26건보다 2배 이상 증가한 54건이었으며, 그 중 실제로 발포한 것은 30건으로 상대를 향해 사격한 것이 10건, 공중을 향해 쏘는 등의 위협사격이 20건이었다. 이로 인해 용의자 2명이 사망하고 9명이 부상, 나머지 24건은 사격 자세만 취한 것으로 집계되었다.

#### (2) 경찰관의 민·형사상 책임

과거에는 용의자를 사살한 경찰관을 불구속 입건하여 검찰에 서류송치하고 정당행위로 불기소처분하는 사례가 있었으나, 최근에는 입건 자체를 거의 하지 않고 있다.

사망 범인의 유족 등이 지방경찰본부와 자치단체를 상대로 손해배상청구를 하는 사례가 과거 10년간 2건 있었으나 유족 측이 패소하였으며, 경찰 측이 제소당할 경우 지방경찰본부의 경무과에서 대응하여 최근 패소한 사례가 없다. 또한 패소하더라도 경찰관 개인에 대한 구상권 집행 가능성은 희박하다는 것이 경찰의 입장이다.

대표적인 사례로 1994. 4. 9. 오사카 시내에서 남녀 수명이 탄 승용차를 정지시켜 불심검문 하려고 하자 차량이 도주하여 택시에 충돌 후 재발진하여 행인을 치고 재차 도주하자 경찰관이 운전석을 향해 발포하여 탑승자 1명이 사망하였다. 이후 유족이 오사카 경찰본부와 자치단체를 상대로 손해배상청구 소송을 제기하였으나 경찰이 승소하였다.

### 2. 미 국

미국은 경찰의 총기 사용 빈도가 우리나라에 비해 훨씬 높기 때문에 우리나라에도 '미국 경찰은 총기 사용이 자유로운 집단'으로 인식되고 있는 것이 사실이다. 그러나 실제로는 미국도 예상 밖으로 엄격한 총기사용 제한과 법적인 문제, 총기사용에 대한 비판적인 사회 인식 등으로 최대한 총기사용을 자제하고 있다. 또한 미국 경찰의 총기사용 규정 등도 우리나라와 비교했을 때 큰 차이는 없다. 총기사용 규정을 일부 살펴보면 아래와 같다.

#### (1) LA 경찰국(LAPD)

LA 경찰국의 매뉴얼은 치명적인 강제력 사용에 있어 다음과 같은 기준을 정하고 있는데(Use of Deadly Force Standards),[63] 이를 요약하면 다음과 같다.

---

63) LAAW International(Liability Assessment & Awareness International; http://www.laaw.com/

① 직면한 사망 또는 심각한 상해의 위협으로부터 자신 또는 타인의 보호를 위하여

② 폭력범죄를 저지르고 도주하는 자, 또는 그 도주가 타인의 생명 또는 신체에 상당한 위협으로 간주될 수 있는 피의자를 잡기 위하여

③ 가능한 다른 대안을 모두 사용하였거나 특정 상황에서 명백히 비능률적으로 보일 때

### (2) 유타 경찰서장 협의회의 무기 정책 모델(Model Firearms Policy)[64)]

유타주의 경우, 경찰서장 협의회(Utah Chiefs of Police Association)의 무기 정책 모델에 따라 무기 사용 교육 과정을 통과하고 선서를 한 경찰관만이 무기를 소지할 수 있으며, 특정 부서나 기타 사유로 승인 받은 경우 권총 이외의 총기도 소지 및 사용할 수 있다. 또한 비번일 때에도 경찰 배지와 신분증을 소지하면 무기를 소지할 수 있다.

총기사용에 있어 우리나라와 미국의 가장 큰 차이는 사용에 대한 인식이나 부작용 같은 문제보다 사용 시의 규칙이나 사용 방법에 있다. 미국의 경우 공포탄을 이용한 위협사격이나 급소 이외의 부위를 우선적으로 겨누고 쏜다는 개념이 존재하지 않는다. 총을 겨누고 구두로 저항 포기를 종용하는 것만으로도 충분히 위협이 되었다고 간주하는 것이 미국인들의 생각이며 총을 발포하는 시점도 상대를 단순히 제압하려는 목적이 아니라 사살할 수밖에 없는 급박한 상황으로 간주하기 때문이다.

즉 총기사용 자체에 대해서는 미국에서도 최대한 자제하되, 일단 사용할 때에는 사실상 사살을 전제로 사격을 하며 이 때문에 미국 경찰은 발포 첫발부터 인체 상반신을 겨누고 사격을 가한다. 실용적인 측면에서는 이러한 방식이 더 현실적이라고도 볼 수 있는데, 총이 겨눠진 상태에서도 경찰의 명령을 거부하는 용의자라면 위협사격의 효과는 없을 뿐만 아니라 급소 이외의 부위를 조준해서 쏜다는 것은 현실적으로 쉽지 않기 때문이다.

또한 미국과 우리나라의 경찰 총기사용에서 또 다른 부분은 일단 사용이 정당하다면 피의자가 사망하거나 다친 경우라도 '뒤끝'이 없거나 적다는 점이

uodfs.htm)

64) USE OF FIREARMS MODEL POLICY, Utah Chiefs Of Police Association

다. 우리나라에서는 설령 근무수칙에 충실하게 정당방위를 위해 총기를 사용했다고 하더라도 감찰과 징계 등 '뒤끝'이 있어 쏘지 않는 것이 낫다는 이야기가 흔히 들린다. 그러나 미국에서는 적어도 쏜 사람이 정당하다면 그런 경우는 별로 없다. 특히 정당방위에 관한 범위는 상당히 넓게 인정되는 편이고, 또한 이를 공정하게 판단할 수 있는 전문가 층이 넓다. 우리나라의 경우 경찰관의 총기사용을 둘러싼 재판이 벌어졌을 때 정당성 여부를 전문가적 관점에서 설명할 수 있는 사람이 얼마나 있을지 의문이며, 설령 있다고 하더라도 그들의 의견이 어느 정도 반영될지 장담할 수 없다.

뿐만 아니라 미국 경찰은 정당한 총기사용으로 인명을 살상하고도 피해자 유족들의 고소 등으로 법정에 서게 될 경우 당사자의 보호를 위해 최대한의 노력을 기울인다. 경찰은 이럴 경우를 대비해 우수한 변호사나 법률고문을 늘 확보하고 있으며 소송비용의 부담을 덜기 위한 모금이나 예산지원도 결코 드물지 않다.

## Ⅶ. 총기 등 무기사용과 그 한계

### 1. 경찰관의 무기사용

(1) 경찰관의 무기사용에 관하여 「경찰관직무집행법」에서 경찰관은 범인의 체포·도주의 방지, 자기 또는 타인의 생명·신체에 대한 방호, 공무집행에 대한 항거억제를 위하여 필요하다고 인정되는 상당한 이유가 있을 때에는 그 사태를 합리적으로 판단하여 필요한 한도 내에서 무기를 사용할 수 있다.

다만 형법에 규정한 정당방위와 긴급피난에 해당하는 때 또는 ① 사형·무기 또는 장기 3년 이상의 징역이나 금고에 해당하는 죄를 범하거나 범하였다고 의심할 만한 충분한 이유가 있는 자가 경찰관의 직무집행에 대하여 항거하거나 도주하려고 할 때 또는 제3자가 그를 도주시키려고 경찰관에게 항거할 때에 이를 방지 또는 체포하기 위하여 무기를 사용하지 아니하고는 다른 수단이 없다고 인정되는 상당한 이유가 있을 때

② 체포·구속영장과 압수·수색영장을 집행할 때에 본인이 경찰관직무집

행에 대하여 항거하거나 도주하려고 할 때 또는 제3자가 그를 도주시키려고 경찰관에게 항거할 때 이를 방지 또는 체포하기 위하여 무기를 사용하지 아니하고는 다른 수단이 없다고 인정되는 상당한 이유가 있을 때

③ 범인 또는 소요행위자가 무기·흉기 등 위험한 물건을 소지하고 경찰관으로부터 3회 이상의 투기명령 또는 투항명령을 받고도 이에 불응하면서 계속 항거하여 이를 방지 또는 체포하기 위하여 무기를 사용하지 아니하고는 다른 수단이 없다고 인정되는 상당한 이유가 있을 때

④ 대간첩작전 수행에 있어 무장간첩이 경찰관의 투항명령을 받고도 이에 불응하는 경우를 제외하고는 사람에게 위해를 주어서는 아니 된다고 규정하고 있다(법 제10조의4 제1항).

(2) 그런데 경찰관의 무기사용이 「경찰관직무집행법」 제10조의4에 정한 요건을 충족하는지 여부의 판단기준에 관하여 판례를 보면, 경찰관은 범인의 체포, 도주의 방지, 자기 또는 타인의 생명·신체에 대한 방호, 공무집행에 대한 항거의 억제를 위하여 무기를 사용할 수 있다.

## 2. 경찰관 무기사용의 한계

(1) 이 경우에도 무기는 목적 달성에 필요하다고 인정되는 상당한 이유가 있을 때 그 사태를 합리적으로 판단하여 필요한 한도 내에서 사용하여야 하는 바, 경찰관의 무기 사용이 이러한 요건을 충족하는지 여부는 범죄의 종류, 죄질, 피해법익의 경중, 위해의 급박성, 저항의 강약, 범인과 경찰관의 수, 무기의 종류, 무기 사용의 태양, 주변의 상황 등을 고려하여 사회통념상 상당하다고 평가되는지 여부에 따라 판단하여야 하고, 특히 사람에게 위해를 가할 위험성이 큰 권총의 사용에 있어서는 그 요건을 더욱 엄격하게 판단하여야 한다고 하면서, 경찰관이 범인을 제압하는 과정에서 총기를 사용하여 범인을 사망에 이르게 한 사안에서, 경찰관이 총기사용에 이르게 된 동기나 목적, 경위 등을 고려하여 형사사건에서 무죄판결이 확정되었더라도 당해 경찰관의 과실의 내용과 그로 인하여 발생한 결과의 중대함에 비추어 민사상 불법행위책임을 인정한 사례가 있다.[65]

---

65) 대법원 2008. 2. 1. 선고 2006다6713 판결.

(2) 그리고 「경찰관직무집행법」 제10조의4에서 정하는 '무기사용'의 요건과 한계에 관하여 판례를 보면, 경찰관이 신호위반을 이유로 한 정지명령에 불응하고 도주하던 차량에 탑승한 동승자를 추격하던 중 몸에 지닌 각종 장비 때문에 거리가 점점 멀어져 추격이 힘들게 되자 여러 차례에 걸쳐 경고하고 공포탄을 발사했음에도 불구하고 계속 도주하자 실탄을 발사하여 사망케 한 경우, 위 사망자가 아무런 흉기를 휴대하지 아니한 상태에서 경찰관을 공격하거나 위협하는 등 거칠게 항거하지 않고 단지 계속하여 도주하였다면 그러한 상황은 「형법」에 규정된 정당방위나 긴급피난의 요건에 해당한다고 보기 어렵고, 위 사망자가 경찰관의 정지명령에 응하지 아니하고 계속 도주하였다는 사실만으로 경찰관직무집행법 제10조의4에서 규정하는 범죄를 범하였거나 범하였다고 의심할 충분한 이유가 있다고 보기도 어려우며, 동료경찰관이 총기를 사용하지 않고도 함께 도주하던 다른 일행을 계속 추격하여 체포한 점에 비추어 볼 때, 경찰관이 추격에 불필요한 장비를 일단 놓아둔 채 계속 추격을 하거나 공포탄을 다시 발사하는 방법으로 충분히 위 사망자를 제압할 여지가 있었다고 보이므로, 경찰관이 그러한 방법을 택하지 아니하고 실탄을 발사한 행위는 구 「경찰관직무집행법」 제11조(현행 경찰관직무집행법 제10조의4)에 정해진 총기사용의 허용범위를 벗어난 위법행위라고 한 사례가 있다.[66]

(3) 경찰관이 길이 40cm가량의 칼로 반복적으로 위협하며 도주하는 차량 절도 혐의자를 추적하던 중, 도주하기 위하여 등을 돌린 혐의자의 몸 쪽을 향하여 약 2m 거리에서 실탄을 발사하여 혐의자를 복부관통상으로 사망케 한 경우, 경찰관의 총기 사용은 사회통념상 허용범위를 벗어난 위법행위라고 하였다.[67]

(4) 따라서 위 사안에서 본 바와 같이 경찰관이 추격에 불필요한 장비를 일단 놓아둔 채 계속 추격을 하거나, 공포탄을 다시 발사하는 방법으로 충분히 도주자를 제압할 여지가 있었음에도 경찰관이 그러한 방법을 택하지 아니하였다면, 「경찰관직무집행법」에서 정한 총기사용의 허용범위를 벗어난 위법행위가 될 여지가 있을 것이다.

---

66) 대법원 1999. 6. 22. 선고 98다61470 판결.

67) 대법원 1999. 3. 23. 선고 98다63445 판결.

## 3. 경찰관의 무기사용의 개선과제

한국 경찰은 법률적·사회적인 제약으로 인해 총기 사용을 구속받고 있는 것이 현실이다. 해석하기 어려운 모호한 법 규정과 경찰에게 불리한 법원의 판결, 언론 보도, 사회적 인식 및 교육 시간 부족으로 인한 현실적인 총기 사용의 어려움으로 인해 총기는 공권력의 상징이자 필수적 경찰 장구가 아닌 짐으로 취급받고 있다. 범죄 수법이 날이 갈수록 흉포화 되고, 총기 사용의 '후폭풍'을 감당하기 어려워 맨몸으로 강력범죄에 대응하는 것은 한계가 있을 수밖에 없다.

결국 시대적 필요성과 경찰관 보호라는 목표 아래에서 우리 경찰 역시 총기 사용 요건의 완화는 피해갈 수 없으며, 다만 경찰권 보호와 국민의 기본권 보호라는 두 가지 이념을 절충할 수 있는 방안을 모색해야 한다. 합리적인 총기 사용 환경 조성을 위한 과제를 살펴보면 다음과 같다.

### (1) 구체적인 총기 사용 상황의 규정

현행법상 추상적이고 판단이 어려운 총기 사용 규정을 현실적이고 명확하게 상황별로 분류해 매뉴얼을 개발해야 한다. 현행법은 총기 사용 요건을 죄의 경중과 사태의 급박성 등으로 설명하고 있으나 현실적으로 경찰관들이 위급한 순간에 이를 판단하기가 어렵다는 것이 현실이다. 경찰관들 역시 이성적인 판단 하에 총기를 사용하더라도 후에 이러한 요건을 해석함에 있어 법원의 판단이 자신과 다를까봐 심리적 부담감을 가지고 있기 때문이다.

따라서 우리나라도 일본의 경우처럼 현행법의 개정을 통해 총기 사용의 단계와 구체적인 케이스에 따라 사용 요건을 명확화·현실화하고, 경찰관들이 필요하다고 인정하는 경우에는 법원의 판단에 얽매이지 않고 효율적으로 총기를 사용할 수 있도록 해야 한다. 구체적인 총기 사용 요건이 정해질 경우, 법원의 판결 역시 '상당성'[68]이나 '허용 한계' 등 모호한 판단 기준에서 벗어나 구체적인 판단을 할 수 있을 것이다.

### (2) 경찰관직무집행법 등 현행 법령의 개정

현행 경찰관직무집행법에서 총기 사용 요건과 관련하여 '사형·무기 또는

---

68) 일반인의 법 관념상 통상 이 정도면 충분하다.

장기 3년 이상의 징역이나 금고에 해당하는 죄'로 규정하고 있는 부분을 살인, 강도, 강간, 상해 등의 중범죄를 구체적으로 열거하는 식으로 개정해야 한다. 동시에 위험한 물건의 경우도 직접적인 위험 물건, 간접적인 위험 물건, 대량적인 위험 물건 등으로 종류별로 구분하여 대량적인 위험물 등은 즉시 총기를 사용할 수 있도록 규정해야 할 것이다.

또한 범인 제압에 있어 경찰관이 받는 위험을 중심으로 총기 사용 요건을 정하되, 비례의 원칙을 고려하여 모든 범죄에 총기를 사용하는 것은 지양해야 한다. 장기 3년 이상의 징역이나 금고에 해당하는 죄에 대해 포괄적으로 총기 사용을 허용하는 것은 총기의 오·남용을 불러일으킬 수 있으나, 반대로 문서에 관한 죄나 단순 경제 사범 등에 총기를 사용하는 것은 보충성이나 비례성을 넘어서는 것으로 판단되기 때문이다.

한편 세계적으로 테러 위험에 대한 위험과 인식이 커지고 있음을 감안할 때, 장차 테러 방지를 위해 대량의 위험물 등으로 범죄를 실행하려는 자는 즉시 총기를 이용해 제지할 수 있는 근거를 마련하는 것도 필요하다.

### (3) 총기 사용 경찰관의 보호

총기는 상대방에게 치명적인 상해 및 사망의 결과를 불러일으킬 수 있는 무기로서, 아직 우리 경찰에서는 총기를 사용할 경우 피해자 측의 소송제기나 경찰 내부의 징계 절차가 이어지는 것이 다반사이다. 특히 피해자의 소송제기뿐만 아니라 조직 내부적으로도 총기 사용자에 대해서는 무차별적인 감사가 실시되거나 관리자까지 관리·감독 책임을 물어 징계를 받는 일이 일어나고 있다.

이러한 결과에 대비책 없이 노출된다면, 위급한 상황에서 소신 있는 총기 사용을 할 수 없으며 이는 경찰관과 범인, 피해자 모두의 위험으로 이어지게 된다. 따라서 총기를 사용했더라도 요건에 부합하고 상황의 급박함 등이 인정된다면, 총기 사용 경찰관을 조직 차원에서 보호하는 것이 필요하다. 미국 경찰처럼 전문 변호사나 법률 고문을 두고, 민사 소송 비용을 지원함으로써 정당한 법 집행으로 인해 경찰관이 고통 받는 일이 없도록 해야 한다.

### (4) 개인별 총기 지급 및 휴대와 교육 수준 향상

총기의 올바른 사용을 위해서는 사격능력 향상이 필수적이다. 사격능력 향상은 교육과 훈련을 통해서도 향상될 수 있지만, 자기 총기에 대한 숙련도 역시 이를 크게 좌우한다. 같은 종류의 총기라 할지라도 조준점 등 저마다 가지는 특징이 상이하며, 같은 곳을 조준하더라도 사용자에 따라 탄착군 형성 지점이 달라진다.

게다가 훈련에서 사용하는 총기와 실제 업무에서 사용하는 총기가 다르다는 점을 감안한다면, 사격능력 향상과 교육의 현실화를 위해 1정의 권총으로 3인의 경찰관이 사용하는 시스템을 개선하여 개인별로 총기를 지급하는 것이 필요하다. 다만 사격수준이나 과거 사고경력, 근무평가 등에 의해 사고가 우려되는 자에게는 총기 지급을 제한하고 전자충격총이나 가스총, 고무탄 총 등 비교적 안전한 비살상무기를 지급하여 오·남용 사고를 예방해야 할 것이다.

### (5) 경찰관의 법집행 순응력 확보

한국 사회는 아직 경찰관의 총기 사용에 있어 전반적으로 상당히 부정적인 태도를 취하고 있다. 이는 일제 강점기와 독재정권 하에서 국민들을 탄압했던 경찰의 역사적인 과오가 아직까지도 국민들의 무의식 속에 남아, 개인의 자유와 권리가 중시되는 오늘날의 사회 분위기와 대조되어 나타난 결과로 보인다. 외국처럼 경찰관이 개인의 생명과 재산을 보호하는 존재가 아니라, 오히려 이를 침해하고 억압하는 모습으로 비추어지는 것이다.

이는 단순히 총기 사용 문제를 넘어 경찰관 법 집행력의 전반적인 저하에서 그 원인을 찾을 수 있을 것이다. 다양한 형태의 경찰관 업무 집행 중 총기 사용에 관해서만 사회적으로 이슈가 되는 것이 아니라, 경찰관의 업무 자체가 국민들에게 충분한 설득력을 얻지 못하고 있는 것이다.

이러한 경찰의 법 집행력, 법 순응력의 저하는 공권력의 경시 풍조를 불러일으켜 사회 전반의 무질서 상태를 야기하며, 이는 다시 경찰관 법 집행에 대한 반감을 불러일으키는 악순환을 반복한다. 즉 경찰관 법 집행력의 확보는 총기 사용에만 국한된 것이 아니라 경찰 조직 전반의 업무 수행 능력과 사회 전체의 질서 유지에 근간이 되는 것이며, 법 집행력의 확보가 선행되지 않고서는 국민에 대한 경찰관의 강제력 사용은 비난받을 수밖에 없다.

국민의 생명과 재산을 지키는 것이 경찰의 업무임은 부정할 수 없다. 그러나 이러한 업무를 수행함에 있어 불가결하게 강제력이 필요한 것 역시 주지의 사실이다. 국가가 개인에게 법률에 의거하여 강제력을 행사하는 것은 개인의 자유를 침해하여 보다 큰 사회적 이익을 얻거나 보호할 수 있을 때로 제한된다. 그럼에도 불구하고 아직 우리 국민 정서는 국가에 의한 권리 침해를 무조건적으로 불법·부당한 것으로 인식하고 있으며 이에 대항하여 자신의 권리를 어떻게든 되찾는 것이 민주 사회의 구성 요건이라고 오해하는 것 같다.

무동기살인이나 흉악 성범죄, 테러 등 일반 국민에 대한 직접적인 위협이 늘어나는 오늘날 사회 모습을 고려해볼 때, 사회 질서 유지를 위한 경찰의 역할은 더욱 커질 수밖에 없다. 이에 자연스럽게 경찰의 권한과 국민들에 대한 강제력 행사도 증가할 것으로 예상된다. 이러한 상황에서 경찰관의 법 집행력을 우선적으로 확보하지 않고 법적·제도적 장치만 개선한다면, 차후 어떤 형태의 경찰활동도 국민들 앞에서 설득력을 잃게 된다. 따라서 대국민 홍보활동을 강화하고 정당한 법 집행은 절차에 맞게 엄중하게 대처하되, 경찰 조직 내부적으로도 법률을 위반하거나 개인의 권리를 과도하게 침해하는 경찰권 행사는 견제하고 예방하는 분위기를 조성해야 한다.

이러한 선행 활동 뒤에 경찰을 바라보는 국민들의 감정적 요소가 개선되고 법집행 순응력이 확보된다면, 차차 경찰관의 총기 사용 요건을 현실화하여 위급 상황 시 경찰관이 안전하고 효율적으로 총기를 사용할 수 있도록 법적·제도적인 개선 방향을 강구해야 할 것이다.

## Ⅷ. 전자충격기(테이저건) 사용 지침

### 1. 테이저건이란

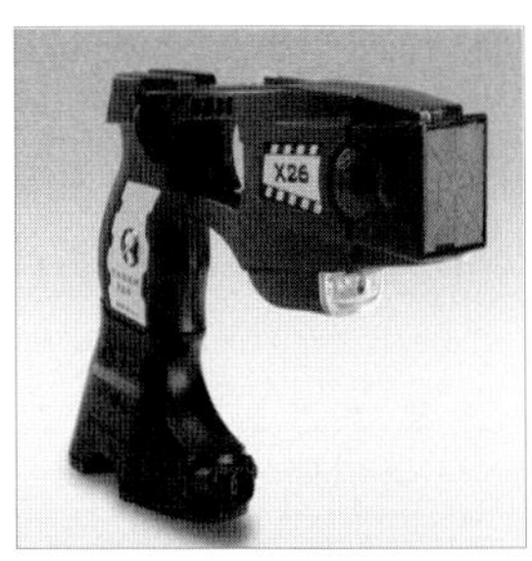


줄로 연결된 두 개의 침이 발사되어 옷(몸)에 맞으면 인체에 흐르는 전자파동을 교란, 신체근육을 일시적으로 마비시켜 움직이지 못하게 하여 검거하는 장비이다.

### 2. 일반 사용요건

경찰관직무집행법 제10조의2(경찰장구의 사용) 현행범인인 경우와 사형·무기 또는 장기3년 이상의 징역이나 금고에 해당하는 죄를 범한 범인의 체포·도주를 방지하거나 자기 또는 타인의 생명·신체·재산 방호를 위하거나 공무집행에 대한 항거를 억제하기 위하여 필요하다고 인정되는 상당한 이유가 있을 때에는 그 사태를 합리적으로 판단하여 필요한 한도 내에서 사용하여야 한다.

### 3. 사용지침

자기 방호와 범인검거·제압 등 정당한 공무수행을 위하여 필요한 최소한의 범위 내에서 사용할 수 있다. 14세 미만자·노약자·임산부에게는 흉기를 소지하고 대항하는 등 특별한 경우를 제외하고는 사용 금지, 단순 시비 소란자·주취자 등에는 사용 금지, 상대방의 얼굴을 향하여 전극침을 발사하지 말 것(3~6m), 근무 중 불필요한 전자충격기 조작 금지, 근처에 인화성 물질(휘발류 등)이 있는 경우 사용 금지, 눈·비 등이 내리는 경우에는 감전의 위험이 있을 수 있으므로 부득이한 경우 외에는 사용을 자제할 것 등이다.

## 제10절 ≫ 피의사실

**사례연구**

**Q 나모범(고등학생)의 신상을 캐묻는 경찰관에게 학교장이 나모범씨의 학교 신상기록부를 건네는 것은 무엇이 문제인가?**

▶ 범죄사건 용의자의 소재를 파악하면서 수사기관에서 증거 자료를 가지고 있는 관계인에게 자료를 요청하는 경우에 자료 요청의 필요성이나 사용처 등을 언급하면 충분하다. 특정인의 범죄혐의의 여부, 출소자 및 동종범죄경력자 등의 설명은 자료 요청에 필요한 설명범위를 넘는 것으로서 사생활의 부당한 공개에 해당하는 것이다. 이는 헌법 제17조 사생활의 비밀과 자유를 침해하는 행위이다.

용의자나 혐의자가 아닌 참고인 등의 표현을 사용하거나 구체적 피의사실이 아닌 수사나 조사과정에 협조 등으로 포괄적으로 표현하는 것이 바람직하다. 전과, 피의사실 등의 공개를 통해 불확실한 소문들이 확대되거나 재생산되어 피공개자가 명예를 훼손당하고 불이익을 당하지 않도록 전과, 피의사실 등은 본인 외에 어떠한 사람에게도 누설해서는 안된다.

**형법 제126조(피의사실공표)** 검찰, 경찰 기타 범죄수사에 관한 직무를 행하는 자 또는 이를 감독하거나 보조하는 자가 그 직무를 행함에 당하여 지득한 피의사실을 공판청구 전에 공표한 때에는 3년 이하의 징역 또는 5년 이하의 자격정지에 처한다.

## I. 피의사실공표죄

피의사실공표죄는 검찰·경찰 기타 범죄수사에 관한 직무를 행하는 사람이나 감독·보조하는 사람이 직무상 알게 된 피의사실을 기소(공판청구) 전에 공표하는 죄이다. 3년 이하의 징역 또는 5년 이하의 자격정지에 처한다(형법 제126조).

이는 헌법상 '무죄추정의 원칙'에 의한 것으로, 수사 중이거나 입증되지 않은 피의사실을 공표함으로써 부당한 인권침해를 방지하기 위한 것이다. 또한 '진실한 사실로서 오로지 공공의 이익에 관한'(형법 제310조) 것이라고 할지라도 그 위법성이 조각되지 않는다.

여기서 '공표'는 불특정 또는 다수인에게 그 내용을 알리는 것이지만 사실상 사문화돼 있다. 검찰은 수사공보준칙, 경찰은 공보에 관한 규칙에 따라 피의사실을 공표한다. 신문기자에게 고지하는 경우도 신문의 특성으로 보아 공표가 된다. 또한 신문기자가 기록을 열람하는 것을 묵인하는 경우와 같이 부작위에 의한 공표도 있을 수 있다.

형사소송법에는 검사나 직무상 수사에 관계있는 자의 비밀 엄수 등에 관한 주의 규정(형사소송법 제198조)이 있고, 소년법 제68조에도 조사·심리 중인 형사사건에 대한 보도 금지에 관한 특별규정이 있다.

## Ⅱ. 보호법익

이 죄의 직접적인 보호법익은 물론 피의자의 명예지만 피의사실 공표로 말미암아 증거인멸 등 범죄수사에 지장이 초래되는 일도 있으므로 국가의 범죄수사권의 행사도 이 죄의 보호법익이 될 수가 있다. 따라서 피의사실공표죄는 친고죄이며 반의사불벌죄가 아니다.

## Ⅲ. 구성요건

### 1. 주 체

피의사실공표죄의 주체는 검찰, 경찰 기타 범죄수사에 관한 직무를 행하는 자 또는 이를 감독하거나 보조하는 자이다. 특수공무원만이 주체가 될 수 있는 진정신분범인 것이다.

### 2. 행위의 객체

직무를 행하며 얻게 된 피의사실이다. 피의사실은 진실한 것임을 요하지 않는다. 직무를 행함에 있어서 알게 된 피의사실이어야 하므로 직무와 관련 없이 알게 된 사실은 여기에 포함되지 않는다.

### 3. 행 위

공판청구 전에 피의사실을 공표하는 것이다. 공표란 불특정 또는 다수인에게 그 내용을 알리는 것을 말한다. 공연히 알릴 것을 요하지 않는다. 따라서 특정한 1인에게 알린 경우에도 이로 인하여 불특정 다수인이 알 수 있을 때에는 공표에 해당한다. 작위에 한하지 않고 부작위에 의한 경우도 포함한다.

공표는 공판청구 전, 즉 소송제기 전일 것을 요한다. 따라서 공소제기 후에 알리는 것은 피의사실공표죄에 해당하지 않는다.

## 4. 위법성

피의자의 승낙은 피의사실공표죄의 성립에 영향을 미치지 못한다. 수사활동상 필요하다고 인정하는 경우에는 정당행위로서 위법성이 조각된다고 해석하는 견해도 있다. 그러나 공공의 이익을 위한 것이라는 이유만으로 위법성이 조각될 수는 없다고 해야 한다.

## 5. 현실적 문제점

피의사실이 알려지면 무죄추정 원칙뿐 아니라 인격권 등 피의자 인권은 침해된다. 피의자 인권과 국민의 알권리 간 사회적 합의가 필요하다. 다만 피의사실 공표가 가능한 대상은 급속한 범죄피해 확산, 동종범죄 발생 예방을 위해 즉시 알릴 필요가 있는 범죄, 신속한 범인 검거를 위해 국민에게 협조를 구할 필요가 있는 범죄, 고위공직자·정치인·권력기관 부정부패 등 공적 이익이 큰 범죄 등으로 제한해야 한다.

국가인권위원회는 피의사실 공표로 인한 인권침해 사건으로 판단하지 않는 경우로는, 국민 생명과 안전에 급박한 위해가 생길 가능성을 예방하기 위한 경우, 공식 절차에 따라 예단 없이 균형성 있는 내용으로 발표할 경우, 공표 필요성이 있는 경우 등을 꼽았다. 피의사실 공표는 '예외'를 설정하되 엄격한 기준이 적용돼야 한다. 법원·검찰·변호사·법조기자단이 위원회를 구성해 지속적으로 가이드라인을 발전시켜 나가야 한다. 피의사실 공표로 인한 문제를 개선하기 위해서는 관련 법률을 제·개정하는 방안이 필요하다.

언론계와 법조계 일각에서는 현실적으로 불구속재판 원칙이 제대로 지켜지지 않고, 이에 따라 구속 여부가 사실상 피의자의 운명을 가르는 기준이 되고 있다. 피의사실 공표는 유·무죄 판단에도 큰 영향을 주는 현실에서 언론이 이를 외면하고 기소 후에만 피의사실(범죄사실)을 보도하라는 것은 언론의 자유를 지나치게 침해하고 현실을 외면하는 것이라는 점에 근거해 피의사실공표죄의 기준을 구속 시점으로 바꾸거나 불구속재판이 현실화된 이후에나 적용 가능하다는 주장도 있다.

유죄가 확정되기 전에는 인권보호를 위해서 반드시 비밀이 지켜져야 한다는 것은 어느 국가를 막론하고 기본적인 원칙이다. 하지만 이를 철저히 지키는 국가는 많지 않은 게 사실이며, 국민의 알권리와 충돌하며 논란의 여지를 낳는다.

흉악범을 체포했을 때 흔하게 볼 수 있는 반응인 저런 놈 얼굴을 왜 가려주냐 혹은 신상을 공개해라라고 요구하는데 경찰과 검찰이 이를 언론에 알려주면 엄연히 피의사실공표죄에 저촉된다. 그런데 이걸 감시하고 감독하는 기관이나 주체가 없고, 경찰이 은근슬쩍 언론에 흘려주는 건 막을 길이 없다. 그리고 또 진영논리로 가르기 시작하면 지지측에서는 알권리를 주장하는 반면에 비판측에서는 무죄추정의 원칙과 피의사실공표죄 저촉을 주장하며 맞선다.

사실 피의사실공표죄는 경찰과 검찰에 의해 마비된 법이다. 지난 25년간 피의사실공표죄로 검찰에 송치된 경찰의 수는 551명이었으나 기소된 경찰은 단 한 명도 없었다. 게다가 경찰이 아예 수사를 안해서 미제사건으로 분류되어 검찰이 기소 여부조차 판단하지 않은 사건들도 다수이다. 경찰이 연예인이나 정치인의 수사 진행 사실에 대해 대놓고 기자회견을 하는 위법행위를 저질러도, 경찰도 수사를 하지 않고, 검찰도 기소하지 않는다는 뜻이다. 마찬가지로 검찰 내부에서 이를 공표해도 검찰 스스로 이를 처벌한 적은 단 한번도 없다.

이러한 현실 때문인지, 경·검찰이 대중들에게 인지도가 높은 사건의 소환 날짜나 수사 진행상황, 증거 발견 상황 등을 언론에 대놓고 기자회견 형식으로 공표하는 일이 잦고, 피의자가 유·무죄 여부와는 상관없이 수사 그 자체에서 막대한 피해를 입는다는 것이다. 그 때문에 한번 경찰이나 검찰의 피의사실 공표로 조리돌림당한 사람들의 경우 무죄판결을 받더라도 대중의 지탄 속에 은둔하다시피 사는 경우가 대부분이다.

다만, 2019년부터 정부에서 적극적으로 피의사실 공표를 하지 않기로 하여 사실상 사문화되어 있던 이 법이 다시 세상으로 드러났다. 문제는 정부에서 갑자기 이 법에 대해 엄격해진 시점이 조국 전 법무부 장관이 가족에 대한 검찰의 전방위수사를 통해 출입처 기자들의 언론보도가 논란이 되기 시작했을 시점이라 정치적 논리 때문이 아니냐는 말이 나오고 있는 것이다.

## 제11절 ≫ 집회시위

**사례연구**

**Q 집회참가자들에 대한 인권침해가 발생했다면 어떤 점이 인권침해에 해당한다고 생각하는가?**

► 집회참가자들이 당시 현장에서 달리 폭력행위나 불법시위 등을 시도하지 않았는데도 집회참가자들의 말을 믿지 못한다는 이유로 차량을 2시간 동안 이동하지 못하도록 한 것은 경찰관의 과도한 예단에 근거한 것이다.

또한 불법시위 예방의 목적이 달성되었다면 집회참가자들의 차량을 이동할 수 있게 해야 하는데 2시간 동안 제지하고 그 과정에서 화장실에 가지 못하도록 제한한 것은 기본권을 제한할 때 피해를 최소화할 수 있도록 해야 한다는 과잉금지원칙을 위반한 것으로 헌법 제10조에서 규정하고 있는 일반적 행동자유권과 인격권을 침해한 행위에 해당할 수 있다.

**헌법 제21조** ① 모든 국민은 언론·출판의 자유와 집회·결사의 자유를 가진다.

② 언론·출판에 대한 허가나 검열과 집회·결사에 대한 허가는 인정되지 아니한다.

**집회 및 시위에 관한 법률 제10조(옥외집회와 시위의 금지 시간)** 누구든지 해가 뜨기 전이나 해가 진 후에는 옥외집회 또는 시위를 하여서는 아니 된다. 다만, 집회의 성격상 부득이하여 주최자가 질서유지인을 두고 미리 신고한 경우에는 관할경찰관서장은 질서 유지를 위한 조건을 붙여 해가 뜨기 전이나 해가 진 후에도 옥외집회를 허용할 수 있다.

**집회 및 시위에 관한 법률 제11조(야간 옥외집회의 조건부 허용)** ① 법 제10조 단서에 따라 해가 뜨기 전이나 해가 진 후의 옥외집회를 신고하는 자는 해가 뜨기 전이나 해가 진 후 옥외집회를 하여야 하는 사유를 적고 필요한 자료를 제출하여야 한다.

② 관할 경찰관서장은 법 제10조 단서에 따라 해가 뜨기 전이나 해가 진 후의 옥외집회를 허용하는 경우에는 서면으로 질서 유지를 위한 조건을 구체적으로 밝혀 주최자에게 알려야 한다.

## I. 집회 및 시위

집회 및 시위에 관한 법률은 1962년 12월에 제정되었고 13차례의 개정을 하여 현재에 이르고 있다. 이 법은 집회에 관한 법률과 집회에 관한 임시조치법을 통합하여 적법한 집회 및 시위를 보호하고 공공의 안녕과 질서를 유지하려는 취지에서 1962년 12월 31일 법률 제1245호로 제정·시행된 법률이다. 그 후 수차례의 개정을 거친 후 오늘에 이르고 있다.[69]

경찰청은 2014년 10월 22일부터 광장, 상가 등 지역(주거, 학교 이외 지역) 소음기준 등이 강화된 집회 및 시위에 관한 법률 시행령을 적용한다고 밝혔다. 집시법 시행령은 과도한 집회소음으로 인해 나날이 증가하는 국민들의 피해를 최소화하기 위해 시행된다고 경찰은 설명했다. 시행령은 공공도서관, 종합병원 등 소음기준을 주거지역 소음기준(주간 65㏈. 야간 60㏈)으로 적용하고 광장, 상가 등 기타 지역 소음기준을 5㏈(주간 75㏈. 야간 50㏈)로 낮추기로 했다. 소음측정방법도 현재 5분씩 2회 측정해 평균값을 내는 방법에서 10분 동안 1회 측정하는 방식으로 바뀐다.

집회 및 시위에 관한 법률은 집회 또는 시위에 관한 권리를 보장하고, 불법시위를 제한하고자 하는 목적으로 제정된 법률이다. 간단히 집시법이라고 부르기도 한다. 헌법재판소는 집회 및 시위에 관한 법률 제2조 제2항에 따른 시위의 개념에 대하여 "집회 및 시위에 관한 법률 제2조 제2호의 '시위'는 그 문구와 개정연혁에 비추어 다수인이 공동목적을 가지고 (1) 도로, 광장, 공원 등 공중이 자유로이 통행할 수 있는 장소를 진행함으로써 불특정 다수인의 의견에 영향을 주거나 제압을 가하는 행위와 (2) 위력 또는 기세를 보여 불특정 다수인의 의견에 영향을 주거나 제압을 가하는 행위를 말한다고 풀이되므로, 위 (2)의 경우에는 "공중이 자유로이 통행할 수 있는 장소"라는 장소적 제한 개념은 시위라는 개념의 요소라고 볼 수 없다"고 판시한 바 있다. 일부 조항에 대하여 대한민국 헌법 제2장 제21조에서 보장하고 있는 집회의 자유를 제한하고 있으므로 위헌

69) 가장 최근에 개정된 것은 2007년 12월 21일로 개정이유는 국민의 재산권 행사와 관련하여 법적 간결성·함축성과 조화를 이루는 범위에서 법조문의 표기를 한글화하고 어려운 용어를 쉬운 용어로 풀어쓰기 위함이다.

이라는 시각도 있다. 이에 관해 대한민국 헌법재판소는 2009년 5월 28일의 결정을 통해 집회의 사전 신고 의무에 대해 합헌이라고 판결했다.

## Ⅱ. 판단 기준

집회 및 시위에 관한 법률에 의하면 "누구든지 평화적인 집회와 시위를 방해하여서는 안된다"는 내용을 위반한 사람은 3년 이하의 징역에 처하되 경찰관 등에 대해선 이를 위반하면 5년 이하의 징역에 처한다. 집회 및 시위에 관한 법률 제2조 제2호에 의하면 '시위'는 여러 사람이 공동의 목적을 가지고 도로·광장·공원 등 일반인이 자유로이 통행할 수 있는 장소를 행진하거나 위력 또는 기세를 보여 불특정한 여러 사람의 의견에 영향을 주거나 제압을 가하는 행위를 의미하는데, 여러 사람이 일정한 장소에 모여 행한 특정 행위가 공동의 목적을 가진 집단적 의사표현의 일환으로 이루어진 것으로서 시위에 해당하는지는, 행위의 태양 및 참가 인원 등 객관적 측면과 아울러 그들 사이의 내적인 유대관계 등 주관적 측면을 종합하여 전체적으로 그 행위를 여러 사람이 위력 또는 기세를 보여 불특정한 여러 사람의 의견에 영향을 주거나 제압을 가하는 행위로 볼 수 있는지에 따라 평가하여야 한다.[70)]

## Ⅲ. 위헌 논란

집회 및 시위에 관한 법률 제10조, 제11조가 국민의 의사표현의 자유를 침해하기 때문에 위헌이라는 논란이 있다. 하지만 헌법재판소는 집회의 사전 신고 의무에 대해서는 합헌이라고 판시했다.

현재 집시법의 문제가 되는 부분은 그 외에 집회 및 시위에 관한 법률 제8조에서 정하고 있는 집회금지조치가 사실상의 허가제로 운용되는 것은 아닌지에 대한 논란의 여지가 있다. 헌법 제21조 2항에서는 언론의 자유에 대한 검열

70) 대법원 2014. 11. 13. 선고 2011도2871 판결.

의 금지와 더불어 집회와 결사에 대한 허가제도 금지하고 있기 때문이다. 신고요건을 지나치게 엄격하게 정할 경우 신고제가 사실상의 허가제처럼 운용될 수 있어 신고요건의 적정성에 대한 논의가 필요한 시점이다.

그 외에는 제11조에서 명시된 시설로부터 100m 이내의 장소에서는 옥외집회를 할 수 없도록 규정한 점에 대해 100m라는 거리가 과도한 것은 아닌지와 함께, 명시된 대상들 중에 외교사절의 공관이 아닌 숙소까지도 포괄적으로 포함한 것이 과연 정당한 것인지에 대해서도 논란의 여지가 있다. 이에 대해 광주지방법원은 2018년 3월 6일에 "국회를 대상으로 찬반 의사를 집단으로 표명함으로써 개인의 자유로운 인격을 발현하려는 국민 요구와 의지를 존중하고 보호하는 것도 중요하다"며 "국가 주요 사안과 정책이 토의·결정되는 국회 인근에서 항의·요구 집회를 할 자유는 대의민주주의를 채택한 우리 헌정체제에서 중요한 의미를 지닌다"고 하면서 집시법 제11조 1호 중에서 국회 부분에 한하여 헌법재판소에 위헌법률심판을 제청했다.

2008년 10월 9일, 서울중앙지법 형사7단독 재판부를 맡았던 박재영 판사는 미국산 쇠고기 수입반대 촛불집회를 주도한 혐의로 기소된 성공회대 외래교수 안진걸씨의 신청을 받아들여 집회 및 시위에 관한 법률 제10조와 제23조 제1항에 대해 위헌법률심판을 제청했다. 2009년 9월 24일, 헌법재판소는 박재영 판사가 제청한 위헌법률심판에 판결을 내렸다. 야간 옥외집회를 금지한 집시법 제10조와 벌칙을 규정한 제23조 제1항에 대해 5(위헌)대 2(헌법불합치)대 2(합헌) 의견으로 헌법불합치 결정을 내렸으며 국회가 법을 개정할 때까지 2010년 6월 30일까지만 한시적으로 해당 조항을 적용토록 하였다.

위헌 의견을 낸 이강국·이공현·조대현·김종대·송두환 재판관은 "집회에 대한 허가 금지를 규정한 헌법 제21조 제2항의 취지는 집회의 내용을 기준으로 한 허가뿐만 아니라 집회의 시간·장소를 기준으로 한 허가도 금지된다는 의미"라며 "집시법 10조는 야간옥외집회에 대한 허가를 규정한 것이므로 헌법에 정면으로 위반된다"고 밝혔다.

민형기·목영준 재판관은 "야간옥외집회 금지의 입법목적의 정당성은 인정되지만 직장인이나 학생 등은 사실상 집회의 자유를 실질적으로 박탈당할 수 있다"며 "집회 금지 시간대를 그렇게 광범위하게 정하지 않더라도 입법목적을 달성하는 데 큰 어려움이 없다"며 헌법불합치 의견을 냈다.

이들은 "어떠한 시간대에 옥외집회를 금지하는 것이 입법목적을 달성하면서도 집회의 자유를 최소한의 범위에서 제한하는 것인지에 대해서는 입법자의 판단에 맡기는 것이 바람직하다"고 덧붙였다.

그러나 김희옥·이동흡 재판관은 "야간옥외집회 금지는 집회 및 시위의 보장과 공공의 안녕질서 유지의 조화라는 정당한 입법목적 하에 규정된 것"이라며 합헌 의견을 제시했다.

## IV. 관련 판례

(1) 집회 및 시위에 관한 법률이 옥외집회에 관하여 신고제도와 아울러 일정한 경우 그 적용을 배제하는 규정을 둔 취지는, 신고에 의하여 옥외집회의 성격과 규모 등을 미리 파악함으로써 적법한 옥외집회를 보호함과 동시에 행정관청에 옥외집회에 관한 구체적인 정보를 제공함으로써 타인의 기본권 침해를 예방하고 공공의 안녕질서를 유지하기 위한 조치를 사전에 마련하도록 하는 한편, 학문, 예술, 체육, 종교, 의식, 친목, 오락, 관혼상제 및 국경행사에 관한 집회의 경우에는 타인의 기본권이나 공공의 안녕질서를 침해할 위험성이 매우 적어 사전 조치의 필요성이 없다고 보기 때문이다. 그러므로 집회의 성격 내지 취지가 집시법 제15조에 규정된 집회에 해당하는 경우에는 사전신고를 하지 않았다고 하더라도 미신고 옥외집회로 처벌할 수는 없고, 어떤 집회가 집시법 제15조에 규정된 집회에 해당하는지는 집회의 주된 목적, 일시, 장소, 방법, 참여인원, 참여자의 행위 태양, 진행 내용 및 소요시간 등 제반 사정을 종합적으로 고려하여 실질적으로 판단하여야 한다.[71]

(2) 피고인들을 포함한 근로자 30여 명이 관할 경찰서장에게 신고하지 아니하고 회사 구내 옥외 주차장에서 5회에 걸쳐 집회를 개최하였다고 하여 집회 및 시위에 관한 법률 위반으로 기소된 사안에서, 위 집회는 회사 구내에서 업무시간을 피하여 매번 약 40분씩 한정된 시간 동안 개최된 것이고, 집회의 목적도

71) 대법원 2013. 3. 28. 선고 2011도2393 판결.

오로지 노조활동과 관련하여 회사에 대한 요구사항을 주장하기 위한 것이며, 집회 장소가 회사 안마당 주차장 공간으로서 옥외이기는 하지만 외부인의 출입이 통제·차단되어 그곳에서 위와 같은 목적과 규모 및 방법으로 집회를 개최하더라도 인근 거주자나 일반인의 법익과 충돌하거나 공공의 안녕질서에 해를 끼칠 것으로는 예견되지 아니할 뿐 아니라 일반적인 사회생활질서의 범위 안에 있는 행위로 평가되므로, 피고인들의 행위를 집시법상 미신고 옥외집회 개최행위로 처벌할 수 없다.[72]

(3) 집시법 제20조 제1항 제2호가 미신고 옥외집회 또는 시위를 해산명령의 대상으로 하면서 별도의 해산 요건을 정하고 있지 않더라도, 그 옥외집회 또는 시위로 인하여 타인의 법익이나 공공의 안녕질서에 대한 직접적인 위험이 명백하게 초래된 경우에 한하여 위 조항에 기하여 해산을 명할 수 있고, 이러한 요건을 갖춘 해산명령에 불응하는 경우에만 집시법 제24조 제5호에 의하여 처벌할 수 있다고 보아야 한다. 이와 달리 미신고라는 사유만으로 그 옥외집회 또는 시위를 해산할 수 있는 것으로 해석한다면, 이는 사실상 집회의 사전신고제를 허가제처럼 운용하는 것이나 다름없어 집회의 자유를 침해하게 되므로 부당하다. 집시법 제20조 제1항 제2호를 위와 같이 제한하여 해석하더라도, 사전신고제의 규범력은 집시법 제22조 제2항에 의하여 신고의무를 이행하지 아니한 옥외집회 또는 시위의 주최자를 처벌하는 것만으로도 충분히 확보할 수 있다.[73]

(4) 헌법이 보장하는 집회의 자유도 스스로 한계가 있어 무제한의 자유가 아닌 것이므로 공공의 안녕과 질서를 유지하기 위하여 집회 및 시위의 주최자로 하여금 미리 일정한 사항을 신고하게 하고 신고를 받은 관할 경찰서장이 제반 사항을 검토하여 일정한 경우 위 집회 및 시위의 금지를 통고할 수 있도록 한 집회및시위에관한법률 제6조, 제8조 및 그 금지통고에 대한 이의신청절차를 규정하고 있는 같은 법 제9조가 헌법에 위반된다고 할 수 없다.[74]

(5) 야간 옥외집회금지 위반으로 기소된 단순참가자에 대하여도 야간 옥외

---

72) 대법원 2013. 10. 24. 선고 2012도11518 판결.

73) 대법원 2012. 4. 26. 선고 2011도6294 판결.

74) 대법원 1991. 11. 12. 선고 91도1870 판결.

집회 금지 처벌조항인 집회 및 시위에 관한 법률 제10조 본문, 제23조 제1호에 대한 헌법재판소 헌법불합치결정의 효력이 미친다고 보아야 할 것이다.[75]

## 제12절 유치장

**사례연구**

**Q 유치장 내에서 여성의 브래지어를 탈의하게 한 것은 여성의 어떤 부분에서 인권침해를 했다고 생각하는가?**

---

► 경찰업무편람에 따르면 브래지어가 자살 또는 자해를 위한 도구로 분류되어 있다 하더라도 그런 이유만으로 유치장 내에서 여성의 브래지어를 탈의하게 한 것은 인격권 및 사생활보호의 기본권을 침해한 것이다.

특히 경찰업무편람에 의지해서 유치인의 사생활 보호라는 가장 중요한 기본권을 제한하여 탈의를 일률적으로 실시하는 것이 타당한가에 대해 능동적인 검토가 필요하다. 업무편람은 말 그대로 업무수행에 참고해야 할 사항을 기록한 것에 불과한 것으로 법적 구속력을 가지는 것이 아니므로 편람에 따라 업무를 수행했다 하더라도 그것만으로 그 행위가 정당화되는 것은 아니다. 따라서 유치인의 기본권과 관련된 업무를 수행함에 있어서는 헌법과 법률에 따른 적법성에 대한 판단 내지 주의의무를 진다.

**경찰관직무집행법 제9조(유치장)** 법률에서 정한 절차에 따라 체포·구속된 사람 또는 신체의 자유를 제한하는 판결이나 처분을 받은 사람을 수용하기 위하여 경찰서와 해양경찰서에 유치장을 둔다.

### I. 유치장 보호시설

유치장이란 체포·구속된 피의자나 구류형 복역 및 노역장 유치 등 경범죄

75) 대법원 2014. 8. 20. 선고 2009도6048 판결; 대법원 2011. 8. 25. 선고 2008도10960 판결.

자 등을 수감하는 경찰서의 시설을 말한다. 피의자의 경우 구속되어 구치소나 교도소로 이감되기 전에 조사를 할 때까지 수감하는 것이고, 경범죄자의 경우에는 교도소를 대신하는 역할을 하는 것이다. 보호실이라고도 한다.

유치장은 구류형을 복역하는 자 및 노역장유치자 등 경범죄자와 피의자를 수감하는 경찰서의 시설이다. 보호실이라고도 한다. 일반적으로 전자의 경우 교도소를 대신하는 역할의 시설을 의미하고, 후자의 경우 구치소나 교도소로 이감되기 전에 조사를 할 때까지 수감하는 곳을 가리킨다. 일반적으로 경찰서의 1층과 2층 및 지하 1층에 설치되어 있으며 유치인의 면회를 하기 위해서는 면회절차를 거쳐야 한다.

일반적으로 구류형을 복역하는 자 및 노역장유치자 등 경범죄자는 형벌의 집행이 1달을 전후해서 끝나고 피의자는 경찰서에서 혐의사실이 밝혀지는 데 시간이 1주일 이내이고 그 후 구치소나 교도소로 이감되므로 유치인들이 유치장에 수감되어 있는 기간은 길지 않다.

범죄혐의가 있어서 소환된 피의자를 일시적으로 수감할 목적으로 검찰청에도 설치되어 있다. 대한민국에서는 한 경찰서의 유치장에 수감된 유치인이 1명도 없는 날에는 해당 경찰서에 백기를 게양한다. 순백색은 범죄가 없어 깨끗함을 상징하는 것으로, 출소하는 사람에게 먹이는 두부의 색깔이 흰색인 것과 같은 이유라고 할 수 있다.

## Ⅱ. 노역장

노역장은 벌금 또는 과료를 납입하지 아니한 자에 대하여 선고되는 환형처분이다. 벌금 또는 과료를 선고할 때에는 납입하지 아니하는 경우의 유치기간을 정하여 동시에 선고한다(형법 제70조). 벌금을 납입하지 아니한 자는 1일 이상 3년 이하, 과료를 납입하지 아니한 자는 1일 이상 30일 미만의 기간 노역장에 유치하여 작업에 복무하게 한다. 벌금 또는 과료의 선고를 받은 자가 그 일부를 납입한 때에는 벌금 또는 과료액과 유치기간의 일수에 비례하여 납입금액에 상당한 일수를 제한다(제69조·제71조).

교도 작업은 수형자에게 노동을 부과하여 처벌을 하는 한편, 해당 기술을 익히고 사회 복귀 이후에 이를 토대로 제2의 인생을 살 수 있도록 하기 위함이 원칙이다. 따라서 수형자는 이 기간 동안 교도소 사방을 나와서 지정 장소에서 노역을 하게 된다. 그 외의 기간에는 하루에 30분 정도 허용되는 운동시간을 제외하고는 절대 밖으로 나올 수 없으며 심지어 식사시간조차도 그렇다.

(1) 직영작업: 교도소에서 일체의 재료, 장비, 시설 등을 제공하여 시행하는 작업. 국내에는 봉제나 영농 그리고 목공 등이 대부분을 차지하고 있다.

(2) 위탁작업: 외부 민간기업체, 혹은 개인으로부터 시설, 기계, 기구 및 재료의 전부 또는 일부를 제공받아 시행하는 작업. 직업훈련에 부적합하고 일시적이며 보안상의 문제점이 있을 수 있다.

(3) 노무작업: 교도소 측이 노동만을 제공하는 작업. 정지작업, 모내기, 추수 등의 사례가 있으나 단순한 노동이므로 직업훈련에 적절치 않다.

(4) 도급작업: 교도소가 노동력과 자재, 비용, 감독을 맡아 작업을 기일내 완료하고 도급에 따른 대가를 받는 작업이다.

(5) 관용작업: 교도소 운영에 필요한 취사, 청소, 운반, 영선, 원예, 악대, 간병, 경리, 업무보조를 하는 작업. 내부 규율에 의거 총 수용인원의 8~12%를 넘으면 위법이다.

## Ⅲ. 관련 판례

(1) 경찰관직무집행법상 정신착란자, 주취자, 자살기도자 등 응급의 구호를 요하는 자를 24시간을 초과하지 아니하는 범위 내에서 경찰관서에 보호조치할 수 있는 시설로 제한적으로 운영되는 경우를 제외하고는 구속영장을 발부받음이 없이 피의자를 보호실에 유치함은 영장주의에 위배되는 위법한 구금으로서 적법한 공무수행이라고 볼 수 없다.[76)]

(2) 집회 및 시위에 참가한 노동조합원 중 일부가 시위진압 경찰관들과의 몸싸움 과정에서 경찰관들에게 상해를 입게 한 사안에서 금속연맹 지역본부장

76) 대법원 1994. 3. 11. 선고 93도958 판결.

의 직책을 가지고 그 집회 및 시위에 적극적으로 참가한 피고인에게 특수공무집행방해치상의 공모공동정범으로서의 죄책을 인정하였다.[77]

(3) 특수공무집행방해치상죄는 단체 또는 다중의 위력을 보이거나 위험한 물건을 휴대하고 직무를 집행하는 공무원에 대하여 폭행·협박을 하여 공무원을 사상에 이르게 한 경우에 성립하는 결과적가중범으로서, 행위자가 그 결과를 의도할 필요는 없고 그 결과의 발생을 예견할 수 있으면 족하다.[78]

## IV. 벌금형 집행과 검찰의 인권침해

형사사법절차의 시작과 끝에는 검찰이 있다. 검찰은 수사권, 기소권, 형집행권 등 법원의 재판권을 제외한 모든 권한을 독점하며 형사사법절차를 지배하고 있다. 견제 받지 않는 검찰권은 쉽게 남용으로 이어져 많은 인권침해 사례를 낳고 있다. 그런데 검찰권 남용으로 인한 인권침해는 수사·기소단계뿐 아니라 형집행과정에서도 발생한다.

형사소송법은 벌금형이 확정되면, 검사가 독촉기간과 소환절차를 밟고, 재산에 대한 강제집행을 한 후 최후 수단으로 형집행장을 발부하도록 규정하고 있다. 벌금형의 취지는 가벼운 범죄를 저지른 사람들에게 신체의 자유를 최대한 보장하고 정상적 생활을 계속해 나가도록 배려하는 데 있다. 국가인권위원회도 같은 취지에 따라 2006년부터 현재까지 검찰총장에게 수차례 형집행장 발부 전 소환절차 및 강제집행을 선행하도록 권고하고 있다. 인권위 권고는 형집행장 발부에 따라 재산형이 무분별하게 자유형으로 대체되는 것을 지양해 국민인권을 보호하라는 것이다. 그러나 검찰은 독촉과 소환, 강제집행 없이 형집행장을 즉시 발부해 벌금형 수배자가 노역장에 구금되도록 하고 있다. 이러한 검찰의 행정편의주의적 조치들은 인권침해로 직결된다.

형집행장이 발부된 벌금 미납자는 지명수배가 되고 경찰이 대부분 검거해 검찰에 인계하는 절차를 거친다. 그런데 검찰의 수배자 인수시간은 전국 지방

77) 대법원 2002. 4. 12. 선고 2000도3485 판결.
78) 대법원 2008. 6. 26. 선고 2007도6188 판결.

검찰청마다 제각각인데다 업무시간인 오후 6시 이후 및 공휴일에는 벌금수배자를 인수하지 않는다. 이에 따라 검찰 업무시간 외 시간에 검거된 벌금형 수배자는 검찰이 인수할 때까지 기약 없이 경찰서 유치장에 감금돼 있어야 한다. 예컨대 2017년 10월 2일 검찰의 업무시간 외 벌금형 수배자가 검거됐다면 추석 연휴인 10월 3일부터 10월 9일 한글날까지는 물론 검찰 업무가 시작되는 10월 10일 오전 9시까지 적어도 168시간 이상(7일)을 경찰서 유치장에 구금돼 있어야 했다. 더 심각한 문제는 벌금형 수배자의 경찰서 유치장 구금에 대한 법률적 근거가 없다는 점이다. 따라서 유치장 구금일수만큼 노역장 유치일수에서 제하는 것도 법적 근거가 없는 셈이 된다. 한마디로 법집행기관이 위법한 구금을 집행하고 있는 셈이다. 게다가 경찰서 유치장은 단기간 임시 수용시설이어서 장기간 구금에 대비한 전문의료시설이 잘 갖추어져 있지 않다. 벌금형 수배자가 지병을 앓고 있거나 자해를 하는 등 문제가 발생할 경우 형집행의 책임이 없는 경찰이 유치장 사고에 대한 책임을 떠맡게 된다.

이 같은 인권침해를 예방하기 위해 2015년부터 한 인권단체는 '장발장 은행'을 설립해 벌금형 선고를 받고도 벌금을 납부하지 못해 노역장 유치가 될 사람들에게 벌금을 무이자로 대출해 주고 있다. 반면 인권옹호기관을 자청하는 검찰은 수사, 영장청구, 기소 등 폼나는 권한행사에만 관심이 있고 자신의 형집행권 아래서 발생하는 약자들의 인권침해에 대해서는 무관심하다. 검찰이 수사권 조정에 반대하는 논거로 국민 인권보호를 내세우면서도 정작 벌금형 수배자 인권침해 문제에 대해선 12년이 넘도록 개선하지 않고 있다. 이는 검찰의 인권의식이 얼마나 낮고 사회적 약자에 대한 관심과 배려가 부족한지 짐작케 한다. 최근에도 심부전증을 앓고 있던 50대 기초생활수급자가 벌금 150만원을 납부하지 못해 노역장에 유치된 지 이틀 만에 숨졌다. 구치소 측과 그를 노역장에 유치하도록 지휘한 검찰은 '법과 원칙에 따른 일'이라는 책임회피성 말만 반복했다.

당면한 검찰개혁을 회피하려고 검찰은 인권옹호기관임을 강변하지만 국민들은 동의하지 않는다. 인권위의 수차례 개선권고에 대해 무관심과 무시로 일관한 검찰이 과연 인권을 입에 올릴 자격이 있는지 의심스럽다. 검찰의 반성과 조속한 제도 개선을 촉구한다. 인권선진국으로의 진입은 사회적 약자에 대한 배려에서부터 출발함을 잊지 않았으면 한다.

## 제13절 ≫ 여성, 아동 등 미성년자의 처우

> **사례연구**
>
> **Q 장애인을 조사해야 하는 경우에 해야 할 절차는 어떠한 것들이 있는가?**
>
> ▸ 수사 전에 장애인 본인 또는 전문기관으로부터 장애 유무 및 등급 등을 미리 확인하고 수화, 문자통역 등 장애 유형에 적합한 조사방법을 선택해야 한다. 의사소통에 어려움이 있는 장애인에 대해서는 의사소통이 가능한 신뢰관계자 등 보조인을 참석시켜야 한다.
>
> 장애인 피해자가 동성 통역사의 참여를 원하는지 문의하고 원하는 경우에 참석시킨다. 장애인의 불편을 최소화하도록 편의시설, 의사소통 장비 등을 마련한다. 신속하게 조사하고 귀가시킨다. 귀가에 어려움이 있는지 등을 파악하고 필요한 사항을 지원한다.
>
> 형사소송법 제163조의2, 제221조 제3항, 제244조의5, 인권보호를 위한 경찰관 직무 규칙 제75조, 범죄수사규칙 제222조 등 참조.

## I. 여성보호

### 1. 여성폭력방지기본법

> **여성폭력방지기본법 제1조(목적)** 이 법은 여성폭력방지와 피해자 보호·지원에 관한 국가 및 지방자치단체의 책임을 명백히 하고, 여성폭력방지정책의 종합적·체계적 추진을 위한 기본적인 사항을 규정함으로써 개인의 존엄과 인권 증진에 이바지함을 목적으로 한다.

여성폭력방지기본법은 대한민국의 미투 운동 등에 대한 대응, 문재인 정부 공약에 따라 여성폭력을 방지한다는 목적으로 제정된 법률이다. 더불어민주당 의원들이 발의하였고 2018년 12월 정기국회 막바지 국회 본회의를 통과하여, 12월 24일 공포되었고, 2019년 12월 25일부터 시행한다.

법안 주요 내용으로는 제1장(총칙)에서 법률의 목적·기본이념·정의·국가와 지방자치단체의 책무·권리와 의무 등을 담았다. 여성폭력방지기본법에서의 '여성폭력'은 성별에 기반한 여성에 대한 폭력으로 신체적·정신적 안녕과 안전할 수 있는 권리 등을 침해하는 행위로서, 관계 법률에서 정하는 바에 따른 가정폭력, 성폭력, 성매매, 성희롱, 지속적 괴롭힘 행위와 그 밖에 친밀한 관계에 의한 폭력, 정보통신망을 이용한 폭력 등을 말한다.

또 수사나 재판 과정에서 겪는 사후 피해, 집단 따돌림, 사용자로부터 당하는 불이익 조치 등을 2차 피해로 정의하고, 국가와 지방자치단체가 이를 최소화할 수 있는 조치를 취하도록 했다. 이에 따르면 국가와 지방자치단체는 여성폭력방지 및 피해자 보호·지원 등을 위하여 필요한 종합적인 시책을 수립·시행하는 것은 이에 필요한 재원을 확보하여야 한다.

제2장(여성폭력방지정책 추진 기반)에서 여성가족부 장관은 5년마다 여성폭력을 방지하기 위한 기본계획을 수립하고, 여가부 안에 '여성폭력방지위원회'를 설치하는 한편 3년마다 여성폭력 실태 조사를 해 그 결과를 발표하도록 했다.

제3장(여성폭력방지정책의 기본시책)에서 해당 법안에는 피해자의 권리 및 피해자 보호·지원 방침이 담겼다. 피해자는 ▷여성폭력 피해로부터 구제, 보호, 회복 및 자립·자활을 위한 지원을 받을 권리 ▷성별, 연령, 장애, 이주 배경 등의 특성에 따라 필요한 보호와 지원을 받을 권리 ▷2차 피해로부터 보호받을 권리 등이 보장된다. 또 국가와 지방자치단체는 여성폭력 예방교육을 실시하기 위한 시책을 수립·시행해야 한다.

제4장(여성폭력방지정책 관련 단체 등의 지원)과 제5장(보칙)에서 국가와 지방자치단체는 여성폭력 방지 등을 위하여 활동하는 비영리법인 및 비영리민간단체에 대하여 그 활동에 필요한 행정적, 재정적 지원을 할 수 있다. 또 해당 법에 따른 여성가족부 장관의 권한은 대통령령으로 정하는 바에 따라 그 일부를 시·도지사, 여성폭력방지정책 관련 전문기관이나 법인 또는 단체에 위탁할 수 있도록 했다.

그런데, 이 법에서 젠더폭력으로부터 보호하는 대상을 성별에 기반한 여성(즉 생물학적인 여성)으로 규정한 것이 각계의 반발을 사고 있다. 특히 남성들이나 성소수자 운동권이나 여성인권단체에선 누더기가 되었다고 비판하고 있다.

현재 통과된 법안은 생물학적 여성만을 대상으로 한 명백한 차별법이며 위헌 소지가 다분하고 여성만이 보호받아야 하고 남성의 피해는 아무리 커져도 외면해도 된다는 여성만을 위한 성차별적 법안이기 때문에 워마드의 남성혐오에 면죄부를 준 것'이라며 법의 폐기 및 젠더폭력방지법을 제정해야 한다면 성평등하게 제정할 것을 촉구하는 국민청원이 진행되었고, 12월 8일에서 9일로 넘어가는 자정 무렵 서명인원이 2만명을 돌파했고, 10일에는 3만명을 돌파했지만, 결국 56,338명으로 마감되었다.

게다가 문재인 대통령은 현재 법안에 대해 거부권을 행사할 의사가 없다. 이 법은 엄연히 문재인 대통령의 공약이기도 하기 때문이다. 대통령이 거부권을 검토한다면 사전에 거부권 행사를 예고하여 법안 처리 자체를 저지하는 시도를 한다. 그러나 문재인 대통령은 2018년 12월 8일 국회에서 통과된 220여개 법안들에 대해 거부권 예고를 한 사실이 없다.

## 2. 여 론

리얼미터 여론조사 결과를 보면, 여성폭력방지법에 찬성 60.7% vs 반대 25.4%, 좀더 세부적으로 들여다 보면 세대갈등, 남녀갈등이 극명하게 두드러지고 있다. 대부분의 반대는 20대 남성(61.7%), 30대 남성(50.6%)에 집중되어 있다. 40대 남성은 찬성(42%) 반대(44.5%)로 찬반이 비슷하게 갈렸고, 50대 이상 남성에선 찬성 쪽이 반대보다 2배 이상 많았다. 반면 여성 쪽의 경우는 모든 세대에서 찬성 쪽이 반대보다 많았다. 이걸 보면 2030대 남성과 2030대 여성과의 성별갈등이 엄청나다는 걸 적나라하게 알 수 있다.

사실 생물학적 여성, 아니 실질적으로는 누더기에 가깝게 된 법인데도 젊은 여성층의 지지가 높은 이유는 없는 것보다 누더기라도 있는 게 낫기 때문이다. 반면에 남성층은 남성 배제 때문에 반대가 된 것이다.

40대 남성이 찬반 비슷하고 5060대 이상은 남녀불문 찬성이 높은 이유는 이들이 부채감과 성차별을 노골적으로 겪은 세대여서 그렇다. 그렇기에 이 법에 대한 찬성도도 높은 것이다.

## 3. 헌법재판소 판단

2019년 9월 17일, 헌법재판소는 사건번호 2019헌마989로 청구된 여성폭력방지법 위헌확인에서 각하(4호) 결정을 내렸다. 해당 사건의 사건개요, 판단, 결론은 다음과 같다.

○ 주문 : 이 사건 심판청구를 각하한다.

### (1) 사건개요

청구인은 여성폭력방지기본법이 제정·시행됨으로써 여성이 특수한 계급으로 인정되어 청구인의 기본권이 침해되었다는 취지로 주장하며, 2019. 9. 2. 이 사건 헌법소원심판을 청구하였다.

### (2) 판 단

헌법재판소법 제68조 제1항에 의한 헌법소원심판의 청구인은 자신의 기본권에 대한 공권력 주체의 침해 행위가 위헌적인 것임을 구체적이고 명확하게 주장하여야 하고, 그와 같이 기본권 침해의 가능성을 확인할 수 있을 정도로 구체적인 주장을 하지 아니하고 막연하고 모호한 주장만을 하는 경우 그 심판청구는 부적법하다(헌재 2005. 2. 3. 2003헌마544등 참조).

그런데 청구인은 여성폭력방지기본법이 제정·시행되어 여성만을 법률의 적용대상으로 함으로써 여성이 특수한 계급으로 인정되었다는 등 막연하고 모호한 주장을 하고 있을 뿐, 기본권침해의 가능성을 확인할 수 있을 정도로 자신의 어떠한 기본권이 구체적으로 어떻게 침해받았는지에 대한 명확한 주장을 하지 않고 있다.

### (3) 결 론

그렇다면 이 사건 심판청구는 부적법하므로 헌법재판소법 제72조 제3항 제4호에 따라 이를 각하하기로 하여 관여 재판관 전원의 일치된 의견으로 주문과 같이 결정한다.

# Ⅱ. 아동, 청소년 보호

**아동복지법 제1조(목적)** 이 법은 아동이 건강하게 출생하여 행복하고 안전하게 자랄 수 있도록 아동의 복지를 보장하는 것을 목적으로 한다.

**아동복지법 제3조(정의)** 이 법에서 사용하는 용어의 뜻은 다음과 같다.

1. "아동"이란 18세 미만인 사람을 말한다.
2. "아동복지"란 아동이 행복한 삶을 누릴 수 있는 기본적인 여건을 조성하고 조화롭게 성장·발달할 수 있도록 하기 위한 경제적·사회적·정서적 지원을 말한다.

## 1. 아동복지법

1961년 12월 30일 '아동복리법'이라는 제명으로 제정되어 1962년 1월 1일 시행되었고, 1981년 4월 13일 지금의 제명으로 전부개정되었다. 현행법은 2016. 3. 22. 법률 제14085호로 개정된 것이다.

아동학대범죄의 처벌 등에 관한 특례법과는 취지는 통하지만 서로 별개의 법률이다. '아동복지법' 쪽이 규율하는 범위와 사항이 훨씬 광범위하다. 어린이날을 직접 규정한 법률이기도 하다.

## 2. 국가의 아동복지정책

아동의 권리증진과 건강한 출생 및 성장을 위하여 종합적인 아동정책을 수립하고 관계 부처의 의견을 조정하며 그 정책의 이행을 감독하고 평가하기 위하여 국무총리 소속으로 아동정책조정위원회를 둔다(제10조 제1항).

보건복지부 장관은 아동정책의 효율적인 추진을 위하여 5년마다 아동정책기본계획을 수립하여야 하며(제7조 제1항), 기본계획은 아동정책조정위원회의 심의를 거쳐 확정한다(동조 제7항).

보건복지부 장관, 관계 중앙행정기관의 장 및 시·도지사는 매년 기본계획에 따라 연도별 아동정책시행계획을 수립·시행하여야 한다(제8조 제1항). 또한 보건복지부 장관은 5년마다 아동의 양육 및 생활환경, 언어 및 인지 발달, 정서적·신체적 건강, 아동안전, 아동학대 등 아동의 종합실태를 조사하여 그 결과를 공표하고, 이를 기본계획과 시행계획에 반영하여야 한다(제11조 제1항. 아동종합실태조사).

### 3. 지방자치단체의 아동복지정책

시·도지사, 시장·군수·구청장(자치구의 구청장을 말한다. 이하 같다)은 그 소속으로 아동복지심의위원회를 각각 둔다(제12조 제1항). 심의위원회의 조직·구성 및 운영 등에 필요한 사항은 대통령령으로 정하는 기준에 따라 해당 지방자치단체의 조례로 정하는데(동조 제2항), 이에 따라 지방자치단체별로 '○○○ 아동복지심의위원회 조례' 또는 '○○○ 아동복지 및 보호에 관한 조례' 식의 제명의 조례가 제정되어 있다.

아동위원을 두는데(제14조 제1항), 아동위원은 그 관할 구역의 아동에 대하여 항상 그 생활상태 및 가정환경을 상세히 파악하고 아동복지에 필요한 원조와 지도를 행하며 전담공무원 및 관계 행정기관과 협력하여야 한다(동조 제2항).

그 밖에 아동위원에 관한 사항은 해당 시·군·구의 조례로 정하는데(동조 제4항), 이에 따라 '○○○ 아동위원협의회 조례' 또는 '○○○ 아동위원협의회 구성 및 운영에 관한 조례' 식의 제명의 조례가 제정되어 있다.

아동복지에 관한 업무를 담당하기 위하여 특별시·광역시·도·특별자치도(이하 "시·도"라 한다) 및 시·군·구에 각각 아동복지전담공무원을 둘 수 있는데(동법 제13조 제1항), 전담공무원은 사회복지사의 자격을 가진 사람으로 하고(동조 제2항 전단), 아동에 대한 상담 및 보호조치, 가정환경에 대한 조사, 아동복지시설에 대한 지도·감독, 아동범죄 예방을 위한 현장확인 및 지도·감독 등 지역단위에서 아동의 복지증진을 위한 업무를 수행하며(동조 제3항), 그 임용 등에 필요한 사항은 해당 시·도 및 시·군·구의 조례로 정한다(동조 제2항 후단).

### 4. 아동학대 예방 조치

시·도지사 또는 시장·군수·구청장은 그 관할 구역에서 보호대상아동을 발견하거나 보호자의 의뢰를 받은 때에는 아동의 최상의 이익을 위하여 대통령령으로 정하는 바에 따라 다음 각 호에 해당하는 보호조치를 하여야 한다(제15

조 제1항).

► 전담공무원 또는 아동위원에게 보호대상아동 또는 그 보호자에 대한 상담·지도를 수행하게 하는 것

► 보호자 또는 대리양육을 원하는 연고자에 대하여 그 가정에서 아동을 보호·양육할 수 있도록 필요한 조치를 하는 것

► 아동의 보호를 희망하는 사람에게 가정위탁하는 것

► 보호대상아동을 그 보호조치에 적합한 아동복지시설에 입소시키는 것

► 약물 및 알코올 중독, 정서·행동·발달 장애, 성폭력·아동학대 피해 등으로 특수한 치료나 요양 등의 보호를 필요로 하는 아동을 전문치료기관 또는 요양소에 입원 또는 입소시키는 것

► 「입양특례법」에 따른 입양과 관련하여 필요한 조치를 하는 것

그런데, 시·도지사 또는 시장·군수·구청장은 제1항 제1호 및 제2호의 보호조치가 적합하지 아니한 보호대상아동에 대하여 제1항 제3호부터 제6호까지의 보호조치를 할 수 있다. 이 경우 가정위탁지원센터 또는 아동복지시설의 장은 해당 보호대상아동의 개별 보호·관리 계획을 세워 보호하여야 하며, 그 계획을 수립할 때 해당 보호대상아동의 보호자를 참여시킬 수 있다(제15조 제2항).

시·도지사 또는 시장·군수·구청장은 아동의 가정위탁보호를 희망하는 사람에 대하여 범죄경력을 확인하여야 한다. 이 경우 본인의 동의를 받아 관계 기관의 장에게 범죄의 경력 조회를 요청하여야 한다(동조 제7항).

또한, 가정위탁지원센터의 장은 위탁아동, 가정위탁보호를 희망하는 사람, 위탁아동의 부모 등의 신원확인 등의 조치를 시·도지사 또는 시장·군수·구청장에게 협조 요청할 수 있으며, 요청을 받은 시·도지사 또는 시장·군수·구청장은 정당한 사유가 없는 한 이에 응하여야 한다(동조 제8항). 이러한 범죄경력 조회 및 신원확인의 요청 절차·범위 등에 필요한 사항은 대통령령으로 정한다(동조 제9항).

시·도지사 또는 시장·군수·구청장은 제1항 제3호부터 제6호까지의 보호조치를 함에 있어서 해당 보호대상아동의 의사를 존중하여야 하며, 보호자가 있을 때에는 그 의견을 들어야 한다. 다만, 아동의 보호자가 아동학대행위자(아동학대범죄의 처벌 등에 관한 특례법 제2조 제5호)인 경우에는 그러하지 아니하다

(제15조 제3항).

시·도지사 또는 시장·군수·구청장은 제1항 제3호부터 제6호까지의 보호조치를 할 때까지 필요하면 아동일시보호시설에 보호대상아동을 입소시켜 보호하거나, 적당하다고 인정하는 자에게 일시 위탁하여 보호하게 할 수 있다(제15조 제4항).

누구든지 제1항에 따른 보호조치와 관련하여 그 대상이 되는 아동복지시설, 아동복지전담기관의 종사자를 신체적·정신적으로 위협하는 행위를 하여서는 아니 된다(제15조 제6항).

> **청소년 기본법 제52조(청소년 유해환경의 규제)** ① 국가 및 지방자치단체는 청소년에게 유해한 매체물과 약물 등이 유통되지 아니하도록 하여야 한다.
> ② 국가 및 지방자치단체는 청소년이 유해한 업소에 출입하거나 고용되지 아니하도록 하여야 한다.
> ③ 국가 및 지방자치단체는 폭력·학대·성매매 등 유해한 행위로부터 청소년을 보호·구제하여야 한다.
> ④ 제1항부터 제3항까지의 규정에 따른 청소년에게 유해한 매체물·약물·업소·행위 등의 규제에 관하여는 따로 법률로 정한다.

## Ⅲ. 미성년자 보호

### 1. 청소년 보호

청소년 보호법은 1997년 3월부터 기존에 존재했던 미성년자 보호법을 대신해 제정되었다. 법체계상 청소년 기본법의 하위법률이다.

소년법과 혼동하는 사람이 많이 있지만 전혀 다른 법률이다. 청소년 보호법은 청소년이 행위의 객체(대상)가 되는 경우이고, 소년법은 청소년이 행위의 주체가 되는 경우이다.

청소년 보호법은 그동안 식품위생법, 미성년자보호법 등 관련법규상 '청소년 보호연령'이 18~20세 미만으로 각기 달라 혼선을 빚었던 단점을 보완키 위해 연 18세 미만(정확히는 19세가 되는 해의 1월 1일이 지나지 아니한 자. 한국식 나

이로 20살 미만)으로 보호연령을 통일했고 청소년을 상대로 한 유해행위에 대한 처벌이 대폭 강화되었다. 참고로 병역법도 나이 기준이 연 나이인데, 두 법은 적용되는 대상이 다르다. 청소년 보호법은 연 19세 미만이고 병역법은 연 19세 이상이다.

초기에는 동법 시행령에 따라 동성애 매체도 유해매체물로 취급되었으나, 2001년에 '엑스존 사건'이 터져 문제가 제기되었고, 2003년에는 국가인권위원회의 권고로 2004년 시행령 개정을 통해 동성애가 유해매체물에서 제외되었다.

**엑스존 사건**

2000년 8월25일, 정보통신윤리위위원회가 국내에서 최초로 개설된 게이 웹사이트 엑스존을 청소년유해매체물로 결정한 사건이 벌어졌다. 청소년보호위원회는 이 결정에 따라 2000년 9월20일 엑스존에 '청소년유해매체물'이라는 딱지를 붙였다. 하지만 어느 기관도 엑스존 운영자에게 이 결정을 알리지 않았고, 운영자는 1년이 지나서야 우연한 기회에 엑스존이 청소년유해매체물임을 알게 되었다.

엑스존은 동성애자를 위한 생활 가이드이자, 고민과 삶을 나누는 동성애 커뮤니티였다. 청소년보호법 시행령 제7조에서 청소년유해매체물의 기준을 정했는데, '수간을 묘사하거나 혼음, 근친상간, 동성애, 가학·피학성음란증 등 변태성행위, 매춘행위, 기타 사회 통념상 허용되지 아니한 성관계를 조장하는 것'이 그중 하나였다. 동성애를 사회 통념상 허용되지 아니한 성관계로 보고, 동성애 커뮤니티인 엑스존을 청소년유해매체물로 결정한 것이다. 그즈음 청소년보호법 시행령의 심의 기준을 근거로 생겨난 음란물 차단 프로그램에 의해 한 동성애자 인권단체 사이트가 PC방에서 차단당하는 일도 있었다.

당시 국가인권위원회법을 만드는 과정에서 '성적 지향'을 차별의 기준으로 명시하기 위해 투쟁해온 활동가들과 인터넷 검열 반대운동을 펼친 인권단체들의 지지가 그에게 큰 힘이 되어 어렵지만 역사적인 결단을 할 수 있었다. 엑스존 사건은 동성애 차별뿐만 아니라 인터넷상 표현의 자유와도 직접 관련됐기 때문에, 표현의 자유를 위해 활동해온 단체들이 많은 도움을 주었다.

이 사건의 핵심은 '동성애' 정보가 청소년에게 유해한지 여부였다. 운영자가 소송을 진행하는 동안, 다른 동성애자들은 '동성애자 차별반대 공동행동' 연대모임을 꾸리고 청소년보호법 시행령 개정운동을 펼쳤다. 자신의 의사와 무관하게 아우팅될 것을 우려해 마스크를 끼고 나온 친구들도 있었지만, 길거리와 관련 정부기관 앞에서 자신들의 목소리로 '동성애 차별 반대'와 '청소년보호법 시행령 개정'

을 외쳤다. 동성애자인권연대 사무실에서 19년의 짧은 생을 스스로 마감한 10대 동성애자의 삶이었다. 그러나 2002년에 시작된 재판은 2007년 대법원에서 원고 패소로 끝났다. 엑스존 사건을 심리한 서울고등법원은 '동성애를 조장하는 것'을 청소년유해매체물 심의 기준에 포함하는 것은 위헌 또는 위법이라고 하면서도 청소년유해매체물 결정이 무효라고 볼 만큼 위법성은 없다고 판단했기 때문이다. 소송 진행 중에 국가인권위원회는 청소년보호위원회가 청소년유해매체물의 심의 기준으로 동성애를 명시한 조항이 행복추구권, 평등권, 표현의 자유를 침해하므로 동성애 조항을 삭제할 것을 권고했다. 청소년보호위원회는 이 권고를 받아들여 마침내 2004년 4월 동성애 조항을 삭제했다.

2003년 12월 16일, 서울고등법원 제6 특별부는 청소년유해매체물 결정 및 고시 처분의 무효확인소송에서 원고의 청구를 기각하는 사법적 판단을 내린 바 있다.

참고로 찜질방의 경우에는 오후 10시부터 다음 날 아침 5시까지 19세 미만 청소년의 단독방문을 금지하고 있기 때문에, 오후 10시가 되면 찜질방 점주 및 점원들이 단속 및 검사에 들어가 해당자를 귀가 및 퇴장 권고를 하게 되고 불응할 경우 강제퇴장도 하고 있으며, 나가서는 행정당국 및 교육당국 등에서 감찰을 나오기도 하는데 이것도 오후 10시부터 오전 5시까지만 해당된다. 다만 부모 등 가족 등과 동반하였거나 부모 및 친권자 동의하에 단독방문이 가능한 경우에는 제외하고 있다.

한때 전기통신사업법 시행령 때문에 청소년의 윈도우폰과 아이폰, 블랙베리 사용이 제한될 뻔 했으나 다행히 안드로이드를 사용하지 않는 스마트폰은 빠졌다.

## 2. 청소년 보호를 위해 전면금지

아래에 해당하는 행위는 24시간 내내 금지되어 있다. 청소년통행금지구역(레드존) 통행을 제외하면 보호자를 동반해도 금지된다.

- ► 경마장 마권 구입, 강원랜드 입장(19세)
- ► 성인용 게임(게임물관리위원회에 의해 청소년이용불가로 판정된 모든 게임물) 및 각종 디지털 콘텐츠. 이 게임들은 18~19세 미만 이용 불가이기 때문에 18~19세가 되어야 가능하다(18세~19세)

- ▶ 플레이스테이션 네트워크, 엑스박스 라이브 가입(18세, 19세)
- ▶ 2012년부터 셧다운제로 인해 청소년들이 네트워크 서비스에 가입할 수 없게 되었다. 한국 플레이스테이션 네트워크, 엑스박스 라이브는 최소 18세 이상부터 가입할 수 있고, 한국 닌텐도 네트워크 계정으로는 닌텐도 스위치 멀티 플레이 이용이 불가능하다.
- ▶ 성인전용 오락실, 성인전용 PC방, 성인전용 노래방, 성인용품 가게, 나이트클럽, 멀티방, 전화방 등 성인 전문 유흥업소(19세 이상)
- ▶ 주류(소주, 맥주, 막걸리, 와인, 무알코올 맥주 등), 담배류 등 청소년들이 구매 할 수 없는 것들(19세 이상)

이 상품들에는 병 표면 등 눈에 잘 띄는 표면에 "19세 미만 청소년 판매금지"라는 문구를 붙여야 한다. 또한 원칙적으로 주류, 담배 구매 시에는 신분증을 제시해야 한다. 청소년유해약물 판매시 성인 여부를 확인하여야 한다. 하지만 딱 봐도 어른이다 싶으면 신분증 확인도 없이 그냥 계산해주는 경우가 대부분이라 실제로 노안인 청소년이 신분증 확인도 없이 구매한 사례가 수두룩하다.

- ▶ 농약, 부탄가스, 접착제 및 유화용제, 독극물, 라이터 등 독성성분이 첨가된 모든 약성물질(19세 이상)
- ▶ 환전
- ▶ 성인용 도서(19세 이상)

이 작품들의 경우 반드시 "19세 미만 구독불가"라는 표기를 해야 한다. 이를 어기고 청소년에게 판매 또는 대여를 허용하였거나 방조했을 경우 해당자는 법에 의해 처벌을 받게 된다.

- ▶ 성인용품 구입(19세 이상)

단, 흔한 오해로 콘돔을 포함한 피임도구들은 사실 성인용품이 아닌 의료기구이며, 청소년보호법의 제한 품목에 해당되지 않아 누구나 살 수 있는 것들이다. 이런 사실을 전혀 모르는 편의점 사장이나 알바가 못 사게 하는데 그럴 권한도 없다. 그러나 돌기가 있는 등의 특수한 콘돔은 살 수 없다. 콘돔과 피임의 가장 큰 존재의의가 쾌락 추구라는 것을 생각하면 매우 심각한 모순이다. 오프라인에서는 실효성이 없었지만 2017년 말부터 편의점이나 다이소 등에서는 포스기에 청소년유해 경고가 뜬다. 문방구에선 그런 거 없다.

▶ 청소년이 관람할 수 없는 모든 영화, 공연, 행사, DVD방 출입 등(18세, 19세)

18세 미만이거나 고등학교 재학 중인 사람은 불가능하다. 보호자를 동반하여도 불가능하다. 18세 사람이 청불영화를 보려면 졸업하거나 자퇴하여야 한다. DVD방은 멀티방과 다르게 청소년보호법이 적용되지 않고 영화 및 비디오물의 진흥에 관한 법률이 적용된다. VOD 시청이나 DVD방 출입은 만 19세가 기준이다.

▶ 청소년통행금지구역 통행(19세 이상)

이 구역을 통행할 경우 직원의 신분증 제시 요구에 순응해야 하며, 신분증이 없거나 청소년인 경우 강제 퇴거된다. 단, 보호자나 교사를 동반한다면 통행할 수 있다.

▶ 숙박시설 혼숙(19세 이상)

가족 관계가 아닌 경우 양자 모두 만 19세 이상이어야만 가능하다. 다만 가족관계인 성인과 미성년자의 혼숙은 가능하다. 이는 미성년자와 성인이 부부인 경우에도 동일하다.

▶ 정당 및 선거 출마자 유세활동 지원(18세, 공직선거법)

대한민국에서는 만 18세 이상부터 참정권이 있기 때문에 참정권이 없는 18세 미만 미성년자는 정당 유세활동 및 선거 출마자 유세활동 지원이 원칙적으로 금지되어있다. 선거법령상 18세 미만 미성년자는 특정 정당이나 정당 후보자의 유세지원을 어떠한 경우라도 할 수 없으며 알바 고용도 할 수 없도록 되어있다. 정당 및 후보자 선거 유세지원은 선거법상 만 18세 이상의 성인 남녀만 지원이 가능하다. 자원봉사자도 만 18세 이상 성인 남녀만 지원할 수 있다.

▶ 선거 투표(18세, 공직선거법)

대한민국 선거법령상 만 18세 미만 미성년자는 참정권이 없기 때문에 선거에서의 직접 참여 및 투표가 불가하다. 또한 청소년을 대상으로 한 대리투표 행위 및 강제적인 투표 행위는 선거법상 처벌을 받는다. 선거투표는 18세 이상 성인부터 가능하다.

▶ 일부 모델 참여 및 지원(19세 이상)

모델은 19세 이상 성인 남녀부터 참여 및 지원이 가능하다. 19세 미만 미성년자는 원칙적으로 모델 고용 및 출연이 금지되어 있으며 무단 출연이나 고용시 해당자가 처벌을 받는다. 단, 아동 및 청소년과 관련이 있는 광고 모델은 제외된다. 대표적으로 레이싱걸모델이나 패션모델 등은 19세 이상 성인부터 지원 및 참여가 가능하다.

► 농약 살포(19세 이상, 농약관리법)

농약관리법 개정안에 따라 앞으로 농촌에서는 19세 미만 미성년자는 농약 살포 작업에 투입할 수 없도록 금지법이 지정되었다. 또한 19세 미만 미성년자에게 농약을 팔아 주거나 강매를 시키거나 소유를 시켜도 바로 농약관리법에 따라 처벌받을 수 있다. 농약은 청소년보호법 및 농약관리법에 따라 19세 미만 청소년이 소유하거나 판매되거나 사용하는 행위가 금지되어 있으며 농약과 관련된 작업도 투입할 수 없도록 되어있다. 농약 살포 작업은 19세 이상 성인부터 가능하다.

► 운전면허(16세, 18세, 도로교통법)

법적으로 원동기면허 취득은 만 16세 이상만 가능하고 자동차운전면허 취득은 만 18세 이상만 가능하다. 그 나이 미만이 운전하면 100% 무면허운전으로 처벌을 받는다.

► 도검소지허가증(20세, 총포·도검법)

일본도 같은 도검류들은 도검소지허가증을 취득해야 소지할 수 있다. 만 20세가 되어야 도소증을 취득할 수 있다. 다른 것들은 16세나 18세 혹은 19세인 반면 이쪽만 만 20세이다. 때문에 이쪽은 다른 것들보다도 나이 제한이 가장 엄격하다고 볼 수 있다. 다만 마체테 같은 일부 도검은 도소증이 불필요하다. 하지만 도소증이 불필요하다고 해도 도검이라는 사실은 변함 없으니 십중팔구는 19세 이상일 경우만 판매가 된다.

마체테 글라디우스(Machete gladius)

## 3. 청소년 심야시간 금지

아래에 해당하는 행위 및 장소는 특정 시간 동안 제한된다.

► PC방, 노래방, 오락실 등－밤 10시~아침 9시(18세 이상 가능)

이들 업소 중에서도 성인전용 업소는 전면 금지된다. 일반게임제공업소의 경우 전체이용가 게임만 들여 놓았다면 청소년 심야시간 제한이 없었으나, 법이 개정되면서 게임업소 전체에 청소년 심야시간 제한이 생기게 되었다. 18세 미만이거나 고등학생 재학 중인 청소년이 22시 이후에 들어가려면 반드시 보호자와 같이 동행하여야 한다.

PC방은 게임산업진흥에 관한 법률 제2조 제7호에 근거하여 '인터넷컴퓨터게임시설제공업'으로 분류되며, 이는 청소년보호법의 적용 대상이 아니다. 그렇기에 청소년의 기준도 달라서, 여기서는 18세 미만의 자 및 「초·중등교육법」 제2조의 규정에 의한 고등학교에 재학 중인 학생을 청소년으로 취급한다. 노래방은 음악산업진흥에 관한 법률을 받게 된다.

오락실의 경우 복합유통게임제공업과 청소년게임제공업 두 개로 분류되며, 둘 다 18세 이상이며, 고등학교에 재학 중이지 않으면 심야시간에 입장(이용)이 가능해진다. 즉, 졸업식을 치르거나 자퇴하고 나면 즉시 심야시간 이용이 가능해진다. 다만 3월 전까지는 졸업증명서, 제적증명서 등을 요구할 수 있으니 지참하는 것이 좋다.

► 목욕탕 및 찜질방 – 밤 10시~새벽 5시(19세 이상)

탈선 및 가출 청소년 문제로 인해 부득이 지정하게 되었다. 하지만 보호자의 동의서를 지참했을 경우에는 출입이 가능하다. 일부 찜질방에서는 24시간 미성년자 단독 출입을 통제한다. 이 경우 보호자와 동행하여야 한다.

► 모든 온라인 게임 – 밤 12시~새벽 6시(16세 미만)

2011년 시행된 셧다운제로 인하여 지정되었다. 16세 미만들은 셧다운제로 인해 심야시간에는 온라인 게임을 할 수 없다. 청소년 이용이 금지된 청소년이용불가 게임은 적용되지 않는다. 보호자가 있어도 불가능하다. 셧다운제 대상 제외 계정이 있어야 한다. 물론 부모명의로 접속이 가능하지만 엄연히 개인정보 도용으로 적발시 계정해지를 당할 수 있다. 모바일 게임은 셧다운제를 적용하지 않는다.

► 교습소 – 밤 10시~아침 6시(서울특별시교육청 조례)

엄연히 불법이니 초중고생 위키러[79]는 위 내용을 어기는 학원을 보면 즉시

79) 리그베다 위키를 비롯한 각종 위키에서 활동을 하는 사람들이다. 위키질이란 것 자체가 위키에 있는 문서를 작성하고, 편집하고, 삭제하고, 읽는 것 전부를 의미한다. 지금 이 글

신고하자.

► 청소년통행제한구역－저녁 7시~새벽 6시(19세 이하) 보호자가 있으면 동행이 가능하다.

## 제14절 ≫ 권리구제제도

사례연구

**Q 국가인권위원회에 보내는 진정서를 미처 발견하지 못해 2개월 늦게 발송한 것은 인권침해라 할 수 있는가?**

► 국가인권위원회법은 경찰서 유치장 등 수용시설 소속 공무원은 시설수용자가 작성한 진정서를 즉시 국가인권위원회에 송부하고 국가인권위원회로부터 접수증명원을 발급받아 이를 위 시설수용자에게 교부해야 하고(제31조 제1항, 제3항), 동법 시행령은 구금시설에 소속된 공무원은 매일 지정된 시간에 시설수용자가 국가인원위원회에 제출할 목적으로 작성한 진정서가 진정함에 들어 있는지 여부를 확인하여 진정함에 진정서가 들어 있을 때에는 지체 없이 이를 국가인원위원회에 송부하도록 되어 있다(제7조 제4항).

또한 민원사무처리에 관한 법률 시행령은 민원사무의 처리기간을 즉시로 정한 경우에는 정당한 사유가 있는 경우를 제외하고는 3 근무시간 이내에 처리하도록 규정하고 있다.

따라서 진정서 송부 관련 업무를 담당하는 근무자는 매일 진정함을 점검하는 방법을 통해 진정서가 진정함에 투함된 때부터 적어도 다음 날에는 동 진정서를 국가인권위원회에 송부하는 등의 조치를 해야 할 법적 의무를 진다.

따라서 2개월이 경과된 시점에서야 국가인권위원회에 송부한 행위는 정당한 이유 없이 진정서를 지연 송부한 행위로서 헌법 제10조에 의해 보장되는 진정인의 행복추구권을 침해한 것이다(인권위 2006. 6. 4. 05진인2390 결정).

---

을 읽는 것도 위키질이니 위키러는 즉 나. 너. 그리고 우리를 의미하는 단어다. 위키라는 일반명사에 하는 사람을 뜻하는 －er을 붙여 만든 조어. 일본에서는 ウィキラー 라는 단어가 우리랑 비슷한 의미로 그럭저럭 쓰이지만, 영어권에서 wikier 라는 단어는 전혀 쓰이지 않으니 주의한다. 위키백과에선 영어로는 Wikipedian, 한국어론 위키백과 사용자라는 단어가 사용된다. 여기서 더 진화하면 위키페어리가 되거나 위키니트가 된다.

# I. 인권 차원에서 주장하는 권리

헌법학이나 각종 법령에서는 인권보다는 기본권이라는 용어를 더 많이 사용하고 있다. 인권과 기본권은 서로 유사한 의미를 가지고 있지만 양자는 때로 다른 개념으로 사용하기도 한다.

## 1. 인간다운 생활을 할 권리

모든 국민은 인간으로서의 존엄과 가치를 가지며, 행복을 추구할 권리를 가진다(헌법 제10조 전단).

## 2. 국가의 인권 확인 및 보장 의무

국가는 개인이 가지는 불가침의 기본적 인권을 확인하고 이를 보장할 의무를 진다(헌법 제10조 후단).

## 3. 국민의 자유와 권리 존중

국민의 자유와 권리는 헌법에 열거되지 않았다는 이유로 경시되지 않는다(헌법 제37조 제1항).

## 4. 국가인권위원회법에서의 인권 개념

국가인권위원회법에서 '인권'이란 헌법 및 법률에서 보장하거나 대한민국이 가입·비준한 국제인권조약 및 국제관습법에서 인정하는 인간으로서의 존엄과 가치 및 자유와 권리를 말한다(법 제2조 제1호).

국가인권위원회에서는 차별행위와 인권을 구분하여 쓰고 있는데, 이는 차별행위가 평등권이라는 인권침해 행위일 수 있지만 차별행위는 특히 많이 발생하는 유형이므로 인권과 구분하여 표시하고 있다(법 제2조 제1호 및 제3호 참조).

## Ⅱ. 인권 제한

### 1. 법률에 의한 인권 제한

국민의 모든 자유와 권리는 국가안전보장·질서유지 또는 공공복리를 위하여 필요한 경우에 한하여 법률로써 제한할 수 있으며, 제한하는 경우에도 자유와 권리의 본질적인 내용을 침해할 수 없다(헌법 제37조 제2항).

### 2. 비례의 원칙

인권의 제한은 법률로써만 가능하며, 그 법률은 ① 입법목적의 정당성, ② 그 목적달성을 위한 방법의 적정성, ③ 피해의 최소성, ④ 그 입법에 의해 보호하려는 공공의 필요와 침해되는 기본권 사이의 균형성을 모두 갖추어야 하며, 이를 준수하지 않은 법률 내지 법률조항은 인권을 침해하는 것이다.[80)]

## Ⅲ. 인권침해에 대한 구제

### 1. 인권침해 등의 행위에 대한 진정

국가인권위원회는 기본권 중 헌법 제10조부터 제22조까지에 보장된 기본권을 인권이라고 칭하며, 이를 침해하는 행위 또는 차별행위에 대해서 진정할 수 있도록 하고 있다(법 제30조 제1항). 기본권의 충돌이 문제될 수 있다. '기본권의 충돌'이란 서로 다른 두 개 이상의 기본권 주체가 서로의 권익을 실현하기 위해 하나의 동일한 사건에서 국가에 대해 서로 대립되는 기본권의 적용을 주장하는 경우를 말하며, 이 경우 하나의 기본권 주체의 기본권 행사가 다른 기본권 주체의 기본권 행사를 제한 또는 희생시키는 결과가 발생된다.[81)]

---

80) 헌법재판소 1990. 9. 3. 선고 89헌가95 결정.

81) 헌법재판소 2005. 11. 24. 선고 2002헌바95,96,2003헌바9(병합) 전원재판부: 법률조항은 비록 명시적으로 근로자의 단결하지 아니할 자유 또는 단결선택권을 침해·박탈하고 있지는 않지만 노동조합의 조직강제 수단인 유니언 샵 협정의 실정법적 근거조항으로서 이러한 조직강제의 유효성을 인정하고 있고, 그 내용도 특정한 지배적 노동조합으로의 단결강제

예컨대, 종교적 신념을 이유로(종교의 자유) 자식의 수혈을 거부하여 결국 자식이 생명을 잃게 되는 경우(자식의 생명권)와 같이, 두개 이상의 기본권이 대립되는 경우가 기본권 충돌에 해당된다. 헌법재판소는 기본권이 충돌하는 경우 ① 상위 기본권 우선의 원칙, ② 법익 형량의 원칙, ③ 상충하는 기본권 모두 최대한으로 그 기능을 발휘 할 수 있도록 조화롭게 해석하는 원칙 등을 이용하여 해결하고 있다.[82)]

## 2. 국가인권위원회를 통한 인권침해 구제

### (1) 진 정

다음 어느 하나에 해당하는 사람(이하 '피해자'라 함) 또는 그 사실을 알고 있는 사람이나 단체는 국가인권위원회에 문서(우편, 팩시밀리, 전자우편 및 홈페이지 포함), 구술 또는 전화의 방법으로 그 내용을 진정할 수 있다(국가인권위원회법 제30조 제1항 및 인권침해 및 차별행위 조사 구제 규칙(국가인권위원회 규칙 제105호, 2019. 10. 4. 발령·시행) 제6조)).

국가기관, 지방자치단체, 각급학교, 공직유관단체 또는 구금·보호시설의 업무수행(국회의 입법 및 법원·헌법재판소의 재판 제외)과 관련하여 헌법 제10조부터 제22조까지에 보장된 인권을 침해당하거나 차별행위를 당한 경우, 법인, 단체 또는 사인에 의해 차별행위를 당한 경우 등이다.

### (2) 조 정

조정제도는 진정접수 단계 또는 조사 과정에서 당사자의 신청이나 국가인권위원회 직권으로 조정위원회에 회부된 진정에 대해 조정을 통해 당사자간의

---

를 예정하고 있어 해당 노동조합의 가입을 원하지 않는 개별근로자의 단결선택권 등 기본권을 제한하고 있다. 이러한 조직강제는 그 내용에 따라 어느 적당한 노동조합에 가입할 것을 고용조건으로 하는 일반적 조직강제의 경우 근로자의 단결하지 아니할 자유만을 제한하나, 특정한 노동조합의 조합원이 될 것을 고용조건으로 하는 제한적 조직강제의 경우 근로자의 단결하지 아니할 자유뿐만 아니라 단결선택권마저 제한한다.

82) 헌법재판소 2005. 11. 24. 선고 2002헌바95 결정: 당해 사업장에 종사하는 근로자의 3분의 2 이상을 대표하는 노동조합의 경우 단체협약을 매개로 한 조직강제[이른바 유니언 샵(Union Shop) 협정의 체결]를 용인하고 있는 노동조합및노동관계조정법 제81조 제2호 단서(이하 '이 사건 법률조항'이라 한다)가 근로자의 단결권을 보장한 헌법 제33조 제1항 등에 위반되는지 여부(소극).

합의로 자발적 해결에 도달할 수 있도록 유도하는 제도이다.

### 3. 헌법재판소를 통한 인권침해 구제

공권력의 행사 또는 불행사로 인해 헌법상 보장된 기본권을 침해받은 사람은 법원의 재판을 제외하고 헌법재판소에 헌법소원심판(이하 '권리구제 헌법소원'이라 함)을 청구할 수 있다(헌법재판소법 제68조 제1항 본문). 다만, 헌법재판소가 위헌으로 결정한 법령을 적용함으로써 국민의 기본권을 침해한 재판에 대해서는 헌법소원을 청구할 수 있다.[83]

헌법소원을 청구할 때 다른 구제절차가 있는 경우에는 그 절차를 모두 거친 후에 마지막으로 청구해야 한다(헌법재판소법 제68조 제1항 단서).

**헌법재판소법 제68조(청구 사유)** ① 공권력의 행사 또는 불행사로 인하여 헌법상 보장된 기본권을 침해받은 자는 법원의 재판을 제외하고는 헌법재판소에 헌법소원심판을 청구할 수 있다. 다만, 다른 법률에 구제절차가 있는 경우에는 그 절차를 모두 거친 후에 청구할 수 있다.

② 제41조 제1항에 따른 법률의 위헌 여부 심판의 제청신청이 기각된 때에는 그 신청을 한 당사자는 헌법재판소에 헌법소원심판을 청구할 수 있다. 이 경우 그 당사자는 당해 사건의 소송절차에서 동일한 사유를 이유로 다시 위헌 여부 심판의 제청을 신청할 수 없다.

[한정위헌, 2016헌마33, 2016. 4. 28, 헌법재판소법(2011. 4. 5. 법률 제10546호로 개정된 것) 제68조 제1항 본문 중 "법원의 재판을 제외하고는" 부분은, 헌법재판소가 위헌으로 결정한 법령을 적용함으로써 국민의 기본권을 침해한 재판이 포함되는 것으로 해석하는 한 헌법에 위반된다.]

### 4. 사인에 의한 인권침해 구제(고소·고발 등)

인권침해는 국가기관 등 공권력에 의해 많이 이루어져 왔고 주된 관심사였지만 최근 사인에 의한 인권침해도 널리 발생하고 있으며, 이에 대한 구제방법이 중요시되고 있다.

---

83) 헌법재판소 1997. 12. 24. 선고 96헌마172 결정.

국가기관 등이 아닌 사인으로부터 인권을 침해받은 피해자 및 그 외의 고소권자는 수사기관에 범죄사실을 고소하여 수사를 요청할 수 있으며, 고소권자와 범인이 아닌 사람은 수사기관에 범죄사실을 고발하여 수사를 요청할 수 있다.

## 5. 형사재판

검사가 사건에 대해 공소를 제기하면 그 사건에 대한 형사재판절차가 진행된다. 이때 법원은 피고인 또는 변호인에게 공소장 부본을 송달하고, 재판장은 공판준비가 완료되면 공판기일을 지정한다(형사소송법 제266조 전단 및 제267조 제1항).

법원은 공판기일에 공판정에서 심리하며, 변론을 종결한 기일이나 따로 지정한 선고기일에 판결을 선고한다(형사소송법 제275조 제1항 및 제318조의4 제1항).

판결에 불복하는 피고인은 항소할 수 있으며, 항소에 불복하는 피고인은 대법원에 상고할 수 있다(형사소송법 제358조 참조 및 제374조 참조).

## 6. 민사소송 및 국가배상 청구 등

### (1) 민사소송 등

사인에 의해 인권침해를 당한 사람은 가해자와 치료비, 위자료 등이 합의가 되지 않았을 경우 민사조정, 소액사건심판, 민사소송 등을 제기하여 치료비, 위자료 등을 받을 수 있다.

인권침해를 당한 사람과 가해자가 피해의 배상에 대해 합의한 경우에는 더 이상의 민사절차가 진행되지 않는다. 만약 인권침해를 당한 사람이 합의금을 받고도 민사절차를 진행하면 합의서를 증거로 민사절차에 대응할 수 있다. 민사조정, 소액사건심판, 민사소송 등에서 인권침해를 당한 사람의 치료비, 위자료 등의 청구권이 인정되었으나 가해자가 이를 이행하지 않는 경우에는 강제집행을 할 수 있다.

### (2) 국가배상 청구 및 형사보상 청구

공무원 또는 공무를 위탁받은 사인이 직무를 집행하면서 고의 또는 과실로 법령을 위반하여 타인의 권리가 침해된 경우 피해자는 특별한 경우를 제외하고 국가 또는 공공단체에 배상청구를 할 수 있다(국가배상법 제2조 제1항).

형사절차에서 구금을 당한 사람이 재판절차에서 무죄 판결을 받은 경우에는 국가에 대해 그 구금에 관한 보상을 청구할 수 있다(헌법 제28조 및 형사보상 및 명예회복에 관한 법률 제2조 제1항).

## 7. 헌법재판소 결정

헌법재판소 1997. 12. 24. 선고 96헌마172,173(병합) 전원재판부[헌법재판소법 제68조 제1항 위헌확인 등]

### (1) 판시사항

헌법재판소가 위헌으로 결정한 법령을 적용함으로써 국민의 기본권을 침해한 법원 판결이 헌법소원의 대상이 되는지 및 그 취소 여부

### (2) 결정요지

1) 헌법재판소법 제68조 제1항이 원칙적으로 헌법에 위반되지 아니한다고 하더라도, 법원이 헌법재판소가 위헌으로 결정하여 그 효력을 전부 또는 일부 상실하거나 위헌으로 확인된 법률을 적용함으로써 국민의 기본권을 침해한 경우에도 법원의 재판에 대한 헌법소원이 허용되지 않는 것으로 해석한다면, 위 법률조항은 그러한 한도 내에서 헌법에 위반된다.

2) 모든 국가기관은 「대한민국헌법」의 구속을 받고 헌법에의 기속은 헌법재판을 통하여 사법절차적으로 관철되므로, 헌법재판소가 헌법에서 부여받은 위헌심사권을 행사한 결과인 법률에 대한 위헌결정은 법원을 포함한 모든 국가기관과 지방자치단체를 기속한다. 따라서 헌법재판소가 위헌으로 결정하여 그 효력을 상실한 법률을 적용하여 한 법원의 재판은 헌법재판소 결정의 기속력에 반하는 것일 뿐 아니라, 법률에 대한 위헌심사권을 헌법재판소에 부여한 헌법의 결단에 정면으로 위배된다.

3) 「대한민국헌법」이 법률에 대한 위헌심사권을 헌법재판소에 부여하고 있음에도 법원이 헌법재판소의 위헌결정에 따르지 아니하는 것은 실질적으로 법원 스스로가 '입법작용에 대한 규범통제권'을 행사하는 것을 의미하므로, 헌법은 어떠한 경우이든 헌법재판소의 기속력있는 위헌결정에 반하여 국민의 기본

권을 침해하는 법원의 재판에 대하여는 헌법재판소가 다시 최종적으로 심사함으로써 자신의 손상된 헌법재판권을 회복하고 헌법의 최고규범성을 관철할 것을 요청하고 있다.

4) 명령·규칙에 근거한 집행행위가 존재하지 아니한 경우에는 그에 대한 헌법위반 여부를 구체적인 재판절차에서 심사할 수 없기 때문에 직접 국민의 기본권을 침해하는 명령·규칙에 대하여는 주관적 권리구제절차로서 헌법소원의 가능성이 열려 있으므로, 헌법재판소에 의하여 명령·규칙이 위헌으로 결정되어 그 효력을 상실한 경우에도 법률의 경우와 그 법리가 다를 바 없다.

# 참고문헌

김상명 외, 「경찰과 윤리」, 피앤씨미디어, 2014.

______ 외, 「공직과 윤리」, 피앤씨미디어, 2017.

______ 외, 「생활과 법률」, 피앤씨미디어, 2019.

김상호, 「경찰학」, 청목출판사, 2013.

김창윤, 「경찰학」, 박영사, 2020.

김헌진, "경찰의 인권침해에 대한 연구", 「세계인권선언 69주년 기념 공동학술대회」, (사)한국인권교육원, 2017.

신영호 외, 「경찰과 법」, 피앤씨미디어, 2013.

이삼열, "인권개념의 발전과 실천과제", 「2001년도 국제이해교육 교원연수」, 유네스코 아시아·태평양 국제이해교육원, 2001.

이성윤, 「경찰윤리」, 박영사, 2020.

오승철, "저항권이론의 재조명", 「민주법학」, 2009.

유재두, 「범죄수사실무론」, 박영사, 2020.

이윤호, 「경찰학」, 박영사, 2019.

______, 「범죄학」, 박영사, 2019.

______, 「범죄심리학」, 박영사, 2020.

이은영 외, 「경찰수사론」, 박영사, 2017.

이준열, 「인권법」, 박영사, 2019.

장광호, 「스마트치안」, 박영사, 2020.

허경미, 「경찰학」, 박영사, 2019.

______, 「범죄학」, 박영사, 2020.

Dennis, J, Stevens, *Applied Community Policing in the 21st Centry*, 2003, S. 3.

Knemeyer, *Polizei und Ordnungsrecht*, 7 Aufl, München, 1998, S. 88.

# 찾아보기

**[ ㅎ ]**

## [저자 약력]

### 김 상 명(Kim, Sangmyeong)

검정고시(고입자격 및 고졸자격)
제주대학교 법학과(법학사)
제주대학교 법학과 대학원(법학석사)
제주대학교 법학과 대학원(법학박사)
제주특별자치도 부동산평가위원
제주특별자치도 4·3실무위원
제주특별자치도 지방노동위원회 심판위원
제주특별자치도 행정체제개별위원회 위원
제주지방경찰청 시민감찰위원회 위원장
제주특별자치도 행정심판위원회 위원
제주지방경찰청 청문협의회 위원
제주특별자치도 행정시권한강화 및 기능개선위원회 위원
제주연구원 자문위원
제주국제컨벤션센터 비상근이사
제주국제대학교 경찰행정학과 교수

### 저서 및 논문

생활과 법률(공저), 피앤씨미디어, 2019.
공직과 윤리(공저), 피앤씨미디어, 2017.
법여성학(공저), 신아문화사, 2017.
경찰과 윤리(공저), 피앤씨미디어, 2014.
경찰과 법(공저), 피앤씨미디어, 2013.
법과 여성(공저), 청목출판사, 2012.
제주국제자유도시조성과 사법관계(공저), 제주대학교출판부, 2006.

**경찰과 인권**

초판발행 2021년 8월 31일

지은이 김상명
펴낸이 박노일

총괄기획 김중용 · 최준규
편 집 심성보 · 김인숙

펴낸곳 피앤씨미디어
경기도 고양시 일산동구 강송로 153 310－1501
등록 제396－2012－000203호
전 화 070)7550-3758 팩 스 02)718-8554
홈페이지 www.pncmedia.co.kr 이메일 pnc@pncmedia.co.kr
ISBN 979-11-5730-799-9 93350



정 가 15,000원